ANTROPOLOGIA TEOLÓGICA

Dados Internacionais de Catalogação na Publicação (CIP)
(Câmara Brasileira do Livro, SP, Brasil)

García Rubio, Alfonso
    Antropologia Teológica : salvação cristã : salvos de quê e para quê? / Alfonso García Rubio. 7. ed. – Petrópolis, RJ : Vozes, 2019.

    ISBN 978-85-326-6039-8

    Bibliografia.

    1. Homem (Teologia Cristã) – Ensino bíblico 2. Revelação 3. Salvação – Ensino Bíblico I. Título.

03-5287   CDD-234

Índices para catálogo sistemático:
1. Homem : Salvação : Antropologia Teológica :
    Doutrina Cristã   234

ALFONSO GARCÍA RUBIO

ANTROPOLOGIA TEOLÓGICA

Salvação cristã: salvos de quê e para quê?

EDITORA VOZES

Petrópolis

© 2004, 2019, Editora Vozes Ltda.
Rua Frei Luís, 100
25689-900 Petrópolis, RJ
www.vozes.com.br
Brasil

Todos os direitos reservados. Nenhuma parte desta obra poderá ser reproduzida ou transmitida por qualquer forma e/ou quaisquer meios (eletrônico ou mecânico, incluindo fotocópia e gravação) ou arquivada em qualquer sistema ou banco de dados sem permissão escrita da editora.

CONSELHO EDITORIAL

Diretor
Gilberto Gonçalves Garcia

Editores
Aline dos Santos Carneiro
Edrian Josué Pasini
Marilac Loraine Oleniki
Welder Lancieri Marchini

Conselheiros
Francisco Morás
Ludovico Garmus
Teobaldo Heidemann
Volney J. Berkenbrock

Secretário executivo
João Batista Kreuch

Editoração: Sheila Ferreira Neiva
Diagramação: Sheilandre Desenv. Gráfico
Revisão gráfica: Nilton Braz da Rocha
Capa: Editora Vozes

ISBN 978-85-326-6039-8

Este livro foi publicado anteriormente com o título *Elementos de antropologia teológica* e teve 6 edições.

Editado conforme o novo acordo ortográfico.

Este livro foi composto e impresso pela Editora Vozes Ltda.

Sumário

Apresentação à segunda edição, 7

Prefácio, 11

Abreviaturas, 13

Introdução, 15

Parte I – O ser humano: superação das rupturas, 17

1. O ponto de partida: a estéril desarticulação, 19

2. Para uma articulação fecunda, 26

Parte II – A revelação bíblica do Deus da salvação-criação: o ser humano criado para viver a salvação, 39

3. O encontro com o Deus salvador-criador no Antigo Testamento, 41

4. O encontro com o Deus salvador-criador no Novo Testamento, 77

Parte III – Explicitação, em nosso mundo atual, do conteúdo da proposta salvífica de Deus, 99

5. Nós humanos somos pessoas!, 103

6. As relações com Deus na vida nova, 111

7. A vida nova nas relações inter-humanas, 140

8. O ser humano novo: "É para sermos verdadeiramente livres que Cristo nos libertou" (Gl 5,1), 152

9. A solidariedade e o amor-serviço no domínio sociopolítico, 163

10. O novo ser, carismático-comunitário, 185

11. A vida nova no encontro inter-humano mediatizado pela sexualidade, 188

12. A vida nova e os desafios ecológicos, 214

13. O ser humano novo e as relações religiosas, 232

14. O ser humano novo e a relação verdadeira consigo próprio, 247

15. O homem novo: abertura à plenitude da Promessa, 256

Parte IV – O desafio do pecado e do mal, 259

16. A realidade do pecado pessoal e social, 261

17. O significado do chamado "pecado original", 273

18. A raiz última da ambiguidade e do mal, 291

A modo de conclusão, 295

Referências, 301

Índice, 305

Apresentação à segunda edição

Uma coleção de teologia, escrita por autores brasileiros, leva-nos a pensar a função do teólogo no seio da Igreja. Tal função só pode ser entendida como atitude daquele que busca entender a fé que professa, e, por isso, faz teologia. Esse teólogo assume, então, a postura de produzir um pensamento sobre determinados temas, estabelecendo um diálogo entre a realidade vivida e a teologia pensada ao longo da história, e se caracteriza por articular os temas relativos à fé e à vivência cristã, a partir de seu contexto. Exemplo claro desse diálogo, com situações concretas, são Agostinho ou Tomás de Aquino, que posteriormente tiveram muitas de suas teorias incorporadas à doutrina cristã-católica, mas que a princípio buscaram estabelecer um diálogo entre a fé e aquele determinado contexto histórico. Como conceber um teólogo que se limita a reproduzir as doutrinas pensadas ao longo da história? Longe de ser alguém arbitrário ou que assuma uma posição de déspota, o teólogo é aquele que dialoga com o mundo e com a tradição. Formando a tríade teólogo-tradição-mundo, encontramos um equilíbrio saudável que faz com que o teólogo ofereça subsídios para a fé cristã, ao mesmo tempo que é fruto do contexto eclesial em que vive.

Outra característica que o acompanha é a de ser filho da comunidade eclesial, e como tal deve fazer de seu ofício um serviço aos cristãos. Se consideramos que esses cristãos estão inseridos em realidades concretas, cada teólogo é desafiado a oferecer pistas, respostas ou perspectivas teológicas que auxiliem na construção da identidade cristã que nunca está fora de seu contexto, mas acontece justamente na relação dialógica com ele. Se o contexto é sempre novo, também a teologia se renova. Por isso o teólogo olha novos horizontes e desbrava novos caminhos a partir da experiência da fé.

O período do Concílio Vaticano II (1962-1965) consagrou novos ares à teologia europeia, influenciada pela *Nouvelle Théologie*, pelos movimentos bíblicos e litúrgicos, dentre outros. A teologia, em contexto de modernidade, apresentou sua contribuição aos processos conciliares, sobretudo na perspectiva do diálogo que ela própria estabelece com a modernidade, realidade latente no contexto europeu. A primavera teológica, marcada por expressiva produção intelectual e pelo contato com as várias dimensões humanas, sociais e eclesiais, também chega à América Latina. As conferências de Medellín (1968) e Puebla (1979) trazem a ressonância de vários teólogos latino-americanos que, diferente da teologia europeia, já não dialogam com a modernidade, mas com suas consequências, vistas principalmente no contexto socioeconômico. Desse diálogo surge a Teologia da Libertação e sua expressiva produção editorial. A Editora Vozes, nesse período, foi um canal privilegiado de publicações, e produziu a coleção *Teologia & Libertação* que reuniu grandes nomes na perspectiva da teologia com a realidade eclesial latino-americana. Também nesse período, houve uma reformulação conceitual na *REB* (Revista Eclesiástica Brasileira), organizada pelo ITF (Instituto Teológico Franciscano), sendo impressa e distribuída pela Editora Vozes. Ela deixou de ser canal de formação eclesiástica para se tornar um meio de veiculação da produção teológica brasileira.

Embora muitos teólogos continuassem produzindo, nas décadas do final do século XX e início do XXI, o pensamento teológico deixou de ter a efervescência do pós-concílio. Vivemos um momento antitético da primavera conciliar, denominado por muitos teólogos como inverno teológico. Assumiu-se a teologia da repetição doutrinária como padrão teológico e os manuais históricos – muito úteis e necessários para a construção de um substrato teológico – que passaram a dominar o espaço editorial. Essa foi a expressão de uma geração de teólogos que assumiu a postura de não mais produzir teologia, mas a de reafirmar aspectos doutrinários da Igreja. O papado de Francisco marcou o início de um novo momento, chancelando a produção de teólogos como Pagola, Castillo, e em contexto latino-americano, Gustavo Gutiérrez. A teologia voltou a ser espaço de produção e muitos teólogos passaram a se sentir mais responsáveis por oferecerem ao público leitor um material consonante com esse momento.

Em 2004, o ITF, administrado pelos franciscanos da Província da Imaculada, outrora responsável pela coleção *Teologia & Libertação* e ainda responsável pela *REB*, organizou a coleção *Iniciação à Teologia*. O Brasil vivia a efervescência dos cursos de teologia para leigos, e a coleção tinha o objetivo de oferecer a esse perfil de leitor uma série de manuais que exploravam o que havia de basilar em cada área da teologia. A perspectiva era oferecer um substrato teológico aos leigos que buscavam o entendimento da fé. Agora, em 2019, passamos por uma reformulação dessa coleção. Além de visarmos um diálogo com os alunos de graduação em teologia, queremos que a coleção seja espaço para a produção teológica nacional. Teólogos renomados, que têm seus nomes marcados na história da teologia brasileira, dividem o espaço com a nova geração de teólogos, que também já mostraram sua capacidade intelectual e acadêmica. Todos eles têm em comum a característica de sintetizarem em seus manuais a produção teológica que é fruto do trabalho.

A coleção *Iniciação à teologia*, em sua nova reformulação, conta com volumes que tratam das Escrituras, da Teologia Sistemática,

Teologia Histórica e Teologia Prática. Os volumes que estavam presentes na primeira edição serão reeditados; alguns com reformulações trazidas por seus autores. Os títulos escritos por Alberto Beckhäuser e Antônio Moser, renomados autores em suas respectivas áreas, serão reeditados segundo os originais, visto que o conteúdo continua relevante. Novos títulos serão publicados à medida que forem finalizados. O objetivo é oferecermos manuais às disciplinas teológicas, escritos por autores nacionais. Essa parceria da Editora Vozes com os teólogos brasileiros é expressão dos novos tempos da teologia, que busca trazer o espírito primaveril para o ambiente de produção teológica, e, consequentemente, oferecermos um material de qualidade, para que estudantes de teologia, bem como teólogos e teólogas, busquem aporte para seu trabalho cotidiano.

Welder Lancieri Marchini
Editor teológico, Vozes
Organizador da coleção

Francisco Morás
Professor do ITF
Organizador da coleção

Prefácio

Os entendimentos dualistas acerca do ser humano e das realidades terrenas passam a ter cada vez menos espaço tanto na teologia quanto nas diretrizes da Igreja Católica. O Concílio Vaticano II enfatiza a perspectiva de diálogo com o mundo contemporâneo, sobretudo com a *Gaudium et Spes*, abrindo o horizonte de diálogo com as realidades terrenas. O mundo deixa de ser visto como um lugar perigoso a ser negado e combatido e passa a ser visto na perspectiva harmoniosa e sincrônica da criação.

A antropologia teológica, neste contexto, é pensada não a partir da negação das realidades terrenas, mas a partir de uma visão integral do ser humano. Cabe a máxima tomista de que aquilo que não é assumido, não é redimido. A salvação não se restringe a uma vida futura, mas é vivida na existência humana, no cotidiano da vida, nas relações pessoais e na relação com o mundo. Temas como liberdade, sexualidade, relações sociopolíticas e ecológicas passam a fazer parte da reflexão teológica acerca da salvação, visto que o ser humano é salvo integralmente.

Do processo salvífico nasce um novo ser humano e uma nova religiosidade, que não aparta o cristão do mundo, mas o coloca em relação. A fé cristã torna-se vivenciada no seio da comunidade eclesial que sustenta a vida em Cristo. Jesus, homem verdadeiro, passa a ser referencial para uma vida humana que também busca se construir em sua integralidade, sempre em relação seja com seus discípulos, seja com os pecadores.

Na presente obra, o renomado teólogo Alfonso García Rubio nos oferece uma visão integral do ser humano, que supera os dualismos pecado/graça, salvação/condenação, Deus/mundo. Deus salva o ser humano como um todo e a partir de sua realidade. O texto escrito por Rubio é literariamente original. O cenário proposto conta com três personagens: Cida, Antônio e o Velho, que no diálogo entre si constroem argumentos e reflexões acerca dos elementos que compõem a antropologia teológica.

Welder Lancieri Marchini
Editor teológico, Vozes
Organizador da coleção

Francisco Morás
Professor do ITF
Organizador da coleção

Abreviaturas

CEBs: Comunidades Eclesiais de Base.

CNBB: Conferência Nacional dos Bispos do Brasil.

DS: H. Denzinger & A. Schönmtzer. *Enchiridion Symbolorum, Definitionum et Declarationum de Rebus Fidei et Morum.* 33. ed. Barcelona: [s.e.], 1965.

DP: *Documento de Puebla – A evangelização no presente e no futuro da América Latina.* Puebla, 1979 [III Conferência Geral do Episcopado Latino-americano].

DTNT: *Diccionario Teológico del Nuevo Testamento.* Salamanca: Sígueme, 1980/1984 [Organizado por L. Coenen et al.].

DV: *Dei Verbum.* Constituição Dogmática sobre a Revelação divina (Concílio Vaticano II).

GS: *Gaudium et Spes.* Constituição Pastoral sobre a Igreja no mundo de hoje (Concílio Vaticano II).

LG: *Lumen Gentium.* Constituição Dogmática sobre a Igreja (Concílio Vaticano II).

MS: *Mysterium Salutis.* Compêndio de dogmática histórico-salvífica. Petrópolis: Vozes, 1971 [Organizado por J. Feiner & M. Loehrer].

REB: *Revista Eclesiástica Brasileira.* Petrópolis.

SM: *Sacramentum Mundi.* Enciclopédia Teológica. Barcelona: Herder, 1972/1976 [Organizada por K. Ranher & A. Darlap].

Introdução

O mês de abril andava já bastante adiantado. O calor dos meses de verão começava a diminuir. A chuva, durante a madrugada, limpara a atmosfera. As folhas das árvores, brilhando ao sol, pareciam sorrir alegres. Até as pessoas estavam melhor dispostas e caminhavam um pouco mais devagar do que de costume.

Foi numa manhã assim do mês de abril do ano 2002 que os três se reuniram, despretensiosamente, no campus da PUC-Rio. Os três já se conheciam de longa data, mas aquele encontro foi todo especial. Começaram a colocar em comum as suas preocupações sobre a relevância da reflexão teológica para a vida da Igreja atual. De maneira especial, os três manifestaram a mesma preocupação pela pouca assimilação da proposta salvífica do Deus bíblico por parte dos cristãos, católicos ou evangélicos.

Sucederam-se outras reuniões nas semanas e meses seguintes. Assim, este livro deseja ser um eco fiel das conversas mantidas pelo pequeno grupo. Claro está, com algumas modificações para dar uma unidade maior ao conjunto das reflexões.

As pessoas existem realmente, contudo os nomes foram modificados para guardar o anonimato. Para efeito de publicação, podemos escolher os seguintes nomes:

Cida, mulher casada, na casa dos quarenta, com 3 filhos, formada em sociologia e, atualmente, terminando o curso de graduação em teologia.

Antônio, no final dos trinta, padre, ordenado faz 9 anos, formado em psicologia, pároco numa paróquia da região oeste da Arquidiocese do Rio de Janeiro, estudante de pós-graduação em teologia.

O Velho, assim chamado certamente pela idade, mas especialmente pelos 43 anos de magistério teológico, 34 deles na mesma Faculdade de Teologia da PUC-Rio.

A seguir, vou tentar resumir, seguindo uma certa ordem, as reflexões que foram desenvolvidas nesses encontros. Desde o início, peço perdão aos participantes pelas deficiências na transcrição do seu pensamento e, particularmente, pela minha incapacidade para colocar por escrito a riqueza expressiva vivida nos encontros.

PARTE I

O ser humano: superação das rupturas

1
O ponto de partida: a estéril desarticulação

1.1. Perplexidades

Cida: – Preocupa-me muito a perplexidade e a confusão manifestada por numerosos católicos. Educadas num ambiente ainda de cristandade ou de nova cristandade, as pessoas de média idade ficam desnorteadas e sem ponto de apoio definido quando se trata de dar razão à própria fé. E, assim, mostram-se incapazes de ajudar os filhos na vivência adulta dessa fé. Perdemos o ponto de apoio, firme e sólido, da tradição alicerçada numa unanimidade na confissão da mesma fé. Ficaram para trás os tempos tranquilos, sem contradições nem pluralismo religioso, tempos em que não parecia necessário aprofundar a própria fé. Ora, hoje, as certezas tradicionais evaporaram-se. Para aonde se dirigir? Onde encontrar um chão firme e sólido para a nossa fé?

Antônio: – Observo que muitos cristãos procuram nas celebrações mais ou menos carismáticas uma saída para essa incerteza. E, assim, o emocional vai tomando conta da experiência de fé. Em não poucos ambientes de Igreja, a doutrina, a mensagem parece importar pouco. A teologia é considerada desnecessária. O estudo teológico é visto quase como perda de tempo, como origem de conflitos e dúvidas que colocam o fiel fora da perspectiva que realmente interessa, a saber, aquela própria da experiência e da exaltação religiosa.

O Velho: – De fato, a nossa situação eclesial atualmente não resulta nada cômoda. Podemos discutir a respeito da existência ou não de uma época pós-moderna, mas não é possível negar que estamos vivendo num clima cultural distinto da modernidade. Muito distinto, eu acrescentaria.

É verdade que são muitos ainda aqueles que continuam embalados pelas promessas da modernidade. Esta pode apresentar, sem dúvida, um conjunto importante de contribuições para o bem--estar humano. Mas, as sombras, na modernidade, são também muito densas. Faz várias décadas que os espíritos mais lúcidos superaram o otimismo ingênuo em relação aos frutos da modernidade. Também não é necessário muita inteligência para perceber a falácia de tantas promessas: basta a lembrança das duas grandes guerras e das outras muitas que assolaram o século XX e início do XXI, com o conjunto de atrocidades que as acompanharam. O mundo mais humano prometido pela ciência e pela técnica não se concretizou. A fome, a miséria, os genocídios estão presentes, de maneira fortemente opressiva, no século XXI. Uma grande parte da população mundial vive em condições de vida desumanas. A natureza tem sido, e continua a ser, depredada e destruída de maneira insensata e suicida. O socialismo burocrático já mostrou a sua esterilidade em termos de humanização real. O neocapitalismo vitorioso caminha orgulhoso deixando na beira do caminho milhões de excluídos, os milhões de seres humanos que não contam para o mercado.

Explica-se a desconfiança e a frustração em relação às promessas do mundo moderno e às grandes ideologias que mobilizaram intensamente gerações passadas. Uma visão pessimista do ser humano na sociedade e no cosmos substitui a arrogância, a *hybris* do homem e da mulher modernos.

Nota-se uma reação contra o racional (confundido com o racionalismo) e uma procura descontrolada de satisfações imediatas dos próprios desejos, num horizonte individualista e ferozmente competitivo. Parece que as grandes causas não interessam mais. Parece que o que importa é unicamente encontrar respostas satisfatórias para os problemas e as necessidades da pessoa, numa perspectiva imediatista e acentuadamente individualista. Neste contexto, o consumismo (obviamente, para quem pode consumir) aparece como um novo evangelho: feliz aquele que pode consumir! E mais feliz será aquele que puder consumir mais!

Nesta perspectiva, compreende-se bem o que Antônio dizia antes. E acresce que o consumismo, o individualismo e o imediatismo estão presentes também no interior das igrejas. As perguntas brotam espontaneamente. O que poderemos falar a estas pessoas que vivem a mentalidade pós-moderna? O que poderemos falar de significativo para aqueles que vivem a mentalidade moderna? E ao nosso povo cristão que, em boa parte, não é nem moderno nem pós-moderno, que boa-nova poderemos anunciar? São questões que a teologia não deveria deixar de lado, com um ar de superioridade.

Antônio: – Gostaria de acrescentar que a confusão está presente também nas casas de formação, especialmente nos seminários. Como reação à abertura vivida nos anos de 1960, no imediato pós-concílio, voltou a predominar, entre nós, o tipo de seminário fechado com grande número de seminaristas formados para o sacerdócio, entendido sobretudo no seu aspecto sacral, acentuando-se a separação do clero em relação aos fiéis comuns, os leigos. Passou a ser desautorizada a pedagogia que privilegiava a formação de pequenos grupos de vivência, suspeita de desenvolver em excesso o espírito crítico. Parece que, mais uma vez, prevaleceu o medo da liberdade. Pelo que tenho observado, não poucos padres resultantes da "nova" formação apresentam um grau de acomodação ao ambiente burguês bastante acentuado. Parecem guiados muito mais por uma teologia da prosperidade do que por uma teologia do serviço. Observo também que alguns colegas, desde o início do próprio ministério, pleiteiam tranquilamente o carro novo, moradia com todo conforto, roupas caras, viagens frequentes (também para o exterior).

Não posso deixar de concordar com as conclusões da pesquisa sobre padres novos publicadas na *REB* de 1999 (cf. BENEDETTI, 1999: 88-126). É fácil perceber como são revalorizados os símbolos do poder clerical, precisamente aqueles símbolos que distinguem o padre dos simples fiéis. Esses padres tendem a defender-se da interpelação crítica das outras pessoas mediante o recurso ao argumento da autoridade que confere o sagrado, independentemente da verdade ou do sentido que possam ter suas afirmações. Noto também que se deu nos seminários, nas duas últimas décadas, uma certa desvalorização da vida intelectual, uma tendência para desenvolver um tipo de formação pouco exigente nos estudos teológicos (e filosóficos). Parece-me que se dá uma aliança, ao menos em parte, com as tendências anti-intelectuais presentes na pós-modernidade, voltando-se para a expressividade corporal, emocional... pouco importando a coerência do conteúdo ou, mesmo, a fidelidade à proposta evangélica. Assim, esse novo padre apresenta-se, não raro, muito mais como um funcionário do sagrado do que como um evangelizador. Observo, igualmente, a deficiente inquietude social, sendo que o mundo dos pobres é apenas objeto de uma atenção distante e carente de compromisso. Evidentemente, a Teologia da Libertação será vista como uma realidade pré-histórica, da época das cavernas. Aliás, ela é desconhecida. Quem se entrega ao serviço de Deus é abençoado com uma vida boa, confortável, parecem dizer estes padres, sorrindo complacentes. Pergunto, entristecido: O que é feito do caminho do serviço vivido por Jesus de Nazaré? Tenho a impressão que, mais uma vez, o Cristo glorificado, entendido unilateralmente, desloca o Jesus da história. Creio que São Paulo teria, de novo, necessidade de lembrar duramente a loucura da sabedoria da cruz (cf. 1Cor 1,18-25).

A pior consequência de tudo isto é que o povo cristão fica abandonado sem o alimento evangélico a que tem direito, alimentado por uma religiosidade superficial, apegada ao emocional, sem um conteúdo evangélico que solicite a conversão. Eu sei que há muitos padres, também entre os ordenados recentemente, que não se enquadram nessa perspectiva. Mas, frequentemente se encontram deslocados, vistos como remanescentes da época dos dinossauros, ou pouco menos. Pergunto-me: É esse o modelo de ministério presbiteral que pode responder às exigências atuais da evangelização? A confusão dos católicos que pensam por eles mesmos e desenvolvem algo de espírito crítico é facilmente explicável.

1.2. Desarticulação

O Velho: – Não quero partilhar do pessimismo do Antônio, mas devo concordar com ele quando critica o unilateralismo das "soluções" para a crise do ministério presbiteral e, em geral, para a crise eclesial atual. O exemplo da desarticulação entre o afetivo e o racional resulta bastante ilustrativo. De fato, constata-se, nas celebrações, a existência de um predomínio atual do emocional, em oposição a certas celebrações pobres na dimensão afetiva e sobrecarregadas de explicações catequéticas, onde o doutrinário abafa o sentimento religioso. A superação daquela perspectiva era muito necessária, pois mutilava a vida cristã e a riqueza celebrativa. Mas, passar para o outro extremo, sem fazer uma síntese fecunda, não poderá ser uma solução adequada. Se é verdade que, ao menos em boa parte, ficamos prisioneiros da racionalidade antiga ou moderna, a solução não estará em optar agora pelo sentimentalismo superficial porque separado da dimensão da razão. Como unir, de maneira mutuamente enriquecedora, à luz da razão com o calor do sentimento e da emoção? Como articular, de maneira fecunda, o conteúdo da mensagem cristã com uma comunicação viva, afetiva, capaz de tocar o coração das pessoas, possibilitando, assim, o caminho da conversão? Aqui nos deparamos com um desafio teológico-pastoral de grande envergadura, extremamente atual.

Cida: – Infelizmente, não vejo muitas pessoas, na Igreja, dispostas a trabalhar para a concretização dessa síntese. Parece que há em nós uma maneira deformadora de lidar com a realidade. Deve ser um elemento cultural que, sem perceber, nos vicia pela vida afora, empobrecendo gravemente esta nossa vida e, no caso que nos ocupa, a nossa vida cristã-eclesial.

De fato, isto acontece na falta de integração entre o racional e o afetivo, no ser humano. Ocorre, igualmente, na relação entre outras dimensões do humano e da vida cristã. Assim, entre nós, na nossa Igreja, está presente a polarização em torno de movimentos e espiritualidades que acentuam, unilateralmente, a necessidade da oração em detrimento da dimensão social e política da fé cristã. O contrário também tem sido frequente em nossos ambientes eclesiais: a orientação ao social e ao político desvinculada da experiência da oração.

Antônio: – Os exemplos são muitos: desarticulação entre quem pensa e quem age, entre o privado e o público, entre o individual e o comunitário-social, entre e o indivíduo e as estruturas, entre a interiorização e a abertura etc. Parece que não sabemos lidar com a complexidade de dimensões do humano e cedemos à tentação da simplificação mutiladora e empobrecedora da nossa realidade humana.

A Cida tem razão. A mesma coisa acontece no nível das dimensões que constituem a riqueza da vida cristã. Além da falta de articulação fecunda entre a oração e a ação, eu lembraria a dicotomia entre natural e sobrenatural, entre vida religiosa e vida profana, entre história e escatologia, entre o clero e os leigos, entre a teologia e a espiritualidade, entre vida eclesial e transformação do mundo etc. etc.

O Velho: – Pois é, nessa visão do ser humano carente de integração, como entender a riqueza libertadora da salvação cristã? Necessariamente, ela será vista também de maneira muito empobrecida.

Antônio: – Por isso, penso que será necessário começar o nosso aprofundamento sobre o conteúdo da salvação cristã pela superação da visão do ser humano que estabelece relações de oposição-exclusão entre as dimensões do humano e da vida cristã.

O Velho: – Sem dúvida, é um caminho promissor esse que o Antônio está propondo. Eu mesmo tenho percorrido esse caminho em outras ocasiões (cf. GARCÍA RUBIO, 2001: 95-114). Vamos, então, num primeiro momento enfrentar esse desafio. O caminho ficará, espero, desimpedido para avaliar em seu justo valor a riqueza que significa a salvação cristã.

2
Para uma articulação fecunda

O Velho: – Ao tratarmos de tomar consciência de como vemos a realidade que é o ser humano concreto, é especialmente importante prestar atenção no modo como relacionamos entre si as diversas dimensões e aspectos da vida humana.

Está muito difundida ainda hoje uma visão do ser humano conhecida como dicotômica ou dualista. Percebemos a presença dessa visão quando, para ressaltar uma dimensão ou aspecto do ser humano, a pessoa é levada a desvalorizar uma outra dimensão ou aspecto. Por exemplo, para acentuar a importância da alma, a pessoa despreza o corpo, para valorizar a razão, desvaloriza o afeto etc. Ou ao contrário, para sublinhar a importância do corpo, desvaloriza a alma, para valorizar a afetividade despreza a razão etc.

2.1. A origem da visão dualista

Cida: – Esta maneira de ver o ser humano não é algo recente. Parece-me que é tão antiga quanto o ser humano. Não será algo conatural aos humanos?

O Velho: – Não, pois está ausente em várias culturas. Entretanto, é verdade que vem de muito longe. É uma visão existente já no antigo universo religioso da Índia, na teologia persa (princípio do Bem e princípio do Mal, em luta constante). Posteriormente, recebe uma forte valorização, já no campo filosófico, graças ao poderoso pensamento de Platão. Outras correntes filosóficas desenvolveram também esta visão dualista. Para a nossa reflexão, basta citar o pensamento estoico. De fato, as raízes da penetração no cristianismo de uma visão dicotômica do ser humano encontram-se, sobretudo, no neoplatonismo e no estoicismo.

Antônio: – O influxo do neoplatonismo é mais conhecido. Faz parte da cultura geral saber que, para o platonismo e o neoplatonismo, a realidade toda está dividida em dois mundos, o mundo das *ideias* e o mundo das *coisa*s. Estes dois mundos são apresentados como opostos.

O Velho: – Pois é, mesmo quem não estudou a história da filosofia já ouviu falar do mundo das *ideias* e do mundo das *coisas*. Na visão platônica, trata-se de mundos muito distintos e até opostos. A verdadeira realidade é encontrada unicamente no mundo das ideias, caracterizadas como divinas, eternas, imutáveis, invisíveis, perfeitamente ordenadas etc. O mundo das coisas, ao contrário, é apresentado como não divino, temporal, transitório, visível, desordenado, caduco etc. O mundo das coisas não passa, na melhor das hipóteses, de mera participação muito imperfeita do mundo das ideias ou, então, ele é visto como degradação do mundo verdadeiro, do mundo ideal. Ora, dado que existem dois mundos, existirão também, sempre na perspectiva platônica, dois modos de conhecimento: o conhecimento do mundo verdadeiro só é possível mediante a *ciência* (no sentido grego equivale à filosofia) enquanto ao mundo das coisas corresponde um conhecimento precário, a saber, a *opinião*. Em português, poderíamos dizer que a opinião (*doxa*, em grego) equivale ao nosso *acho que*. Só podemos conhecer o mundo das ideias, o mundo da verdadeira realidade, mediante a ciência (contemplação filosófica). Obviamente, trata-se de um conhecimento reservado a uma pequena minoria. A grande maioria dos humanos contenta-se com um conhecimento superficial, em grande parte ilusório, o conhecimento próprio dos sentidos.

Antônio: – A aplicação ao ser humano da distinção entre ideias e coisas aparece clara. Pela *alma* todos nós, humanos, pertencemos ao mundo divino, eterno etc. das ideias. E pelo nosso *corpo* pertencemos ao mundo temporal, imperfeito, sensível etc. das coisas. Não é de estranhar que experimentemos uma ambiguidade radical na nossa vida. Também pudera, pertencemos a duas realidades tão diferentes e mesmo opostas!

O Velho: – Você tem razão, Antônio. A divisão interior, a falta de harmonia que experimentamos é explicada precisamente por essa nossa dupla pertença, ao mundo da verdadeira realidade (pela alma) e ao mundo ilusório dos sentidos (pelo corpo). O dualismo antropológico aparece assim já explicitado no campo propriamente filosófico.

Cida: – Agora posso entender melhor a explicação e a solução que Platão apresenta para o problema político e social da Atenas do seu tempo (séc. IV a.C.). Por que Atenas se encontra em franca decadência? É fácil de compreender: a cidade é governada por indivíduos guiados pelo conhecimento das coisas, conhecimento superficial, imediatista, ilusório, incapaz de atingir a essência dos problemas. A solução só poderá ser encontrada quando a cidade for governada pelas pessoas competentes, aquelas que conhecem a verdadeira realidade (mundo das ideias) e, assim, podem encontrar soluções adequadas para os problemas. A elite governante deve ser formada pelos autênticos filósofos ou por indivíduos orientados por eles.

Antônio: – É surpreendente o paralelismo entre esta teoria política platônica e as orientações tecnocráticas do nosso desenvolvimento nacional. Segundo essas orientações, a condução da economia e do desenvolvimento é coisa só para os *técnicos*. Não é de estranhar a desconfiança dos tecnocratas em relação à participação popular na orientação do desenvolvimento. A ruptura entre as soluções técnicas dos especialistas e as urgências sociais constitui uma praga em nossa vida nacional nas últimas décadas.

O Velho: – Nesta perspectiva platônica e neoplatônica, só a alma nos torna humanos. E convém lembrar que, segundo esta visão, a alma possui todas as características próprias do mundo das ideias: imortal, pertencente ao mundo divino etc.

Cida: – Mas, antes, foi feita referência também ao *estoicismo*. Será que este pensamento influenciou também de maneira marcante a reflexão teológica e a vida toda da Igreja?

O Velho: – Em certo sentido influenciou mais ainda que as correntes platônicas. Explico: o estoicismo é uma filosofia prática, que pretende orientar o modo de vida do homem realmente sábio. Na sua procura de uma vida realmente livre, humana, o estoico guia-se unicamente pela razão. O ser humano se caracteriza como humano só pela razão. Uma conduta racional leva o estoico a afastar-se das paixões e desejos sensíveis, conquistando uma sábia indiferença (*ataraxia*) em relação a eles. Deixar-se levar pelo mundo instintivo significa viver na escravidão. Ser guiado pela razão é o único meio para poder viver uma vida livre. Para conquistar essa liberdade, o estoico deverá desenvolver uma dura disciplina ascética, controlando e até reprimindo o mundo das paixões e instintos sensíveis, na medida em que se opõe a uma vida livre, serena, racional.

Se o platonismo, nas suas diversas variantes, marcou profundamente a reflexão cristã, o estoicismo, por sua vez, influenciou poderosamente a vida e o comportamento cristão. Para o objetivo da nossa reflexão basta ressaltar aqui que para o estoicismo a divisão dualista do ser humano se dá entre a *razão e a afetividade*. A valorização da razão será feita em detrimento dos afetos e desejos sensíveis, vinculados ao corpo (cf. GARCÍA RUBIO, 1994: 62-66).

Antônio: – Parece-me que a visão antropológica dualista não foi superada na modernidade, antes pelo contrário, dá a impressão de que ficou reforçada.

O Velho: – É verdade. No início do mundo moderno, a divisão cartesiana do ser humano entre o pensamento (*res cogitans*) e o corpo (*res extensa*) vai aprofundar ainda mais esta perspectiva dualista. Com efeito, o corpo é visto como uma máquina, muito complexa, porém máquina. É pelo pensamento que o ser humano é humano. Não se dá uma relação intrínseca entre o pensamento e o corpo, a relação é só extrínseca.

2.2. Consequências da visão dualista

Cida: – Certamente, esta visão dualista do ser humano teve consequências importantes na reflexão teológica e na vida cristã.

O Velho: – Sem dúvida. Não dá para lembrar aqui todas elas, mas poderíamos, ao menos, apontar algumas especialmente graves.

1) Desenvolveu-se, durante longos séculos, um certo desprezo pelo corpo, considerado como inimigo da vida espiritual. Parecia que o desenvolvimento da espiritualidade implicava até certo ponto a negação do corpo. O corpo com suas tendências e instintos aparecia como o culpado do pecado e da desordem existente no ser humano.

2) Em consequência, desenvolveu-se uma tendência para reprimir (diríamos em linguagem atual) o mundo da afetividade (emoções e sentimentos ligados à corporalidade).

3) Nessa desvalorização do corpo e da afetividade ligada ao corpóreo, o mais deplorável foi que a vivência da sexualidade ficou reduzida ao nível meramente biológico-genital. A sexualidade

tem sido vista apenas a serviço da procriação, sem a percepção da riqueza pessoal-relacional que ela comporta. Esta deficiência ainda se deixa sentir na Igreja atual.

4) Também tem apresentado consequências negativas a tendência para separar o masculino e o feminino como realidades humanas opostas, sendo que o masculino, com muita frequência, tem dominado e desprezado o mundo feminino (patriarcalismo, machismo...)[1].

Antônio: – É fácil concluir que esta visão dualista afeta igualmente a maneira que nós temos de articular as diversas dimensões ou aspectos que constituem a riqueza da salvação cristã.

O Velho: – Certamente, afeta de maneira gravemente empobrecedora. Basta lembrar a polarização excludente que temos vivido nos últimos anos na Igreja do Brasil entre duas tendências apresentadas como opostas. Por um lado, a tendência para ressaltar a importância da oração na vida cristã, mas em detrimento dos compromissos sociais/políticos. A outra tendência, ao contrário, tem acentuado unilateralmente a importância destes compromissos, em detrimento da oração. Vocês percebem que não se trata de criticar as acentuações que, sem dúvida alguma, podem ser necessárias. O problema está na acentuação unilateral, excludente. É este tipo de acentuação que deveria ser criticado e superado.

Antônio: – Penso também na tendência excludente para acentuar a vida sobrenatural (a vida da graça) em detrimento do humano. Ou, então, a pátria celeste, o céu, valorizado unilateralmente, em detrimento da terra, da pátria atual, desprezada como um "desterro", como um "vale de lágrimas", no qual estamos "gemendo e chorando" esperando a libertação.

---

1. Sobre as graves consequências do patriarcalismo para o homem e para a mulher, cf. García Rubio, 1994: 76-79.

O Velho: – Não é de estranhar que o povo cristão manifeste tanta resistência ao apelo da Igreja atual para um compromisso mais decidido no mundo social e político. A acusação de alienação feita pelos marxistas aos cristãos não estava longe da realidade da maioria deles. Houve, de fato, uma desvalorização das realidades do mundo atual que tem levado o cristão a não se comprometer na luta por uma pátria mais justa e solidária, no hoje da história. Assim, lamentamos hoje a realidade de um Brasil tido como o país mais católico do mundo e, ao mesmo tempo, sendo um dos países mais injustos do ponto de vista social.

Antônio: – Na mesma orientação com tendência excludente, vejo a relação entre Igreja e mundo, entre Reino de Deus e história humana, entre celebração e vida de cada dia, entre sagrado e profano, entre clero e leigos etc. A valorização unilateral da Igreja, do Reino de Deus, do mundo do sagrado, do padre etc. tem levado a uma desvalorização empobrecedora das realidades deste mundo e, consequentemente, da vida dos leigos.

Cida: – Esta última constatação me preocupa de maneira especial. Parece que nós, chamados de leigos, não temos uma espiritualidade própria. O nosso trabalho, a nossa vida familiar, os compromissos políticos, numa palavra, a nossa vida de leigos, parece que não contam em ordem à salvação. Parece que somos obrigados a procurar alimento para a nossa vivência cristã na espiritualidade de ordens ou congregações religiosas.

O Velho: – Todavia, a distorção da vida cristã continua presente quando, no intuito de reagir contra o empobrecimento das acentuações unilaterais anteriormente indicadas, pessoas ou movimentos na Igreja passam a valorizar, também unilateralmente, a dimensão oposta às anteriores acentuações.

Cida: – É justamente o que eu estava pensando neste momento. Não vejo como será possível superar acentuações unilaterais, utilizando o método de acentuar também unilateralmente outras dimensões com as quais as primeiras estavam em tensão. Dá para entender "a lei do pêndulo". Como reação contra um exagero, a tendência é responder com o exagero oposto. Mas, não soluciona o problema que nos ocupa. Continua presente o empobrecimento da vida cristã, da salvação cristã.

Antônio: – Você tem razão. De fato, tem acontecido na Igreja, nas últimas décadas, um movimento que acentua e valoriza de maneira também unilateral as realidades do mundo, a vida profana, os compromissos do leigo, a importância do político etc., em detrimento da vida eclesial, dos sacramentos, da liturgia, da oração contemplativa, da missão do padre etc. Lembro que estas nossas conversas surgiram, sobretudo, por causa destes e de outros unilateralismos experimentados como empobrecedores da nossa vida cristã.

O Velho: – Tomar consciência desta visão do ser humano, que não consegue relacionar de maneira fecunda as tensões entre dimensões ou aspectos da vida dele e, especialmente, da vida cristã, é um passo importante, sem dúvida. Mas, não é suficiente. Como não é suficiente querer superar esses dualismos com o recurso ao mero voluntarismo. Explico: não basta querer superar a visão dualista do ser humano, procurando valorizar *todas* as dimensões em tensão. A intenção é louvável, mas resultará ineficaz, se não estiver acompanhada da superação da estrutura mental subjacente. Esta comanda a maneira de ver e de relacionar as dimensões em tensão. Assim, é no nível desta estrutura fundamental que se dá a superação das articulações excludentes e unilaterais. Se a estrutura ficar intocada, a pessoa, por muito boa vontade que tenha, acabará ficando enredada em relações frustrantes e estéreis. Não basta querer unir fecundamente oração e compromisso sociopolítico. Na hora de viver, de fato, a relação, esta aparecerá forçada, extrínseca, insatisfatória. Em outras ocasiões tenho apresentado este tipo de relação com a seguinte ilustração:

O desejo de unir oração e ação, seguindo o exemplo proposto, está representado pelo círculo. A linha divisória entre oração e ação simboliza a estrutura mental subjacente ainda intocada. Esta estrutura profunda que, como sabemos, orienta para a exclusão predomina sobre a vontade de unir fecundamente e, como consequência, a pessoa só consegue uma articulação extrínseca, infecunda e estressante. Quer unir, mas só consegue uma união por fora, extrínseca, árida e desgastante (simbolizada pela escadinha de mão).

Uma articulação fecunda, enriquecedora, só será possível se for mudada a estrutura fundamental subjacente, se o que podemos chamar de "dialética da exclusão" for substituída por uma "dialética de inclusão". Uma espécie de conversão intelectual é necessária. A visão do ser humano e da realidade toda deverá ser modificada. A leitura da realidade feita pelas correntes dualistas antigas ou modernas é comandada por essa dialética de exclusão. Ela "envenena" todas as tentativas de articulação fecunda.

2.3. A visão integrada do ser humano

Antônio: — Se não me engano, um objetivo básico da antropologia cristã será, precisamente, mostrar como a revelação do Deus bíblico-cristão implica a superação dessa dialética de exclusão.

O Velho: – É verdade, Antônio. O encontro com o Deus salvador-criador da revelação bíblica nos leva a perceber que existe outra maneira, muito distinta da perspectiva dualista, de considerar o ser humano e a realidade toda criada por Deus. De fato, é o que pretendemos clarificar nestas nossas conversas. Como início desta nossa caminhada basta acenar para o fato de que se trata de uma visão integrada do ser humano e da realidade, uma visão que não tem medo de reconhecer que existe no ser humano pluralidade de dimensões. Esta é a grandeza do ser humano e também o difícil desafio de viver as relações entre estas dimensões de maneira inclusiva e não exclusiva, sem negar as diferenças e as tensões entre as mesmas.

Cida: – Estamos tão habituados a pensar no ser humano, utilizando esta visão dualista, que não resulta fácil aceitar que existe uma perspectiva integrada, se bem que acho que se trata de uma visão que está em nós como um anelo ou sonho. E qual seria a origem desta visão?

O Velho: – A visão integrada do ser humano tem sua origem no mundo cultural semita, que, como já sabemos, é o mundo no qual a Bíblia foi sendo elaborada e escrita. De fato, na Sagrada Escritura, o ser humano é visto como uma unidade. É verdade que os termos bíblicos utilizados, seja em hebraico (*nefesh, basar, rûah, lebeb* etc.), seja em grego (*psyché, pnêuma, soma, kardia* etc.) designam aspectos do ser humano, mas sempre referidos ao homem ou à mulher vistos sempre como uma unidade[2].

Antônio: – Ainda em relação à visão dualista do ser humano e da realidade. Parece-me que existe, às vezes, uma confusão entre dualidade e dualismo.

---

2. Para o significado de cada um destes termos, cf. um dicionário bíblico, ou então, de maneira resumida: García Rubio, 2001: 259-267.

O Velho: – É verdade. A dualidade é um dado real. No ser humano existem dualidades de dimensões (razão-afetos, espiritualidade-corporalidade etc.), mas estas dualidades reais não têm por que tornarem-se dualismos. O dualismo está presente sempre que, querendo valorizar uma dimensão, descuidamos ou deixamos de lado a outra com a qual se encontra em tensão.

Cida: – Então, trata-se de procurar valorizar todas as dimensões, guardando equilíbrio entre elas, de maneira que uma não seja desenvolvida mais do que as outras?

O Velho: – Não é bem assim. Claro que é sadio procurar um certo equilíbrio na acentuação ou valorização das distintas dimensões, mas se trata sempre de um equilíbrio, bastante relativo. Aliás, como em todas as coisas humanas. Vejamos: frequentemente, é necessário acentuar mais o valor de uma ou outra dimensão, mas isto deve ser feito *sempre* na abertura à complementação e à crítica da outra dimensão com a qual se encontra em tensão. Mediante alguns exemplos isto ficará mais claro: numa comunidade que desenvolve de maneira unilateral o compromisso sociopolítico, será necessário acentuar a importância fundamental da oração, não para negar a dimensão sociopolítica da fé cristã, mas para complementá-la e até corrigi-la com a dimensão de oração própria da mesma fé. Ou ao contrário, numa comunidade que privilegia a dimensão de oração e descuida o compromisso social, será necessário ressaltar a importância deste compromisso, mas sempre na abertura à complementação e até à crítica que provém do compromisso social e político.

Em resumo, eu diria que se trata de uma visão que aceita a dualidade (ou melhor, a pluralidade) de dimensões no ser humano, mas todas são vividas e experimentadas na *unidade* que é a *pessoa* concreta. No gráfico, você pode ver como desapareceu a linha divisória e como as dimensões estão abertas umas às outras numa mútua correção e complementação.

Alma Corpo,   Razão Afeto,   Oração Ação,   etc.

Antônio: – Quer dizer que a visão integrada do ser humano compreende uma grande riqueza de dimensões: afetivo-sexual, comunitária, social, política, econômica, ecológica, religiosa etc., dimensões vividas na unidade básica da pessoa.

Cida: – E a realidade do mal e do pecado? Qual seria seu lugar nesta visão integrada do ser humano e da realidade?

O Velho: – Esta questão é muito importante. De fato, a visão integrada do ser humano não elimina o confronto entre justiça e injustiça, entre o "velho" e o "novo", entre graça e pecado. Uma dialética de exclusão deverá ser aplicada quando se trata do confronto no campo ético. O crescimento do homem "novo" comporta diminuição da força e da atuação do homem "velho". Justiça e injustiça tendem a se excluírem, bem como graça e pecado. Assim, podemos falar da existência de um dualismo no campo ético, onde a relação de exclusão está presente. Com outras palavras, tudo quanto estamos refletindo sobre a visão integrada do ser humano refere-se ao ser da realidade, ao ser do homem. Refere-se ao campo ôntico, não ao domínio da ética. Neste último, está presente o dualismo com a sua dialética de exclusão.

Cida: – O negativo que existe em nós não terá nenhuma serventia em ordem à salvação?

O Velho: – Veremos mais adiante que mesmo o negativo é utilizado a serviço do amadurecimento da pessoa e da comunidade, tendo, assim, uma função relevante na vivência da salvação.

Finalizando esta nossa reflexão sobre a visão dualista ou integrada do ser humano, é claro que na nossa apresentação do significado da salvação cristã seremos guiados pela visão integrada do ser humano, pois só ela permite reconhecer e vivenciar a estupenda riqueza que significa essa salvação oferecida pelo Deus de Jesus Cristo.

*

Com a concordância dos três participantes do encontro-diálogo, a reflexão sobre o conteúdo da salvação cristã foi iniciada pela apresentação do Deus que oferece esta salvação.

PARTE II

A revelação bíblica do Deus da salvação-criação: o ser humano criado para viver a salvação

3
O encontro com o Deus salvador-criador no Antigo Testamento

3.1. O Deus com características pessoais

Cida: – Invocamos Deus e falamos seu nome com tanta frequência! Mas quando se trata de explicar um pouco o que entendemos com o termo Deus, a coisa revela-se complicada. Parece que cada pessoa e cada grupo humano dá ao termo Deus um significado próprio. A confusão a respeito do significado da palavra Deus parece-me enorme.

O Velho: – Você tem razão, Cida. Aqui, contudo, não poderemos abordar esta multiplicidade de significações, presentes nas diversas religiões, nas filosofias, nos movimentos esotéricos etc. Mais discretamente, vamos nos contentar com aprofundar o significado do termo Deus para nós cristãos. E vocês sabem que, mesmo no interior das igrejas, o significado atribuído à palavra Deus pode apresentar divergências notáveis. Daí a importância, parece-me, desta reflexão sobre o Deus cristão, reflexão que quer ser também uma revisão da nossa relação com Ele. Concomitantemente, iremos percebendo, cada vez mais claramente, quem somos nós, amados de maneira estupenda e desconcertante por esse Deus.

Antônio: – A primeira coisa que chama a minha atenção é o caráter "pessoal" do Deus da revelação bíblica. Um Deus apaixonado pelo ser humano, que age no coração da nossa história, um Deus comprometido com a nossa libertação e com a nossa salvação. Este é para mim o fundamento da minha experiência de Deus.

Cida: – Também para mim é o fundamento. Mas, trata-se sempre do Deus que se revela na pregação, comportamento, atitudes, morte e ressurreição de Jesus Cristo. Minha experiência de Deus é cristológica cem por cento.

O Velho: – Sim, a experiência cristã de Deus é inseparável de Jesus Cristo. Mas, antes de abordar este tema, gostaria de lembrar que a visão de um Deus pessoal, que ama o ser humano até o ponto de se tornar um de nós em Jesus Cristo, levanta dificuldades não desprezíveis. Um Deus, com características pessoais, não será uma projeção dos nossos desejos e da nossa sede insatisfeita de infinito e de completude, não será uma mera ilusão infantil ou uma alienação? Podemos lembrar as afirmações de L. Feuerbach, K. Marx, F. Nietzsche ou de S. Freud a este respeito[1]. Será que Deus não passará de uma imagem criada pelo ser humano, uma idealização dos melhores anelos do coração humano, como quer E. Fromm (cf. FROMM, 1995: 80-100). Como entender o caráter pessoal de Deus?

Antônio: – Realmente, para nós cristãos o caráter pessoal do Deus da revelação bíblica não representa um problema. E, assim, esquecemos facilmente que, nas grandes religiões orientais, Deus não é apresentado com características pessoais. A mesma coisa acontece no domínio filosófico e nas formas de religiosidade que estão emergindo, tal como a Nova Era e outras semelhantes.

O Velho: – É verdade, Antônio. Um Deus com características pessoais é olhado com suspeita por muitos hoje. Deus com características pessoais? De fato, é assim que Ele se revela no Antigo Testamento e, sobretudo, mediante Jesus Cristo. Deus, na fé bí-

---

1. Para um bom resumo do pensamento de L. Feuerbach, K. Marx, S. Freud e F. Nietzsche sobre Deus , cf. Küng, 1979: 269-578.

blico-cristã, é experimentado como um Tu que nos interpela e nos ama, que espera uma resposta confiante e amorosa da nossa parte.

Cida: – Mas, isto não será uma falta de respeito pela transcendência divina?

O Velho: – De fato, o perigo de manipular Deus e de reduzi-lo às nossas medidas humanas é muito real. Entretanto, experimentar Deus e apresentá-lo com características pessoais é algo muito diferente. Certamente, Deus não é pessoa no sentido em que nós, seres humanos, somos. Quando falamos do caráter pessoal do Deus bíblico não estamos aplicando a Ele, sem mais, o significado humano do termo pessoa. Deus não pode ser medido ou definido mediante os nossos conceitos e imagens! Talvez seja mais conveniente falar do caráter transpessoal de Deus. O que deve ficar claro é que Deus, para nós cristãos, não é um objeto, ou uma força anônima, ou uma energia neutra e impessoal. Deus é Alguém em quem podemos confiar, Alguém interessado no nosso bem e na nossa felicidade, Alguém que se autocomunica por amor a nós humanos. O âmbito da pessoa é o mais adequado – ou, se preferirmos, o menos inadequado – para nos referirmos a esse Deus revelado como amor incondicional.

Antônio: – Certamente, apresentar Deus como um objeto, como uma energia impessoal não é a melhor maneira de respeitar a transcendência de Deus. Eu penso assim: se Deus é o fundamento da nossa liberdade e do nosso amor, não será Ele mesmo Liberdade e Amor infinitos[2].

3.2. O valor relativo das imagens que formamos de Deus

O Velho: – Dado que o perigo de manipular Deus é muito real, vocês poderiam perguntar: Não seria melhor deixar de lado

---

2. Sobre o caráter pessoal do Deus bíblico, cf. Küng, 1979: 859-864. • Zahrnt, 1971: 191-197.

toda reflexão e toda representação de Deus? Bem, isto seria o mesmo que matar o doente para terminar com a doença. Vejamos.

Temos necessidade de formar imagens de Deus para nos relacionarmos pessoalmente com Ele. Com efeito, no relacionamento pessoal, em qualquer relacionamento pessoal, precisamos fazer uma imagem do outro(a) para entrar em contato pessoal com ele(ela). Não é possível encontrar-se pessoalmente com alguém na pura abstração. Precisamos formar uma imagem do outro(a) para que seja possível o encontro pessoal. O problema, então, não está em formar uma imagem do outro, algo totalmente necessário, mas em que, frequentemente, acabamos dando mais importância à imagem formada do que à revelação feita pela outra pessoa. Podemos facilmente ficar prisioneiros da imagem que formamos e acabamos sacrificando a novidade da revelação do outro em nome da imagem que dele(a) nós formamos.

Antônio: – Entendo o que quer dizer: com Deus fazemos a mesma coisa. Formamos uma imagem de Deus e depois queremos que Ele se ajuste à imagem que dele fizemos. O que deveríamos fazer é o contrário: modificar a nossa imagem sempre que Deus se revela com a sua novidade inesgotável.

O Velho: – Chama a atenção o fato de que no Antigo Testamento, por uma parte, se proíba ao povo de Israel fazer imagens de Deus (estátuas, pinturas etc.) e, por outra, os textos bíblicos apresentem uma rica e variada série de imagens para se referir a esse Deus. Deus sob a imagem de guerreiro, de guia, de pastor, de uma rocha firme, de pai, de refúgio etc. etc. Os salmos e também os textos proféticos estão cheios destas e de outras imagens. Claro, as imagens são necessárias para a relação pessoal, mas há o perigo, grande perigo, de a imagem tornar-se um ídolo, e isto acontece quando se adora a imagem que fazemos de Deus e não nos abrimos à novidade da revelação dele, como bem falou o Antônio. A tentação da idolatria continua forte entre nós, cristãos.

Cida: – Entendo aquilo que vocês dois estão afirmando e percebo o quanto é grande a tentação de criar um Deus à nossa imagem. Em Gn 1,26ss. se afirma que fomos criados à imagem de Deus. Na idolatria, a gente inverte a afirmação, pois pretendemos criar Deus à nossa imagem.

3.3. Antigo Testamento: o Deus de Israel é o Salvador!

Cida: – Isto nos leva à revelação de Deus no Antigo Testamento. É aqui que eu encontro maior dificuldade. A relação com o Deus revelado no Antigo Testamento resulta difícil para mim. Muitos dos textos que nos falam de Deus não me dizem nada, devo confessar.

O Velho: – Esta dificuldade é experimentada por não poucos cristãos, católicos e evangélicos. O Deus que manda matar os inimigos, o Deus irado que castiga duramente a infidelidade do povo etc. parece tão distante do Deus Ágape do Novo Testamento! A dificuldade surge, sobretudo, pela maneira inadequada que temos de abordar a revelação de Deus a Israel. Não percebemos que se trata de uma revelação que caminha lentamente, seguindo uma pedagogia paciente e amorosa. Israel vê Deus – os deuses, porque sabido é que o monoteísmo israelita demorou bastante tempo para se firmar – como os outros povos vizinhos. Só lentamente vai percebendo quem é o Deus do êxodo e dos patriarcas. A revelação de Deus, no Antigo Testamento, está encarnada na história de um povo, com sua grandeza e com sua miséria, de um povo que não é melhor do que os outros. Como sabemos, nessa pedagogia divina, os profetas tiveram um papel fundamental. Séculos e mais séculos, gerações e mais gerações se sucederam, antes que Israel fosse capaz de se abrir à novidade do Deus da salvação e da criação. E mesmo depois de tanto tempo, só um "resto" foi capaz dessa abertura[3]. No

---

3. Continua a ser muito interessante o livrinho de SEGUNDO, J.L. *As etapas pré-cristãs da descoberta de Deus*. Petrópolis: Vozes, 1968.

Antigo Testamento, encontramos já aspectos básicos da revelação cristã de Deus.

Cida: – Sei que Deus se revela no Antigo Testamento como salvador e como criador. Mas, insisto, trata-se de uma revelação que permanece distante para mim, para a minha experiência atual de Deus. Gostaria de aprofundar o sentido da revelação de Deus no Antigo Testamento.

3.3.1. A criação é já salvação!

O Velho: – A primeira coisa e a mais importante que é necessário ressaltar é, precisamente, que Deus se revela como *salvador*. E *sempre* é Deus quem toma a iniciativa e age de maneira totalmente gratuita em favor da salvação-libertação do ser humano, do povo, da comunidade ou do conjunto da humanidade. Temos, assim, dois aspectos básicos dessa revelação de Deus: a *iniciativa* é sempre dele e atua com total *gratuidade.*

Tudo começou com a experiência do êxodo, conforme testemunha a mais antiga tradição israelita (cf. SCHNEIDER. In: SCHNEIDER, 1978: 76-100). Assim, uma experiência de salvação encontra-se na origem do povo de Israel. Deus é experimentado como salvador-libertador de uma situação de escravidão. É esta experiência, fonte viva contínua da fé em Iahweh, a que será atualizada uma e outra vez na história de Israel. Trata-se da experiência fundante do povo de Israel que será também projetada para o passado distante na procura de interpretação da "história" dos patriarcas e até mesmo dos primórdios da humanidade.

Antônio: – Na realidade, se deixarmos de lado as intervenções salvíficas de Iahweh em favor de Israel, perderíamos o fio condutor que perpassa os escritos que compõem o Antigo Testamento.

O Velho: – É muito interessante perceber, de fato, nas diversas tradições e nos diversos escritos veterotestamentários, como é apresentada a temática das intervenções salvíficas de Iahweh. Os enfoques teológicos são diversos, sem dúvida, mas nota-se a fidelidade ao núcleo da tradição oral mais antiga fundada na experiência da intervenção salvífica-libertadora de Iahweh vivida nos acontecimentos do êxodo. Todos nos falam da revelação de Iahweh que salva e do povo ou do ser humano individual chamados a viver a salvação[4].

No êxodo aparece claro que se trata de uma salvação entendida como libertação da situação miserável em que se encontravam os israelitas no Egito. É fácil perceber também que se trata de uma libertação política e ao mesmo tempo religiosa. O que estava em jogo era a saída da escravidão para poder ter uma terra própria e um nome próprio, para poder viver a liberdade e poder cultuar Iahweh.

Cida: – Tudo muito importante, sem dúvida, mas em que sentido essa experiência de Deus como salvador-libertador pode nos dizer algo de importante sobre a nossa situação atual?

3.3.2. O ser humano chamado a acolher a salvação

Antônio: – Acontece que a revelação de Deus é também revelação do ser humano. Se Deus se revela como aquele que salva, deduz-se que o ser humano será visto como aquele que é chamado, ontem como hoje, a viver essa salvação.

O Velho: – Vamos exemplificar isto com as categorias teológicas de "eleição" e de "aliança". Sabemos hoje que a primeira é bem mais antiga e mais importante[5]. A categoria de aliança é posterior e apresenta uma importância muito menor, no conjunto

---

4. Para um breve resumo de como o tema da salvação é prioritário nos diversos escritos do Antigo Testamento, inclusive na literatura Sapiencial, cf. García Rubio, 2001: 121-136.

5. Sobre o Deus da eleição e da aliança, cf. García Rubio, 2001: 136-140.

do Antigo Testamento, na interpretação teológica da história da salvação. Ressalto que se trata de categorias teológicas, de tematizações teológicas que não devem ser confundidas com as experiências de salvação-libertação vividas por Israel. As experiências são muito antigas, a tematização delas é muito posterior.

Pois bem, isto suposto, tanto no tema da *eleição* quanto no tema da *aliança,* aparece claramente que é Deus quem toma sempre a iniciativa gratuitamente nas suas intervenções em favor de Israel. É Deus quem escolhe o seu povo com total liberdade, é Deus quem se associa livremente com esse povo.

A experiência da eleição é aplicada retrospectivamente, na sua tematização teológica, ao passado distante de Israel (patriarcas, primórdios da humanidade...). A iniciativa da eleição é sempre de Deus. A mesma coisa acontece com o tema da aliança; é Deus quem se associa livremente com o povo, e olhando para o passado, é Ele quem se comprometeu gratuita e livremente com os patriarcas, com Noé (dilúvio), com o primeiro homem (Adão).

Eleição e aliança são categorias utilizadas também com grande liberdade para interpretar os acontecimentos do povo, no desenrolar da história. É o que acontece, por exemplo, com a interpretação do exílio na Babilônia: trata-se da consequência trágica da traição à eleição e à aliança. Contudo, o futuro não está fechado. O fim da situação calamitosa é possível: basta voltar para o Deus dos pais, o Deus da eleição e da aliança, aceitando o compromisso que tanto uma quanto a outra comportam (cumprimento da lei e realização do culto javista).

A iniciativa livre e gratuita de Iahweh expressa na eleição e na aliança é uma manifestação da soberania de Deus que, conforme vários exegetas, seria uma característica básica da revelação de Deus no Antigo Testamento. Assim pensa, por exemplo, G. Fohrer, para quem o núcleo central da fé e da reflexão teológica veterotestamentária estaria constituído pela soberania de Deus unida indissoluvelmente à comunhão com Ele por parte do ser humano (cf. FOHRER, 1982: 141ss.). Soberania de Deus que leva consigo a experiência da *distância* entre Deus e o ser humano. Entretanto, não é uma distância que faz com que Deus fique "distante". Trata-se de um estupendo paradoxo: o Deus soberano é o mesmo Deus que entra em comunhão íntima com o povo e com cada ser humano concreto. Temor reverencial (respeito) e confiança fazem parte da experiência que o ser humano faz do encontro com esse Deus. Respeito e temor reverencial por causa da sua total soberania, confiança plena por causa da sua íntima e familiar comunhão com o ser humano.

Antônio: – Assim vai ficando claro o sentido profundo da nossa condição humana, a partir da revelação do Deus da eleição e da aliança. O Deus soberano, o Deus que se compromete e que entra em comunhão com o ser humano tem sempre um objetivo salvífico: libertar da escravidão, do exílio, da doença, da perseguição, do pecado etc. para que o ser humano possa viver uma situação nova de liberdade, de saúde, de paz, de felicidade etc.

O Velho: – Se a salvação de Iahweh constitui tema central da revelação de Deus no Antigo Testamento, temos já a mais importante pista para perceber em que consiste a vocação fundamental do ser humano. Acima de tudo é chamado a acolher o dom do amor salvífico de Deus, é chamado a aceitar e a viver em conformidade com esse dom. Esta solicitação de Deus comporta do ser humano a *decisão* de acolher o dom. Hoje falaríamos da necessidade de o homem fazer uma opção fundamental. Trata-se de se decidir pela aceitação da vontade de Iahweh, numa atitude acolhedora, confiante e obediente. Decisão que compromete o ser humano *inteiro* tanto no plano ético quanto no âmbito cultual.

Decidir-se pela aceitação do dom de Iahweh leva consigo a vivência da justiça e do amor concreto, efetivo (dimensão ética). E comporta também a realização do verdadeiro culto (dimensão cultual), sempre unido ao compromisso ético. Mas, notemos bem, o compromisso ético e a realização do culto javista, em mútua articulação, encontram-se fundamentados no dom salvífico de Iahweh acolhido pelo ser humano.

Na experiência de se decidir pela vontade de Iahweh está incluída a atitude humilde, acolhedora, receptiva, no polo oposto da atitude orgulhosa, prepotente e autossuficiente. Isto aparece muito claro, especialmente no tema da eleição. Pertencer ao povo escolhido não é garantia de salvação. É indispensável o "sim" do ser humano se decidindo pela aceitação da vontade salvífica de Iahweh com as dimensões anteriormente indicadas. Mas, sempre a prioridade é da escolha *livre e gratuita* de Iahweh. Não há motivo para orgulho ou autossuficiência[6].

Cida: – Parece-me que já temos os dados básicos para responder à pergunta que nos preocupa: Que imagem do ser humano emerge da teologia da salvação, conforme o Antigo Testamento?

Antônio: – Eu resumiria a resposta da seguinte maneira: o ser humano é alguém chamado pelo amor gratuito de Deus para se decidir livremente pela acolhida desse amor, estabelecendo uma relação pessoal com Ele, aceitando na própria vida as implicações éticas e cultuais que essa aceitação comporta.

O Velho: – É um bom resumo. Ressaltaria, apenas, que é Iahweh quem estabelece com o ser humano relações que, conforme vimos acima, chamaríamos hoje de "pessoais". É Ele quem interpela, propõe, chama, solicita, ama capacitando o ser humano para que possa responder livremente à sua atitude benevolente, sendo que este pode responder negativamente, fechando-se à interpelação. Entre Deus e o ser humano (povo ou indivíduo) se dá uma relação que podemos chamar de *dialógica*. Eu diria, então, que, à

---

6. A falsa confiança na eleição e na aliança é um tema básico da pregação profética. Cf. Fohrer, 1982: 122-124. • Fohrer, 1983: 192-194.

luz da teologia da salvação, emerge uma imagem do ser humano como alguém capaz de *decisão e de diálogo-resposta*. Alguém capaz de reconhecer a soberania de Deus, a distância que separa Deus do ser humano, e ao mesmo tempo de entrar em comunhão com ele, vivendo uma relação dialógica de profunda intimidade.

3.3.3. Valorização do tempo e da história em ordem à salvação

Antônio: – Parece-me também muito importante, nesta primeira descrição de quem seja o ser humano, na perspectiva bíblica da salvação, sublinhar a mudança na maneira como o ser humano que aceita o dom da salvação vê o desenrolar da história. Os biblistas constatam como para o Antigo Testamento o tempo e a história não são vistos de maneira cíclica, tal como era comum nas religiões agrícolas do Oriente Médio e tal como predominava também no ambiente cultural helênico. Não um tempo de eterno retorno, de monótona repetição, de desgaste crescente e de decadência progressiva. Mas um tempo no qual é possível a história caminhar com esperança para o futuro, porque o futuro está sempre aberto, mesmo quando parece completamente fechado, pois o futuro é Deus mesmo, a plenitude do amor.

O Velho: – Sim, é um tempo de caminhada para a frente, vencendo a tentação da instalação no presente e da nostalgia paralisante do passado. Ultimamente, se tem discutido muito a respeito da linearidade do tempo bíblico, sendo que alguns defensores de uma perspectiva ecológica têm acusado esta visão do tempo de ter contribuído para o atual desastre ecológico. Precisamos ver mais adiante até que ponto esta acusação é procedente. De momento, basta indicar que a perspectiva bíblica talvez possa ser apresentada, graficamente, melhor do que de forma linear, mediante uma linha elíptica, pois a caminhada para o futuro na realidade não se dá em linha reta. Há avanços e recuos, pois se torna necessário, às vezes, desviar-se do caminho reto, para poder vencer obstáculos.

Mas, é certo que a perspectiva bíblica da salvação oferecida livremente ao ser humano desenvolve uma visão do tempo e da história prenhes de fecundidade. O tempo do cotidiano é valorizado fortemente na perspectiva bíblica da salvação. Não é fugindo do tempo e da história que se vive essa salvação. É no cotidiano que o ser humano responde ou não à interpelação salvífica de Deus. O tempo humano está aberto ao futuro, é tempo de amadurecimento, que pode ser fonte de algo novo e imprevisto. É no coração do tempo e da história humanas que Deus manifesta seu desígnio salvífico e que o povo e o indivíduo são chamados a responder à interpelação divina.

Cida: – Posso agora perceber melhor o quanto esta perspectiva é importante para nós, os leigos. Às vezes, nos sentimos na periferia da salvação, sempre que esta é veiculada unilateralmente aos padres e religiosos(as), no âmbito do culto e do sagrado. A revelação do Deus salvador no Antigo Testamento está resultando muito mais enriquecedora do que eu imaginava...

Antônio: – Acho que devemos complementar o que foi falado anteriormente sobre o valor do tempo e da história, ressaltando que se trata de um tempo e de uma história penetrados de ambiguidade.

Cida: – Parece-me que isto vem a significar que o povo e o ser humano se encontravam sempre em situação de não salvação, não é verdade?

O Velho: – A experiência de não salvação acompanha Israel continuamente, assim como está sempre presente a experiência da salvação oferecida por Iahweh, ou melhor, da salvação que é Iahweh mesmo. Em outra ocasião, precisamos aprofundar a realidade desta ambiguidade vivida por Israel e também por cada um de nós. No meio dessa ambiguidade, encontramos a atuação do Deus soberano que ama o ser humano com infinita ternura, com um amor eterno (cf. Is 49,14-15; 54,8) e profundamente apaixonado (cf. Os 2,16-17.21-22; 3,1; Is 62,4-5; Jr 2,2; Ez 16,8-60), quer dizer, as libertações que o povo ou o indivíduo experimenta são expressões concretas de uma realidade muito mais profunda: Deus se autocomunica amorosamente ao ser humano! A salvação consiste nessa autocomunicação amorosa de Deus. Antes da revelação do Novo Testamento, começa já a delinear-se o núcleo do que seja a salvação, na perspectiva bíblica. É muito mais do que tirar de um perigo, por grande que ele seja (escravidão, guerra, doença etc.). Salvação é a comunicação do amor de Deus, que torna o ser humano capaz de acolher esse amor e de viver em conformidade com ele. Isto aparece mais claramente no Novo Testamento, mas o Antigo Testamento ressalta já a extraordinária riqueza dessa revelação.

3.4. Antigo Testamento: o Deus de Israel é o criador!

3.4.1. A criação é já salvação!

Cida: – Bem, depois desta explicação, será mais fácil a minha reconciliação com o Deus do Antigo Testamento. Outra questão, entretanto, continua a me preocupar: Qual é, então, a relação entre o Deus salvador e as afirmações do Antigo Testamento sobre o Deus criador? É verdade que já estudei esse tema, mas confesso que ainda não está claro para mim. Talvez seja a persistência em mim da estrutura mental dualista que continua a separar dicotomicamente o Deus salvador e o Deus criador.

O Velho: – A dicotomia entre salvação e criação tem sido uma das que apresentaram consequências mais empobrecedoras para a reflexão e para a vida cristã. Daí a necessidade de aprofundar este tema.

Em oposição a todas as visões dicotômicas, salvação e criação aparecem unidas, como duas faces da mesma revelação de Deus no Antigo Testamento. G. von Rad, especialmente na sua obra já clássica *Teologia do Antigo Testamento* (cf. RAD, 1973: 144ss.), tem mostrado como foi necessário um longo lapso de tempo de amadurecimento na fé em Deus salvador até que se tornasse necessária uma explicitação da fé em Deus criador. De fato, reflexões teológicas mais elaboradas sobre Deus criador só aparecem por volta do século V a.C., já na época do exílio. É o caso do Dêutero-Isaías e, sobretudo, do relato da criação de Gn 1,1–2,4a pertencente à tradição sacerdotal. Como já assinalamos acima, a fé em Deus salvador é central na fé em Iahweh. A reflexão teológica sobre Deus criador só será explicitada quando isto for exigido pela defesa e pelo aprofundamento da fé em Deus salvador. Não é que Israel desconhecesse o Deus criador nas etapas mais antigas da história do povo. Mas, tratar-se-ia de uma fé ainda embrionária, carente de uma reflexão teológica mais elaborada[7].

Prestemos atenção na narrativa sacerdotal, pois constitui a mais completa elaboração teológica sobre a fé em Deus criador. Para compreendê-la em seu justo sentido, é necessário situá-la no contexto da dura experiência que o exílio significou para Israel. A fé em Iahweh está em crise. Não é para menos: Israel encontra-se derrotado, desterrado, fraco. Onde está Iahweh, o salvador do povo? Parece que os deuses da Babilônia são mais fortes e poderosos do que o Deus de Israel, incapaz de levar o seu povo para a vitória. A majestosa reflexão sobre Deus criador desenvolvida em Gn 1,1ss. pretende responder a essa angustiante indagação.

A resposta é firme e clara: não há por que duvidar da força libertadora de Iahweh. O problema é com o povo, infiel aos compromissos assumidos com Iahweh. Infiel porque não cumpre a lei nem pratica o verdadeiro culto. O resultado é o desastre nacional do exílio. Entretanto, Iahweh é poderoso para libertar dessa situação miserável. A história das suas intervenções salvíficas,

---

7. Para um breve resumo sobre a evolução da fé em Deus criador, sempre em função e a serviço da fé em Deus salvador, cf. García Rubio, 2001: 144-158.

especialmente a libertação do êxodo, mostra o quanto Ele é poderoso libertador. Neste contexto, é apresentada a argumentação fundamental: a fé em Deus criador. Iahweh é o único criador do mundo e do ser humano. Merece, assim, toda confiança e fidelidade por parte do povo. Ele que criou o céu e a terra e, especialmente, o ser humano, é claro que tem poder para libertar os israelitas da situação de exilados e para conduzi-los, mais uma vez, para a pátria.

Antônio: – Fica claro, assim, que o criador não é o deus babilônico Marduk, mas Iahweh. É em Iahweh que o povo deve confiar, a Ele deve voltar-se, arrependido, cumprindo a lei e praticando o culto javista. E Iahweh, fiel às suas promessas, novamente libertará Israel.

Cida: – Fica igualmente claro que toda a reflexão teológica sobre a criação tem como finalidade básica interpelar o povo para que se volte para o Deus dos Pais, para o Deus da salvação, sempre fiel às suas promessas. É o que nos lembra G. von Rad: a criação a serviço da salvação. Mas, pergunto agora, a fé em Deus criador não acrescenta nada à fé no Deus salvador?

O Velho: – Certamente, acrescenta aspectos muito importantes, mas que nunca deveriam ser entendidos e interpretados fora da ótica da salvação. A dicotomia entre salvação e criação teve consequências negativas para a vida e para a reflexão teológica cristã. Convém examinar, a seguir, os aspectos mais significativos que fazem parte da revelação do Deus criador e muito nos ajudam na compreensão de quem seja o ser humano.

A exegese do texto de Gn 1,1ss. bem como o estudo da estrutura literária da narrativa são dados aqui como pressupostos[8]. Aqui, para o nosso objetivo, basta assinalar em que consiste a

---

8. A literatura especializada é abundante. Cf. García Rubio, 2001: 150, uma breve indicação bibliográfica.

mensagem que este importante texto nos transmite, sempre em conexão com a nossa salvação.

3.4.2. Gn 1,1-25: dificuldades na interpretação do texto

Antônio: – Antes, porém, de apresentar essa mensagem, talvez seria conveniente responder a algumas questões prévias que representam dificuldade para muitos leitores do texto de Gn 1,1ss. A primeira dificuldade provém da nossa visão moderna do mundo, fundamentada nas ciências naturais. O que dizer da imagem do mundo apresentada em Gn 1,1ss.?

O Velho: – Antônio tem razão. Convém iniciar a nossa investigação pelas dificuldades encontradas na compreensão do texto.

A dificuldade decorrente da visão do mundo apresentada no relato da criação está, hoje, superada, no campo da reflexão teológica. É inútil procurar na Bíblia a explicação científica da origem do universo e do ser humano, simplesmente porque esta não é a intenção do texto bíblico. O autor ou autores do texto de Gn 1,1ss. utilizam a visão do mundo própria da sua época para transmitir uma mensagem de enorme valor religioso e existencial, a saber, o último fundamento de tudo quanto existe se encontra no amor criador de Deus. *Como* se realiza a ação criadora divina? Não sabemos, pois o texto não pretende dar informações científicas sobre a origem do universo. Tranquilamente, utiliza a visão do mundo comum na época em que o relato é redigido: o céu, a terra e o abismo constituem, conforme essa visão, o universo todo. Assim, por exemplo, o firmamento que contemplamos seria uma espécie de prancha metálica a separar as águas superiores das águas inferiores. Como explicar, então, a chuva? A prancha referida possuía buracos, que a divindade abria sempre que desejava que a chuva caísse sobre a terra. A alusão é fácil de perceber em Gn 1,6-7.

Antônio: – Em relação ao relato de Gn 1,1ss., e, em geral, a todas as narrativas contidas nos 11 primeiros capítulos do Gênesis, é muito importante saber aplicar a distinção hermenêutica entre *dizer e afirmar*. Uma coisa é a mensagem que um autor ou autores querem transmitir (afirmação) e outra a maneira como é feita essa transmissão (dizer).

O Velho: – A ausência da aplicação desta distinção tem consequências muito graves. Acaba sendo apresentado como Palavra de Deus aquilo que não passa de modo de comunicação que pode mudar conforme muda a cultura e a visão do mundo. Quando nos defrontamos com um texto distinto do nosso âmbito cultural, é necessário perguntar pela *intenção* que o autor tinha quando utilizou este ou aquele modo de expressão. Palavra de Deus, no texto bíblico, é só aquilo que o autor sagrado desejava transmitir como mensagem, nos lembra muito oportunamente a Constituição dogmática *Dei Verbum*, do Concílio Vaticano II. Com efeito, Deus nos fala "através de homens e de modo humano" (DV 12). Por isso, acrescenta a mesma Constituição, é necessário, por parte dos intérpretes da Sagrada Escritura, uma investigação atenta a fim de precisar qual teria sido a intenção dos autores dos textos bíblicos, pois é mediante eles que Deus nos fala.

Mas, como saber qual é a mensagem que os escritores sagrados queriam, de fato, transmitir? Responde o Concílio: "Para descobrir a intenção dos hagiógrafos (os intérpretes) devem levar em conta, entre outras coisas, também os gêneros literários. Pois a verdade é apresentada e expressa de maneiras diferentes nos textos que são de vários modos históricos, proféticos, ou poéticos, ou nos demais gêneros de expressão. Ora, é preciso que o intérprete pesquise o sentido que, em determinadas circunstâncias, o hagiógrafo, conforme a situação do seu tempo e da sua cultura, quis exprimir e exprimiu por meio dos gêneros literários então em uso" (DV 12). E continua o texto conciliar: "Pois, para entender devidamente aquilo que o autor sacro quis afirmar por escrito, é necessário levar na devida conta seja aquelas usuais maneiras nativas de sentir, de dizer e de narrar que eram vigentes nos tempos do hagiógrafo, seja as que em tal época se costumavam empregar nas relações dos homens entre si" (DV 12).

A interpretação, claro está, deve ser feita no interior da Tradição viva da Igreja e em comunhão com ela (cf. DV 12).

Cida: – Infelizmente, parece que estas recomendações não atingem o trabalho pastoral. Observo na catequese e também em certas homilias que o texto bíblico continua a ser lido e explicado de maneira literal, sem preocupação com os gêneros literários ou com os distintos modos de expressão. O resultado é que se criam conflitos sérios entre a fé e a ciência, conflitos que nunca deveriam existir.

Antônio: – Outra dificuldade é suscitada pela utilização de elementos míticos no relato da criação. Estes elementos aparecem com frequência nos 11 primeiros capítulos do Gênesis. O mito não é algo ilusório, uma forma infantil de encarar a realidade?, perguntam alguns.

O Velho: – Pois é, os preconceitos a respeito do mito são ainda frequentes. Os filósofos gregos superaram o mito, substituindo-o pela racionalidade filosófica. Foi um passo de grande importância na evolução do espírito humano. A racionalidade abriu caminho cada vez mais largo no mundo cultural ocidental e tomou conta praticamente do mundo todo com a modernidade triunfante, na forma de racionalidade científica. Por isto, o mito foi considerado com certo desprezo como uma forma primitiva, fantástica, pré-científica carente de interesse para a racionalidade moderna, de o ser humano lidar com o mundo e com os problemas básicos da existência humana. O mito, algo folclórico, só teria interesse para a pesquisa dos antropólogos.

Todavia, sabemos hoje que este desprezo pelo conteúdo do mito não se justifica. Claro está que existe uma acentuada diferença entre o modo que tem o mito de encarar a realidade e o modo próprio da racionalidade. O mito contém também uma verdade, num nível distinto daquele próprio da razão. O que interessa no relato mítico é o seu *significado,* não a sua historicidade. Um significado profundamente *existencial.* Com outras palavras, o mito é uma maneira de o ser humano procurar explicar a realidade, constitui um gênero literário que deveria ser interpretado respeitando a sua estrutura simbólica. A psicanálise nos tem mostrado que o mito pode levar o ser humano a entrar em contato com experiências mais profundas e originárias da humanidade, para além de tudo quanto a razão meramente científica (no sentido positivista) pode atingir (cf. FRIES, col. 752-761. • LORETZ, 1979. • FOHRER, 1983: 269-276).

Assim, pois, não há motivo para ficarmos perturbados pelo fato de que a sagrada Bíblia utilize elementos míticos nas narrativas da criação. E não esqueçamos que este material mítico é entendido e corrigido (p. ex., do substrato politeísta) a serviço da fé em Iahweh, salvador e criador, o único Deus.

Antônio: – Há ainda outra dificuldade que não devemos esquecer. Trata-se do questionamento proveniente da visão evolutiva da vida. A dificuldade resume-se neste questionamento: a ciência explica a origem do universo de maneira muito diferente da maneira como a Bíblia a apresenta. Será que Deus criou o mundo direta e imediatamente? Ou será que a criação deve ser entendida de maneira evolutiva?

Cida: – De fato, muitos perguntam: Então, como criou Deus o mundo e o ser humano?

O Velho: – Pelo que foi visto até o momento, é fácil perceber que a fé em Deus criador não constitui uma explicação do *como* se originou o mundo, a vida e, especialmente, o ser humano. Convém repetir: importa muito não confundir a mensagem de fé –

o mundo e o ser humano encontram em Deus criador o último fundamento do seu ser e do seu existir – com a visão do mundo própria da cultura da época em que os relatos foram elaborados.

Cida: – Por que não poderia Deus ter criado o mundo e a vida em evolução?

O Velho: – Aceita a visão evolutiva da vida, é claro que podem ser utilizadas categorias evolutivas como mediação da reflexão cristã sobre a fé em Deus criador. Isto é feito hoje por numerosos teólogos[9].

É importante ressaltar reiteradamente: o modo como Deus teria realizado a criação não faz parte da mensagem de fé. A visão do mundo utilizada pelas narrativas da criação é própria da cultura daquele tempo. Retemos a mensagem de fé e deixamos de lado uma visão do mundo e do homem já superada pela ciência faz tanto e tanto tempo. Logo, é de capital importância compreender a mensagem de fé dos textos bíblicos.

3.4.3. Gn 1,1-25: o que vem afirmado sobre a criação do mundo

Cida: – Superadas essas dificuldades prévias, poderíamos agora focalizar qual é a mensagem que o relato de Gn 1 nos transmite sobre a criação do mundo.

O Velho: – Vejamos primeiramente a afirmação fundamental: *Iahweh, e unicamente Ele, é o criador de tudo quanto existe e, assim, a realidade toda a Ele pertence.*

Mas, esta afirmação básica envolve outras também de grande relevância para nós:

1) Tudo quanto existe fora de Deus é criatura (cf. Dt 4,15-20), e, por isso, nada deve ser adorado como divino. Só Deus é Deus.

---

9. Para aprofundar este tema, cf. García Rubio, 2001: 361-387, cap. 9.

O mundo não é divino, não é emanação do divino nem de natureza divina. E, assim, toda a realidade criada, tanto no seu ser como no seu agir, depende absolutamente do Deus criador. Nada poderia ser ou existir sem a ação criadora divina.

2) Conforme visto anteriormente, a afirmação da fé em Deus criador está a serviço da fé no mesmo Deus que intervém na história como salvador-libertador de Israel e de cada ser humano. A criação é a primeira intervenção salvífica do amor de Deus. Criação e salvação constituem dois aspectos inseparáveis da ação salvífica divina.

3) No entanto, a criação possui um valor próprio. O mundo criado, já "falado" pela palavra divina, é anterior ao ser humano, *precede* o ser humano. O mundo criado é um *dom* que o ser humano é chamado a acolher, a receber com gratidão e que, ao mesmo tempo, o interpela para que assuma sua responsabilidade em relação a ele (cf. GISEL, 1980: 74ss.). Quer dizer, o mundo criado não tem uma finalidade meramente funcional e instrumental, mas possui uma dimensão profunda simbólica e até sacramental que nada tem a ver com a degradação ambiental desenvolvida pela Civilização Industrial.

4) Sublinha-se também a relação íntima existente entre o mundo criado e o criador. Nomeado pela palavra criadora divina, está aberto sempre à ação de Iahweh.

5) E trata-se de um mundo bom, criado por um Deus bom como lugar-espaço da sua ação salvadora. O *ser* das coisas criadas só pode ser bom. O mal existe nas opções éticas, não no ser mesmo da realidade. A fé bíblica em Deus criador elimina todo dualismo metafísico.

6) Iahweh cria mediante sua palavra, soberanamente, sem lutas ou pressões de qualquer tipo. A fé da Igreja afirmará, muitos séculos depois, que Deus criou "com total liberdade" (Concílio Vaticano I, DS 3002).

3.4.4. A fé em Deus criador: tradições "proclamativa" e "manifestativa"

Antônio: – Dá para perceber que a separação dicotômica entre criação e salvação teve, na história do cristianismo, consequências gravemente empobrecedoras para a vida cristã. Todavia, pelo que falamos até o momento, pareceria que o Antigo Testamento, unanimemente, coloca a criação a serviço da história da salvação. Será que esta impressão corresponde, mesmo, à realidade?

O Velho: – Também esta questão é importante, exigindo uma resposta matizada.

Na realidade, nos escritos do Antigo Testamento se encontram presentes duas tradições distintas a respeito da compreensão do significado da criação.

Uma tradição hermenêutica situa a fé em Deus criador sempre no contexto da experiência fundante de Israel que, como vimos acima, se resume na experiência libertadora do êxodo. A criação está colocada a serviço da fé em Deus salvador, a serviço sempre da história da salvação. A palavra, tanto da tradição quanto da profecia, é muito valorizada. Daqui é que podemos chamar a esta tradição de *proclamativa*, conforme a expressão utilizada por J. Buchanan (cf. BUCHANAN, 1983: 51-60). O amadurecimento do ser humano, na história concreta, rumo à plenitude, bem como a importância dos compromissos éticos, são muito acentuados, nesta tradição. Acresce que o ser humano aparece claramente separado do resto das criaturas, do mundo da natureza. Só ele é criado à imagem de Deus (cf. Gn 1,26ss.).

Mas, há no Antigo Testamento uma segunda tradição que interpreta a criação de maneira distinta. É uma tradição pré-verbal que situa o ser humano na sua relação *participativa* com o mundo criado. Este, e não o ser humano ou a história, ocupa o centro da atenção. A salvação não se encontra tanto na história quanto na procura de um relacionamento "sábio" com o mundo da natureza. A inserção, a vinculação e a participação do ser humano no cosmo, em contraste com a tradição proclamativa, são ressaltados. Por isso, a salvação do homem é inseparável do destino e da renovação do cosmo. Podemos chamar esta tradição hermenêutica de "manifestativa", seguindo a nomenclatura utilizada por J. Buchanan. Esta tradição encontra-se presente especialmente na literatura sapiencial e na literatura apocalíptica (cf. BUCHANAN, 193: 58-59)[10]. Quando examinamos atentamente esta tradição manifestativa, constatamos que ela também trata da salvação, só que referida sobretudo à relação do ser humano com o cosmo. Assim, a criação, seja referida à história da salvação seja direcionada para as relações do ser humano com o cosmo, está unida sempre à salvação.

Cida: – Isto quer dizer que tudo quanto estamos tratando, até o momento, sobre a criação deve ser entendido no contexto da tradição verbal proclamativa?

O Velho: – Exato. Mas, as duas interpretações da criação devem ser mantidas. Elas se complementam e se corrigem mutuamente, naquilo que possam ter de acentuação excessiva uma ou outra das tradições. Por enquanto, estamos refletindo sobre a criação no contexto da tradição proclamativa (criação a serviço da história da salvação). Mais adiante, será necessário privilegiar o ponto de vista da tradição manifestativa (a salvação na comunhão e na vinculação participativa no mundo criado por Deus). E procuraremos fazer uma síntese fecunda entre as duas.

3.4.5. Superação da solidão: criação do homem e da mulher conforme Gn 2,4b-25

Antônio: – Realmente, é importante levar em consideração a realidade da existência destas duas tradições hermenêuticas sobre

---

10. Na realidade, a distinção entre as duas tradições está fundamentada em P. Ricouer.

a criação. Mas, uma vez que estamos situados no contexto da tradição proclamativa, poderíamos, agora, apresentar as afirmações básicas desta tradição sobre a criação do ser humano.

O Velho: – Podemos começar com o relato de Gn 2,4b-25 sobre a criação do homem e da mulher.

Não se trata propriamente de uma narrativa sobre a criação do mundo. O interesse central do relato é a atitude benevolente de Iahweh, o criador e salvador, para com o ser humano. Ora, a luz desta atitude de Deus ilumina a realidade do ser humano.

Não é difícil perceber no relato o influxo de mitos mesopotâmicos, embora reinterpretados à luz da fé javista (cf. FOHRER, 1982: 269ss. • LORETZ, 1979: 122-123). Mas, o que importa para nós aqui é a mensagem sobre o ser humano que o relato contém. Vejamos esta mensagem, seguindo a sequência do relato:

1) Gn 2,7: Deus, apresentado sob a imagem de um oleiro, modela o homem com a argila da terra. A este boneco, Iahweh comunica o *"rûah"* (o sopro vital). O termo *rûah* apresenta uma rica variedade de significados: vento, respiração, espírito etc. O homem é argila que respira, que está vivo, nos diz o texto. Pelo contexto, percebemos que o *rûah* que o homem recebe é distinto daquele próprio dos animais. Com efeito, o homem conhece a natureza dos animais e dá nome a eles (cf. Gn 2,19-20), é capaz de escolher o caminho da sua vida (cf. Gn 3) e de dialogar (cf. Gn 2 e 3). Podemos traduzir esta realidade humana, em nosso contexto cultural, afirmando que o ser humano é chamado a ser livre e responsável.

'Adam, o homem, é "argila da terra", é terrestre, como todas as outras criaturas. O ser humano não é divino, nem emanação ou partícula do divino (cf. WOLFF, 1975: 130. • RAD, 1973: 92). É criatura, terrestre, embora seja verdade que pode ser "divinizado" pela graça de Deus, mas trata-se de dom gratuito e não de uma exigência do ser humano.

Interessa também sublinhar que o texto nos diz que Iahweh formou o homem da argila, simplesmente. O homem não foi modelado com o barro amassado com o sangue dos deuses em luta, como no mito mesopotâmico. O mito é reinterpretado à luz da fé em Jahweh, o único salvador e criador.

2) Gn 2,15: o homem recebe do amor benevolente de Iahweh não só o dom da vida, mas também o jardim do Éden "para o cultivar e o guardar". Esta é a resposta do homem ao dom do amor de Deus.

3) Gn 2,16-17: a proibição de comer do fruto da árvore da ciência do bem e do mal não é algo arbitrário. Ao contrário, é outra manifestação da benevolência divina, pois comer desse fruto acarretará para o homem consequências nefastas. Em definitivo, tratar-se-ia de o homem procurar colocar-se no lugar de Deus, rejeitando o dom da criação e a realidade do próprio ser criatural. Assim, o homem viveria na *mentira*, orientando-se para a autodestruição e a morte (cf. GISEL, 1980: 36-39. • RAD, 1973: 96-98. • LORETZ, 1979: 125-129).

4) Gn 2,18-25: o contexto com que é apresentada a criação da mulher, de grande beleza plástica, contém também importantíssimas afirmações antropológicas. Vejamos.

• Gn 2,18: "não é bom que o homem esteja só". O homem é um ser de diálogo, de encontro com o "outro" ser humano. Só na relação pessoal é que o ser humano se humaniza mesmo. Com outras palavras, o ser humano é *sociável.*

• Gn 2,19-20: Os animais, formados como o homem da argila da terra (*'adamah*), são importantes para o homem, mas não são o "outro" indispensável para a humanização do ser humano. O texto indica também o lugar todo especial que o ser humano, embora seja uma criatura, ocupa no conjunto da criação. Por isso, é o homem quem impõe o nome aos animais, expressando destarte o domínio sobre eles.

• Gn 2,21ss.: Iahweh, apresentado agora sob a imagem de um hábil cirurgião, cria a mulher. A imagem, de origem mítica, pode nos fazer sorrir, mas contém uma afirmação de enorme importância: a mulher é tão humana quanto o homem! Tirada do costado do homem (*'ish*), a mulher (*'ishshá*) não pode ser um animal, ela é humana como é humano o homem.

Cida: – Peço desculpas por interromper, mas este texto tem sido utilizado frequentemente para defender a inferioridade da mulher em relação ao homem. Não é o homem quem dá nome à mulher, indicando senhorio sobre ela? Pior ainda: Ela não tem sido vista durante muitos e muitos séculos, tanto na tradição judaica quanto na cristã, como auxiliar do homem no sentido apenas da procriação?

O Velho: – Pois é, o contexto cultural da narrativa que estamos examinando é fortemente patriarcal. Nada demais que o homem seja apresentado, dando o nome à mulher. O que é surpreendente é que um texto redigido num ambiente patriarcal afirme, corajosamente, a igualdade fundamental do homem e da mulher.

Pesados condicionamentos histórico-culturais têm levado, também no interior das tradições cristãs, a apresentar a mulher como um ser humano incompleto (cf. AUER, 1979: 287ss.). Com este tipo de mentalidade tem sido lida e interpretada a Sagrada Bíblia, até mesmo pelos grandes mestres da nossa teologia cristã. É o caso de Santo Agostinho para quem a mulher é dada ao homem como auxiliar unicamente para a procriação (cf. SANTO AGOSTINHO. In: *PL* 34, 396). Da mesma opinião é Santo Tomás (cf. *In 1Cor. VII*, lect. 1).

Certamente Gn 2,21ss. aponta para a relação sexual entre o homem e a mulher, relação querida e abençoada por Deus, mas de forma alguma esta relação fica reduzida à função procriadora. A mulher é auxiliar do homem, como o homem é auxiliar da mulher, em mútua reciprocidade e equivalência, diríamos hoje, utilizando conceitos atuais. A união homem-mulher possui uma dimensão unitiva, relacional, enriquecedora para ambos, que inclui a procriação, mas não se reduz a ela.

3.4.6. Não à discriminação: homem e mulher criados à imagem de Deus (Gn 1,26ss.)

Antônio: – Poderíamos agora voltar a nossa atenção para o relato sacerdotal quando trata da criação do homem e da mulher. A equiparação entre homem e mulher, neste relato, parece-me que não deixa dúvidas quanto à superação de toda subordinação ou discriminação da mulher. Ambos são criados à imagem de Deus, ambos têm a mesma dignidade humana e a mesma responsabilidade diante de Deus, da história humana e do mundo criado.

O Velho: – De fato, as afirmações antropológicas contidas em Gn 1,26–2,4a não apontam para qualquer tipo de discriminação ou subordinação entre o homem e a mulher. A afirmação de que homem e mulher são criados à imagem de Deus é básica na antropologia bíblica. Pelo contexto do relato sacerdotal sabemos o que vem a significar ser criado à imagem de Deus. Em resumo, vejamos os aspectos implicados nesta afirmação:

a) O ser humano – homem e/ou mulher – é imagem de Deus porque tem a capacidade de *escutar e de responder* à interpelação que Deus lhe faz (cf. WOLFF, 1975: 212). Traduzindo para a nossa linguagem atual, podemos dizer que o ser humano é imagem de Deus porque é um ser de *diálogo* e de *responsabilidade*.

b) A responsabilidade diante de Deus se traduz em responsabilidade em face do mundo criado pelo amor de Deus. O ser humano é imagem de Deus, porque chamado a colaborar com o Criador na obra da criação. As criaturas são confiadas aos cuidados do ser humano (cf. Gn 1,26.28). Ele é como um administrador que, fiel ao seu Senhor, toma conta, responsavelmente, das criaturas (cf. WOLFF, 1975: 212-213).

c) Afirma-se também um certo *domínio* sobre os animais e sobre a terra (cf. Gn 1,26.28). Mas, como temos assinalado acima, não se trata de um domínio arbitrário. Só Iahweh é o senhor do mundo criado. Ao ser humano é confiada a administração *responsável* do mundo extra-humano (cf. WOLFF, 1975: 213).

Pressionados pelas críticas de autores contemporâneos que veem em Gn 1,26.28 uma das raízes culturais básicas da exploração abusiva do meio ambiente, vários autores discutem hoje qual seria o significado mais preciso dos verbos *kabahs* (submeter) *e radah* (dominar), considerando o contexto do relato sacerdotal. Assim, em relação ao verbo *kabahs,* alguns especialistas sustentam que a tradução mais adequada não seria submeter, mas *tomar posse* de uma determinada terra. Já o verbo *radah*, em Gn 1,26, indica o *domínio* do ser humano sobre os animais. Mas, não no sentido de exploração. Ao contrário, estaria apontando para a função de um pastor ou de um juiz de paz (cf. GANOCZY, 1986: 33-36. • MOLTMANN, 1986: 44). Isto é o que o ser humano, administrador responsável, é chamado a viver.

d) Em Gn 1,28 fala-se do crescimento da população humana (procriação) e da administração responsável da terra, tarefas confiadas ao homem e à mulher, sem nenhum tipo de discriminação. Homem e mulher são criados à imagem de Deus. O texto não apresenta fundamento algum para a discriminação da mulher.

Será que a realização da imagem de Deus é constituída não tanto pelo homem ou pela mulher considerados isoladamente, mas pela *união* de ambos? Trata-se de um tema ainda discutido. No mínimo, podemos afirmar que a relação recíproca homem--mulher é uma realização concreta, paradigmática, da união necessária entre os seres humanos para que possam viver a sua vocação humana (cf. WOLFF, 1975: 214-215).

Cida: – Fica claro o significado da *imagem*. Mas Gn 1,26 acrescenta que o homem é criado à *semelhança* de Deus. Qual seria o significado deste termo, sempre no contexto geral do relato que estamos comentando?

O Velho: – Não há unanimidade entre os especialistas sobre o significado do termo. Assim, conforme a explicação da TEB, na nota correspondente a Gn 1,26, o termo *semelhança* "atenua o que a palavra *imagem* poderia sugerir de excessivamente material". Mas, também pode apontar para a realidade de que o ser humano, criado à imagem de Deus, não se identifica com Ele, é distinto dele. Ou, conforme outros autores, ao invés de atenuar, o termo *semelhança* reforçaria o significado do termo *imagem* ressaltando a íntima relação entre o ser humano e Deus. Isto é sugerido pelo texto de Gn 5,3, onde se fala da relação de conformidade entre o filho e o pai (cf. WOLFF, 1975: 213).

Antônio: – Podemos já resumir em que consiste a realidade do ser humano que emerge da teologia veterotestamentária da criação?

3.4.7. Ser imagem de Deus implica também saber descansar

O Velho: – Falta ainda um aspecto importante, hoje bastante esquecido na vida das igrejas. Estou me referindo ao *descanso sabático*. No relato sacerdotal da criação, o sábado ocupa um lugar de fundamental importância.

Com efeito, sabemos que a narrativa da criação do relato sacerdotal só termina em Gn 2,4a, e não em Gn 1,31, como se pensava antigamente. Assim sendo, no final do relato, nos primeiros versículos do capítulo 2, é apresentado o descanso sabático e não propriamente o homem, como coroamento e conclusão da ação criadora divina (cf. RAD, 1973: 73. • WESTERMANN, 1974: 230-238).

Cida: – Não vejo que relação tem o descanso sabático com o tema antropológico que estamos examinando.

O Velho: – Isso é o que eu queria mostrar agora. Vimos acima que o ser humano é criado à imagem de Deus, ressaltando o rico conteúdo deste termo. Pois bem, o ser humano, afirma a conclusão do relato, é imagem de Deus não só porque é chamado a assumir a sua responsabilidade em face do mundo criado e em face da história, não só pelo seu *fazer* e o seu *criar* cultura, pela sua *atividade*, mas também pelo seu descanso, pelo seu repouso. Ser imagem de Deus comporta também saber repousar.

Certamente, o ser humano é chamado para ser humano a trabalhar a natureza a fim de convertê-la em cultura. Mas, é chamado igualmente a receber, agradecer, celebrar e santificar o dom que significa esse mundo criado pelo amor de Deus. A atitude reverente, contemplativa e agradecida diante da criação faz parte da humanização do ser humano, está incluída no conteúdo do tema bíblico da imagem[11].

Antônio: – Realmente, trata-se de algo bastante ausente da consciência dos cristãos. O *fazer* ocupa quase todo o horizonte da preocupação das pessoas de Igreja. Bem, confesso que eu falo por mim mesmo. Estamos muito condicionados pela ideologia moderna da *produtividade*. Você acaba sendo valorizado unicamente pelo que faz, pelo que produz. Infelizmente, isto é verdade também no interior das comunidades eclesiais.

O Velho: – O sábado nos lembra a necessidade da contemplação, do encantamento diante do mundo criado pelo amor de Deus, da abertura para receber o dom, do acolhimento agradecido. O sábado nos coloca diante da necessidade de um tempo simbólico, tempo para viver uma relação mais profunda e consciente com o

---

11. Sobre este importante assunto, cf. Moltmann, 1986: 318-341.

Deus salvador e criador, tempo para um encontro mais profundo com os seres humanos, com as pessoas da nossa família, com os amigos, com os doentes...; tempo para contemplar o mundo criado e para mostrar esse mundo aos nossos filhos; tempo especial para mergulhar no mundo tão desconhecido que é o nosso interior...

Antônio: – O fato de o cristão celebrar o domingo como o dia do Senhor, lembrando o início da Segunda Criação, a ressurreição de Jesus Cristo, nunca deveria nos fazer esquecer a realidade da celebração do sentido da primeira criação, que o sábado coloca diante da nossa consideração.

Cida: – E na celebração do domingo bem que poderíamos incluir também todo o rico simbolismo do sábado. Não é o que acontece, normalmente. Aliás, parece-me que não sabemos descansar. No fim de semana nos agitamos, corremos de uma parte a outra, participamos de festas barulhentas, assumimos um monte de compromissos e nos cansamos mais ainda do que durante a semana, chegando à segunda-feira exaustos e sem ânimo para o trabalho. A impressão que tenho é que não sabemos e não queremos descansar, porque temos medo do encontro com a nossa realidade profunda, medo do silêncio, da interiorização. Certamente, isto não acontece apenas com os mais jovens.

3.4.8. O ser humano na perspectiva da teologia da criação no Antigo Testamento: atualidade da mensagem

Antônio: – Parece-me que agora estamos já em condições de resumir em que consiste ser humano na teologia da criação do Antigo Testamento. Se não me engano, a afirmação básica é o caráter de *criatura* do ser humano. Este, em si mesmo considerado, não é divino nem emanação ou partícula do divino. Só Deus é Deus, e só Ele deve ser adorado.

Cida: – Como consequência, o texto bíblico desautoriza todo tipo de autodivinização do indivíduo, do estado, do sistema econômico, do partido etc. E nos coloca, diante do Deus criador, numa atitude de acolhimento e de ação de graças. E uma vez que nós também somos criaturas, não se justifica a nossa arrogância bem como o desprezo em relação às outras criaturas. Ao contrário, o reconhecimento da nossa criaturidade deveria estimular em nós atitudes e sentimentos de comunhão com os outros seres criados.

Antônio: – A segunda afirmação é decorrência da anterior e tão fundamental quanto a primeira: o ser humano, criatura, *depende* totalmente, no seu ser e no seu agir, do Deus criador. Mas, felizmente, trata-se de uma dependência que nada tem de escravidão ou de alienação. Pois o Deus criador é o mesmo Deus salvador que nos cria por amor, que estabelece com o ser humano relações dialógicas. O ateísmo não tem razão quando vê Deus em competição com o ser humano. Certamente, isto não é verdade quando se trata do Deus da revelação bíblica. O ser humano não tem por que temer "competição" com Deus. O mito de Prometeu não se aplica às relações entre Deus e o ser humano, na perspectiva bíblica. A dependência em relação a Deus é, precisamente, o fundamento confiável da liberdade e da autonomia do ser humano.

Cida: – Isto só tem sentido quando partimos da experiência de que Deus é Amor, o Deus salvador e criador. O Deus dominador, que impede o ser humano de crescer em responsabilidade, mantendo-o perpetuamente no infantilismo, esse Deus é pura invenção humana. E quanto mal e quanto sofrimento tem causado essa imagem deturpada de Deus, também entre os cristãos. E quanta atrocidade tem sido cometida em nome dele! Os ateus têm razão quando criticam a religião na medida em que esta apresenta um Deus em competição com o ser humano. Só que o Deus da salvação e da criação nada tem em comum com esse Deus.

Antônio: – Para o homem poder crescer como ser humano, Deus deve morrer! Como é triste este *slogan* do ateísmo moderno! Como se fosse necessário escolher entre a fé em Deus e a promoção do ser humano. Quando, na perspectiva bíblica, escolher Deus é inseparável da escolha do ser humano. Quanto maior a experiência de Deus, maior o serviço à humanização do ser humano. Claro está, trata-se de viver esta união inseparável entre o amor a Deus e o amor ao homem e à mulher concretos, no cotidiano da vida e não apenas nas belas e ostensivas palavras e discursos.

Cida: – Por que será que entre os cristãos, entre as pessoas que frequentam nossas comunidades, existe tanto medo, medo da liberdade, o grande dom do Deus da Liberdade, porque é o Deus do Amor? O aprofundamento na experiência de Deus não implica o crescimento da nossa liberdade?

O Velho: – Sem esquecer a importância da oração, diálogo com esse Deus, diálogo agradecido, confiante, amoroso, de adoração e de súplica, em atitude obediente de acolhimento da sua ação amorosa em nós.

Cida: – Outra afirmação básica contida na aceitação do Deus criador e do ser humano como sua criatura é a realidade de que somos *terrestres* e não celestes, como somos levados a crer, em não poucas religiões e filosofias. Somos seres materiais, corpóreos, e isto não é castigo ou maldição. A corporalidade é uma dimensão básica do nosso ser humano, tão básica que a salvação em plenitude inclui a sua participação transformada na ressurreição.

Antônio: – Não se justifica também o medo secular de tantos cristãos, religiosos ou leigos, em relação ao corpo e, sobretudo, à sexualidade. É um medo e uma desconfiança alimentados pelo dualismo, que despreza a matéria e o corpo para poder, assim, ressaltar a importância da alma ou do espírito.

O Velho: – E, não se pode esquecer, é precisamente na qualidade de seres corpóreos que somos chamados a viver um relacionamento de comunhão com os outros seres também corpóreos do nosso mundo, eles também criaturas de Deus. Nada de arrogância em relação aos outros seres da criação. São Francisco de Assis tinha razão quando percebia um vínculo universal de fraternidade com as diversas criaturas do nosso mundo.

Antônio: – Sim, o ser humano é criatura, mas só ele é criado à imagem e semelhança de Deus. Esta é a grandeza do ser humano: é um ser de diálogo e de responsabilidade, responsável em relação à história e ao mundo criado.

Cida: – E, assim, ficam desautorizados todos os sistemas e todas as maneiras de se relacionar que manipulam e instrumentalizam o ser humano, de modo que é impedido de dar sua resposta pessoal. Sistemas políticos/econômicos, sistemas educativos etc., que impedem ou obstaculizam o desabrochar da responsabilidade da pessoa. É a educação "bancária" de que falava Paulo Freire. É o tipo de educação que, infelizmente, está também presente num tipo de evangelização que superprotege ou domina o outro, mantendo-o numa dependência infantil do evangelizador.

Antônio: – A Igreja, quando utiliza métodos que levam à passividade e à alienação da pessoa, acaba negando na prática o *sinal* que é a sua vocação profunda. Sinal de comunhão, de fraternidade e de participação. A vivência eclesial não deveria nunca passar por alto este dado básico da antropologia bíblica: o homem é um ser de resposta e, por isso mesmo, chamado a assumir a própria responsabilidade. Com outras palavras: é chamado a assumir os riscos da liberdade, em todos os domínios da vida humana. Parece-me que, nas comunidades eclesiais, esquecemos facilmente a afirmação paulina: "Vós, irmãos, é para a liberdade que fostes chamados" (Gl 5,13), não para uma falsa liberdade, mas para a liberdade de amar. Às vezes, parece que queremos ser cristãos, sendo desumanos. Aqui seria conveniente rever o sentido verdadeiro da obediência na Igreja.

Cida: – É uma beleza esta perspectiva que apresenta o ser humano como um ser de resposta, dialógico e responsável, não como um ser conformista, de adaptação ao ambiente, como se fosse um animal. Transformar o mundo em cultura: que bela e rica vocação a do ser humano! Vocação de homens e mulheres, em equivalência, vocação de *todos* os humanos, não apenas de uma elite. Rejeitar ou impedir a participação ativa do ser humano na vida comunitária, social e política bem como na vida eclesial é um atentado à dignidade do ser humano, imagem de Deus. Claro está que a participação se dá em diferentes níveis (todos não podem fazer tudo), mas ninguém deveria ser excluído da sua participação ativa. Em relação à Igreja, a imagem paulina do corpo é muito ilustrativa (cf. 1Cor 12,4-31; Rm 12,4-21). É muito fácil cair na tentação da superproteção, em nome do amor malcompreendido, e acabamos impedindo o crescimento do outro. Como é muito fácil, no mundo da política e da economia, considerar como "disfuncional" a participação do povo (com o pretexto de que não tem competência técnica nem científica) e, assim, essa participação só faz atrapalhar. A orientação tecnocrática do nosso desenvolvimento é um triste exemplo do desprezo pela participação popular.

O Velho: – Uma ressalva, no entanto, deve ser feita em relação à vocação humana de transformar o mundo em cultura. Como assinalamos acima, a transformação de mundo deve ser feita respeitando a biosfera da qual fazemos parte, e a serviço da convivência humana pautada pela justiça e pela solidariedade concretas. Sublinhar esta perspectiva bíblica nunca como hoje foi algo tão necessário, diante do individualismo e da competição exacerbada que tomam conta das relações macrossociais e também das relações interpessoais.

Antônio: – Temos, assim, um critério básico para valorizar os modelos de desenvolvimento, os programas de investigação científica, as aplicações tecnológicas, os sistemas educativos etc. Elas visam, de fato, o serviço à humanização dos seres humanos concretos, de todos, e respeitam o meio ambiente? Este é o critério. Obviamente, deixo de lado aqui o mito da neutralidade científica.

O Velho: – E uma vez que homem e mulher são criados à imagem de Deus, são rejeitadas as discriminações devido ao sexo (diversos tipos de patriarcado, machismo, feminismo etc.). Como o nosso mundo tem necessidade da colaboração entre homens e mulheres, em todos os campos da vida e da atividade humana (no mundo das artes, das ciências, da educação, da teologia, do trabalho, da espiritualidade etc.)! Homem e mulher, vivendo relações de reciprocidade, não de dominação. Cada um sendo fiel ao modo próprio de ser e de viver o significado de ser humano. E devemos reconhecer que falta ainda muito caminho para percorrer na revisão teórica e prática da situação da mulher nas Igrejas.

Cida: – Eu resumiria tudo isto numa frase que foi falada acima: – *Cuidado para não sermos desumanos, quando pretendemos ser cristãos!* Cada um de nós, sem exceção, é chamado a crescer na sua humanização, esta é a nossa vocação fundamental, vocação de imagem de Deus. E observo o quanto o nosso povo cristão, católico ou evangélico, é ainda fatalista, passivo, domesticado... e como a religião deturpada pode alimentar esse fatalismo e essa fuga da realidade. É bom lembrar que a teologia da criação não orienta nesse sentido.

4
O encontro com o Deus salvador-criador no Novo Testamento

O Velho: – A união inseparável entre salvação e criação continua presente no NT. Também no NT o encontro com o Deus salvador implica o encontro com o Deus criador. Salvação e criação constituem dois aspectos da realidade do agir amoroso divino.

4.1. O Deus salvador revelado por Jesus Cristo

Antônio: – No NT, Deus revela-se como salvador não apenas mediante a palavra profética e mediante as prescrições da "Torá". Revela-se como salvador mediante o Filho: "Ninguém jamais viu a Deus: o Filho único, que está no seio do Pai, no-lo revelou" (Jo 1,18).

O Velho: – E bem sabemos que o Filho revelador é a Palavra ou o Verbo de Deus, distinto do Pai, mas plenamente divino (cf. Jo 1,1ss.), e que este Verbo divino se fez homem fraco (o termo grego *sarx,* traduzido por *carne,* significa em João o homem inteiro, mas ressaltando a condição de fraqueza). No homem Jesus de Nazaré, homem entre os homens, participando da limitação e da fraqueza humanas, "provado em tudo como nós, com exceção do pecado" (Hb 4,15), nós encontramos a revelação de Deus, ou melhor, encontramos Deus mesmo.

Cida: – Isto quer dizer que no encontro vivo com Jesus Cristo, com sua pregação e com seu comportamento e atitudes, nós nos encontramos com Deus, podemos conhecer quem é Deus.

O Velho: – Exatamente. Contemplando Jesus Cristo, percebemos quem é Deus e também quem é o ser humano amado por Deus até o ponto de *entregar* o próprio Filho (cf. Jo 3,16ss.). Ora, a revelação de Deus mediante Jesus Cristo nos comunica sobretudo a admirável realidade do amor salvífico de Deus, pois o Filho foi entregue para a nossa *salvação*. Todo o Novo Testamento é testemunha desta alegre Boa-nova do amor salvífico de Deus. Todo o Novo Testamento pode ser visto como um cântico, penetrado de ação de graças, ao Deus da misericórdia e do amor gratuito.

O Reino de Deus, anunciado como iminente por Jesus de Nazaré (cf. Mc 1,15), nos coloca no mais profundo desta revelação desse Deus. O Deus revelado por Jesus de Nazaré era muito desconcertante para o *status quo* religioso que predominava na Palestina da primeira metade do século I. Certamente, o Deus revelado na pregação e nas atitudes de Jesus não é um Deus opressor, ciumento das realizações humanas, juiz implacável, defensor do moralismo superficial, estéril e hipócrita apresentado pela sociedade bem-pensante da época; não é um Deus que mantém relações comercializadas com o ser humano, e tampouco é um Deus "quebra-galho" ou "tapa-buraco" a manter o ser humano no infantilismo e na passividade alienada; não é um Deus "primeiro motor" do universo ou um Deus impassível e distante do sofrimento, da alegria, do prazer e da angústia humanas...

Jesus nos revela com a sua palavra e com seu comportamento e atitudes um Deus de misericórdia, um Deus que nos ama com ternura de Pai (e de Mãe, por que não?), um Deus pronto para o perdão e a reconciliação, um Deus que quer sempre o nosso bem, pronto sempre a nos ajudar para consegui-lo, um Deus que nos capacita para sair do infantilismo e da irresponsabilidade para uma vida adulta e responsável, que liberta a nossa liberdade para que possamos ser e viver livremente, como bem entendeu São Paulo (cf. Gl 5,1.13) ou na expressão tão rica de conteúdo de 1Jo 4,8, um Deus que é Ágape (amor gratuito). O Deus revelado por Jesus Cristo (cf. Jo 1,18) não sobrecarrega o ser humano de normas e de leis. Para esse Deus apenas importa o amor-serviço que é, na realidade, o único mandamento (cf. Jo 13,34; Rm 13,8-10). Um Deus que não pode ser *comprado* com presentes, promessas, virtudes, trabalhos pastorais diversos etc. E como poderíamos comprar o Amor, dado que Deus é Amor?

Cida: – Um Deus que se revela aos pequenos e não aos poderosos cheios de si, orgulhosos do seu poder e dos seus conhecimentos (cf. Mt 11,25-27).

Antônio: – Então, como é que, com muita frequência, a nossa pregação e a nossa catequese fica longe de ser boa-nova e menos ainda alegre boa-nova? Como é que chegamos na Igreja a privilegiar o medo sobre a alegria e a esperança?

Cida: – A mim preocupam-me, especialmente, as celebrações da Eucaristia. Com frequência, em nossa cidade, são celebrações monótonas, meramente repetitivas, com homilias que é melhor nem falar... Celebrações burocráticas, onde parece que o dinamismo do Espírito está ausente. Será que neste tipo de celebração o cristão faz mesmo uma experiência do Deus salvador, do Deus do amor gratuito e misericordioso? Duvido muito.

O Velho: – Não é que não se fale da salvação. Todo o sentido do ser da Igreja é estar a serviço da salvação. Mas, como é apresentada essa salvação ao homem e à mulher de hoje? Será que estamos conseguindo que a Igreja, no seu ser, nos seus sacramentos, nas suas atividades e estruturas, nos seus movimentos, nas distintas espiritualidades etc. apareça, realmente, como sacramento de salvação, como sinal que aponta para o amor gratuito de Deus? Tudo existe e tem sentido na Igreja para a nossa salvação, a salvação de Deus mediante Jesus Cristo. Mas, será que as pessoas, começando pelos próprios fiéis cristãos, percebem na Igreja o serviço à salvação? Reaparece aqui o delicado e grave problema da comunicação, com a palavra e com o testemunho pessoal e institucional.

Cida: – Em que consiste essa salvação que Deus nos oferece mediante Jesus Cristo? Como poderíamos apresentar a riqueza da salvação cristã, hoje, de maneira realmente relevante? Confesso que eu tenho muita dificuldade para transmitir a significação dessa salvação aos meus filhos, para falar só das pessoas que me são mais caras.

O Velho: – Para tratar da riqueza da salvação mediante Jesus Cristo nada melhor do que se aproximar de Jesus de Nazaré para ouvir a sua pregação, para contemplar as suas atitudes bem como o sentido da sua morte-ressurreição. Comecemos pela pregação e pelas atitudes assumidas por Jesus.

4.1.1. Reino de Deus: gratuidade do amor salvador de Deus

Cida: – Sabemos que toda a pregação de Jesus está centrada no anúncio da chegada iminente do Reino de Deus (cf. Mc 1,15ss.). Sabendo o que Jesus entende por Reino de Deus, podemos concluir qual é o teor da pregação de Jesus acerca de Deus.

O Velho: – É verdade, Cida. Vamos, então, procurar deduzir como se revela Deus mediante a pregação de Jesus sobre o Reino de Deus. Vejamos, em resumo:

"O tempo está realizado e o Reino de Deus está próximo. Convertei-vos e crede no Evangelho" (Mc 1,15). Chegou ao fim o tempo da expectativa, o Reinado de Deus está às portas! Século após século, o Israel fiel acalentou a esperança de que Iahweh fosse o Rei, o rei verdadeiramente justo, isto é, capaz de defender aqueles que não têm defesa, a saber, o órfão, a viúva, o estrangeiro, os pobres em geral. Davi, Salomão e os outros reis de Israel não souberam encarnar a figura do rei justo. Só Iahweh sendo rei é que a justiça poderá imperar!

Pois bem, mediante Jesus de Nazaré, o Reinado de Deus vai se realizar. Como resposta à irrupção iminente do Reinado de Deus, Jesus pede a conversão (reorientação radical da própria vida para Deus e para os irmãos e irmãs concretos) e a atitude de fé em relação à Boa-nova que é o Evangelho do Reino. Ora, notemos bem, este Evangelho "é o poder de Deus para a salvação de todo aquele que crê..." (Rm 1,16). Todo o anúncio do Reino de Deus feito por Jesus é anúncio de salvação! O Reino de Deus é a soberania de Deus que se aproxima do ser humano como Salvador. Aceitar esta soberania de Deus, aceitar que Deus seja Deus, de verdade, na própria vida, tal é a resposta humana ao dom do Reino.

"[...] pois foi do agrado do vosso Pai dar-vos o Reino" (Lc 12,32). O Reino de Deus é dado, é dom do amor de Deus, não é resultado do esforço humano. O Reino de Deus que equivale à salvação oferecida por Deus é acima de tudo graça, dom, presente, regalo. O Reino de Deus, a salvação, não pode ser comprado com o esforço humano, com o trabalho ascético, com o cumprimento da lei ou com a prática do culto. Diante do estupendo dom do Reino, o homem é chamado a acolher, a receber com alegria e gratidão tamanho dom. Como poderíamos comprar o Reino de Deus, a salvação, uma vez que esta identifica-se com o amor de Deus? Não podemos comprar o amor, só podemos recebê-lo, acolhê-lo com um coração agradecido!

Nesta perspectiva, começamos a entender por que as pessoas marginalizadas do convívio dos que se consideram "justos" e "piedosos" são, precisamente elas, as beneficiárias do dom do Reino de Deus. É o caso dos pobres (cf. Lc 6,20; Mt 11,4-5ss.), das crianças e dos pequenos (cf. Mc 10,13-16; Mt 11,25-26) bem como dos pecadores que se reconhecem como tais e aceitam a misericórdia do Deus-Abba (cf. Mt 21,31; Mt 9,9-13).

Cida: – O que é que estas pessoas tinham em comum?

O Velho: – Todas estas categorias de pessoas tinham em comum o fato de serem desprezadas e marginalizadas social e religiosamente. Para grande escândalo dos "bem-pensantes" do tempo de Jesus, são estas pessoas as convidadas para participar do Reino de Deus.

Com efeito, sabemos que os pobres não são considerados merecedores do dom pelo fato de serem melhores do que os ricos ou de se encontrarem melhor dispostos. Como mostra J. Dupont (DUPONT. In: VV.AA., 1976: 37-66. Aqui, p. 47-56), entre outros, os pobres são considerados beneficiários do Reino de Deus, não devido às suas disposições internas que os tornariam melhores do que os ricos, mas devido à intervenção do Deus justo que não aceita a situação de injustiça e de exclusão em que se encontram tantos e tantos filhos dele. O Reino oferecido aos pobres constitui uma revelação de Deus, do seu amor solícito para aqueles que são desprezados e deixados de lado. Deus realiza, assim, o ideal do rei realmente justo, que se coloca como defensor daqueles que não têm defesa.

Não é a bondade do pobre que está aqui em jogo, mas o amor gratuito e misericordioso do Deus Ágape, que não aceita a situação de marginalização dos pobres e os convida, mediante Jesus Cristo, a participar do dom do Reino de Deus. O Deus bíblico é contra toda injustiça e contra toda situação de miséria e de indignidade de vida. Não esqueçamos que a bem-aventurança do pobre (cf. Lc 6,20) vem seguida pouco depois da imprecação aos ricos (cf. Lc 6,24), àqueles que direta ou indiretamente, por ação ou omissão, tornam possível a existência de situações e de estruturas injustas e excludentes.

Cida: – Isto preocupa-me especialmente. Num país como o nosso Brasil, mesmo quando, no âmbito das relações pessoais e comunitárias, procuramos não excluir ninguém nem cometer injustiças, temos de reconhecer que somos beneficiários de uma situação objetiva, estrutural, tremendamente injusta. O que fazer?

Antônio: – Mais uma vez deve ser sublinhada a importância do social e do político, dos nossos compromissos precisamente no campo estrutural. A mudança do coração é indispensável, sem dúvida, mas não menos necessários são os compromissos para a mudança de estruturas injustas e excludentes.

O Velho: – Certamente os compromissos políticos e sociais tendentes à mudança de estruturas injustas continuam a ser totalmente necessários, no Brasil atual. Só que não podemos esperar que se concretizem as mudanças estruturais. É imperativo urgente, já, agora, colocar a nossa riqueza – muita ou pouca –, que reconhecemos como objetivamente *injusta,* a serviço dos pobres e dos excluídos (GARCÍA RUBIO, 2003: 62-65).

Mas, voltemos à nossa reflexão sobre a gratuidade da salvação oferecida pelo Deus do Reino. Os pobres, em resumo, são beneficiários do Reino devido à justiça e à bondade do Deus Ágape.

Algo semelhante deve ser dito sobre as *crianças e pequenos* (cf. Mc 10,13-16; Mt 11,25-26) como destinatários do Reino. Também nestes casos é ressaltada, acima de tudo, a gratuidade do dom da salvação, do Reino de Deus.

Cida: – Mas, eu já ouvi, e frequentemente, pessoas de Igreja afirmando que as crianças são beneficiárias do Reino de Deus porque são ingênuas, puras, confiantes etc.

O Velho: – Não, Cida, trata-se de uma explicação fora do contexto. Não é pelas suas qualidades que as crianças são beneficiárias do Reino. Não é pela sua inocência, pureza ou qualquer outra qualidade que as qualifique como destinatárias do Reino. É precisamente o contrário que o texto quer sublinhar: no tempo de Jesus as crianças eram desprezadas, não tinham valor social. Na realidade, só o homem adulto era valorizado. Jesus parte desta constatação da situação da criança para nos falar da nossa relação com Deus, com o Deus do Reino. Nessa relação, nos diz Jesus, não sejais como o adulto que se considera merecedor do pagamento pelo trabalho realizado em favor da causa de Deus. Esse tipo de relação destrói a experiência do Deus do Reino. É o que acontece com o fariseu que se considera merecedor do Reino pelo seu bom comportamento, pela quantidade de obras realizadas... E, assim, estabelece uma relação de troca, comercializada com Deus. Eu cumpro com as minhas obrigações religiosas e Deus cumpre com a parte dele, pensa e fala o fariseu. Assim, para este, a salvação é conquista humana, não é dom.

Ao contrário, afirma Jesus, diante do Deus do Reino, sejamos como crianças, que recebem algo de um adulto, não se consideram merecedores, e o acolhem como um dom.

Com os *pequenos* temos a mesma afirmação. Pequenos são aqueles homens e mulheres do povo, pessoas sem valor social, desprezadas porque são tidas como ignorantes, que não se consideram possuidores de algum título especial que dê direito ao Reino de Deus. Certamente, os discípulos de Jesus fazem parte do mundo dos pequenos (cf. Mt 10,42). Também aqui brilha claramente a riqueza do amor gratuito de Deus (JEREMIAS, 1977: 173-174).

Antônio: – Para pessoas de mentalidade moralista resulta muito difícil aceitar que o Reino de Deus é para os pecadores.

O Velho: – Assim é, Antônio. E, no entanto, é no caso dos *pecadores* que a realidade do amor gratuito e misericordioso de Deus que salva aparece mais claramente ainda, se isto for possível. Os pecadores, assim considerados por causa da sua notória má conduta, pelo desconhecimento e/ou inobservância da lei ou porque exerciam profissões tidas como impuras (JEREMIAS, 1977: 169-173), eram desprezados pelos "observantes" da lei. As palavras e as atitudes de Jesus em relação aos pecadores resultou fortemente surpreendente e escandalosa. Palavras e atitudes que aparecem muito bem resumidas em Mc 2,14-17. Jesus come com os pecadores e afirma que veio para eles e não para os justos! As palavras esclarecem o significado do comportamento. A *comunhão de mesa,* no mundo semita, não é algo superficial, mas leva consigo uma comunhão de vida. Quer dizer que Jesus fica igualado aos pecadores? Não, sabemos que Jesus não é pecador (cf. Hb 4,15). Ele está entre os pecadores como o médico está entre os doentes, para tratar deles, para curá-los, para convidá-los à conversão ("para que eles se convertam" – Lc 5,32) e à participação no Reino de Deus (GOPPELT, 1977: 152ss.).

Cida: – E os "justos", será que eles não são chamados à conversão?

O Velho: – Certamente, são chamados, mas será que reconhecem que eles também têm necessidade de conversão, dos cuidados do médico? É verdade que eles não abandonam o Pai como o filho mais novo de que nos fala Lc 15,11ss. Eles são representados muito graficamente pelo filho mais velho, que ficou na casa do pai e observa as ordens deste: "já faz tantos anos que eu te sirvo sem ter jamais desobedecido às tuas ordens..." (Lc 15,29), mas não vivem uma comunhão verdadeira com ele. Apegados à lei comportam-se como empregados, não como filhos. O filho mais novo é pecador, pois deixa de lado o pai e suas ordens enquanto o mais velho cumpre com as ordens, mas não está em comunhão com o pai e não sabe acolher o irmão que retorna arrependido. Nenhum dos dois viveu como autêntico filho. Os dois têm necessidade de conversão. O filho mais novo, pecador, está vivendo o processo de conversão. O filho mais velho, o justo, é convidado também à conversão para participar dos festejos e da alegria por causa da volta do irmão mais novo (cf. Lc 15,32). A conclusão é obvia: todos precisamos de conversão! E em relação ao tema que nos ocupa: ninguém tem direito a participar do Reino de Deus! Somos convidados à conversão e à participação nele, de maneira totalmente gratuita. E isto é o que o "justo" tem tanta dificuldade para aceitar, pois ele pensa que tem *direito*, precisamente porque cumpre a lei e os mandamentos. E não percebe que está faltando o *amor* que é a alma da lei e de qualquer mandamento (GOPPET, 1977: 155-160).

Antônio: – Neste momento, penso que não estaria demais lembrar que, na realidade, não há quem não seja pecador: cf. 1Jo 1,8-10. A diferença está mais nos sintomas do que na doença. Há sintomas menos graves, que podem deixar a pessoa tranquila quando se compara com os sintomas mais graves que outras pessoas manifestam. Entretanto, quando a realidade é vista de maneira mais profunda, chega-se à conclusão de que a doença radical está aninhada em todos: subjetividade fechada, dominação e manipulação do outro etc. etc. Ou com outras palavras, falta de amor, que se manifesta de várias maneiras. Novamente a conclusão: todos somos doentes e todos temos urgente necessidade do médico, do salvador-libertador!

Cida: – Nos beneficiários do Reino aparece, assim, com toda evidência o quanto é gratuito o Reino de Deus, a salvação.

O Velho: – Assim, devemos concluir: "Mas Deus demonstra o seu amor para conosco pelo fato de Cristo ter morrido por nós quando éramos ainda pecadores" (Rm 5,8). "Nisto consiste o amor: não fomos nós que amamos a Deus, mas foi Ele quem nos amou..." (1Jo 4,10).

Cida: – Percebi bem o fato de que na pregação e nas atitudes de Jesus aparece claramente a revelação do Deus da misericórdia e do amor gratuito. Todavia, ouvi sempre falar na Igreja que fomos salvos pela morte-ressurreição de Jesus Cristo.

O Velho: – É verdade que o Mistério Pascal (morte-ressurreição) constitui o centro da salvação cristã. Mas, isto deve ser entendido corretamente. Com efeito, nem a morte nem a ressurreição de Jesus constituem realidades separadas da vida dele. Mais em concreto, a cruz de Jesus não é salvadora considerada em si mesma. Torna-se salvadora porque é a última e a mais radical expressão do amor de Jesus: "Ninguém ama mais a um amigo do que aquele que dá a vida por ele" (Jo 15,13). A cruz, na fé cristã, constitui a radicalização e a condensação máxima da entrega, do amor-serviço vivido por Jesus cada instante da sua vida. Na realidade, em Jesus, é salvadora a qualidade da sua vida, o seu amor-serviço. É essa qualidade de vida que é salvadora, pois ela é a superação do fechamento que chamamos pecado. A cruz é salvadora, sim, mas em conexão com a vida toda de Jesus. Na história da Igreja, nem sempre ficou isto suficientemente claro. Assim, a cruz e o sofrimento foram vistos, às vezes, como salvadores em si mesmos, desvinculados da qualidade de vida de Jesus.

A mesma coisa deve ser dita da ressurreição. Sem dúvida ela é salvadora. Paulo exemplifica a salvação realizada em nós pela ressurreição afirmando que, mediante ela, somos libertados da escravidão do *pecado* (cf. Rm 6,11.18-23), da *lei* (cf. Rm 7,6ss.) e da *morte* (cf. Rm 6,23; 1Cor 15,26.58). Mas, a ressurreição de Jesus não teria sentido salvífico separada da cruz e da vida toda de Jesus. Em resumo, é salvadora a vida toda de Jesus Cristo unida à morte-ressurreição.

Antônio: – Parece-me conveniente agora focalizar um pouco a riqueza de expressões e de temas que, no Novo Testamento, procuram ressaltar o maravilhoso dom do amor salvífico de Deus mediante Jesus Cristo.

O Velho: – De fato, encontramos no Novo Testamento uma rica variedade de expressões e de temas que focalizam, em clima de alegria e de ação de graças, o maravilhoso dom do amor salvífico de Deus. Podemos escolher, a título de exemplo, três temas: a libertação, a justificação e o resgate.

Cida: – O tema da libertação me toca profundamente, enquanto os temas da justificação e da redenção-resgate parecem-me excessivamente jurídicos e pouco compreensíveis.

4.1.2. A salvação como libertação

O Velho: – Comecemos pela libertação. De fato, é um tema que suscita um eco profundo e vivo na nossa sensibilidade atual. Especialmente aqui, na América Latina, tem ocupado um lugar de destaque na pastoral e na reflexão teológica, frequentemente de maneira polêmica. A poeira em relação à Teologia da Libertação tem assentado um pouco. Vale a pena voltar a refletir sobre a salvação cristã na ótica da libertação, evitando, contudo, todo tipo de reducionismo, seja espiritualista seja politizante. A desarticulação dos distintos aspectos ou dimensões da libertação tem resultado particularmente negativos e infecundos, para dizer o mínimo.

Em se tratando da Sagrada Escritura, convém, mais uma vez, não confundir uma determinada experiência com a tematização da mesma. Isto já foi lembrado acima a respeito da eleição e da aliança. Algo semelhante acontece com a libertação. Sem dúvida, uma experiência básica de Israel como povo de Deus a partir da libertação do êxodo, mas com poucos desdobramentos temáticos na reflexão crente de Israel. No Novo Testamento, a experiência da salvação como libertação é totalmente central, mas não está acompanhada de um desenvolvimento temático correspondente à importância da experiência. Vejamos mais em concreto.

Que a palavra e o comportamento de Jesus de Nazaré são libertadores é fácil de constatar. No seu anúncio do Reino de Deus, Jesus liberta da imagem opressora de Deus, um Deus de comércio, juiz implacável, conivente com as injustiças humanas, um Deus da lei pela lei etc. Que o comportamento, as atitudes e opções prioritárias de Jesus são libertadoras é ainda, se cabe, mais fácil de perceber. Surpreende grandemente a liberdade de Jesus em relação à *Halaká* (cf., p. ex., Mc 7,2-13; Mt 12,1-8) e mesmo em relação à *Torá*, colocada que é a serviço do ser humano e não ao contrário (cf. Mc 2,27-28). Ele vive com liberdade o sentido profundo da Lei de Deus (cf. Mt 12,9-14; Lc 13,10-17 etc.). Desqualifica o valor absoluto concedido ao templo (cf. Jo 4,19-24; Mc 13,1-4). Mostra-se livre em relação às interpretações da *Halaká* sobre o sábado (cf. Mt 12,10-12; Lc 13,10-17). Esta liberdade de Jesus indica-nos que para Ele o sagrado deveria estar sempre a serviço do ser humano, pois fazer o bem a este é o decisivo na religião vivida por Jesus[12]. Liberdade surpreendente vive Jesus também nas suas relações: com o poder político constituído, com o poder religioso (sinédrio...), com os grupos e partidos religioso-políticos, em relação às mulheres e crianças, aos pecadores públicos, ao povo ignorante, aos preconceitos em relação aos galileus e samaritanos etc. (FORTE, 1985: 254-266)

Conforme a reflexão teológica desenvolvida pelo autor do quarto evangelho, os discípulos na medida em que acolhem a verdade que é Deus mesmo, verdade revelada e comunicada mediante Jesus, tornam-se realmente livres (cf. Jo 8,31-36). São libertados da escravidão do pecado resumido na *mentira* (cf. Jo 8,44).

Entretanto, é Paulo quem tematiza de maneira mais profunda esta perspectiva da salvação como libertação, especialmente na epístola aos Gálatas. Estes se encontram tentados pelos judaizantes a retornar à observância da lei mosaica. Reaparece a tentação, velha e sempre nova, da justificação pelas próprias obras. Algo que invalida

---

12. Sobre a liberdade de Jesus expressa no seu comportamento e atitudes, cf. García Rubio, 2003: 54-90.

radicalmente o Evangelho do amor gratuito, da salvação gratuita mediante Jesus Cristo e no Espírito. O resultado deste retorno à lei será a volta da antiga escravidão. A libertação para viver a verdadeira liberdade, lembra Paulo, não se encontra na lei, mas no Evangelho de Jesus Cristo, Evangelho a cujo serviço Paulo se encontra.

Com toda força, Paulo apresenta a cruz de Cristo, início da nova criação (cf. Gl 6,12-16), da nova vida segundo o Espírito, como o fundamento da libertação total. Por isso, Paulo adverte duramente contra o perigo de os gálatas voltarem à escravidão antiga, eles que já foram libertados pela entrega de Jesus Cristo (cf. Gl 4,8–5,12).

"É para sermos verdadeiramente livres que Cristo nos libertou" (Gl 5,1). "Vós, irmãos, é para a liberdade que fostes chamados. Contanto que esta liberdade não dê nenhuma oportunidade à carne!" (Gl 5,13). Trata-se da liberdade fruto da ação do Espírito, liberdade que implica libertação da "carne", do fechamento na própria subjetividade, no próprio eu absolutizado e, assim, negador do outro como outro (cf. Gl 5,13–6,10). Libertação que tem como finalidade poder viver a vida da "fé que age pelo amor" (Gl 5,6).

A liberdade nos vem de Jesus Cristo, da ação do Espírito em nós, não da autossuficiência proveniente do cumprimento da lei. Quer dizer, o tema da libertação aponta, claramente, para a realidade da salvação gratuita, dom do amor do Deus Ágape.

4.1.3. A salvação como justificação

Antônio: – Eu também encontro dificuldade quando se trata de explicar em que sentido a justificação e a redenção-resgate ressaltam a gratuidade da salvação cristã.

O Velho: – Tanto na epístola aos gálatas quanto na epístola aos romanos, Paulo desqualifica a pretensão daqueles judeus que confiam nas obras da lei colocando nelas o fundamento da salvação (cf. Rm 2,1–3,20). Os gentios, com a sua sabedoria orgulhosa, tampouco são capazes de encontrar por eles mesmos o caminho da salvação (cf. Rm 1,18-32). Pelo próprio esforço, o ser humano não tem possibilidade de salvação. Está claramente excluída toda pretensão humana de autojustificação pelas próprias obras (cf. Rm 4,2-10; 9,30-31; 10,3-4; Gl 2,16; Fl 3,9). Só Deus pode salvar e o faz mediante Jesus Cristo (cf. Rm 3,21ss.).

A justiça e a justificação de que trata Paulo distam muito de se situar uma perspectiva jurídica. Primeiramente, a justiça de Deus nos situa no coração mesmo do seu desígnio salvífico (cf. Rm 1,16-17; 3,21-26; 2Cor 5,21). A justiça de Deus aponta para a sua permanente fidelidade a esse desígnio. Em segundo lugar, esta ação salvífica de Deus suscita no ser humano um novo modo de ser e de agir. Justificado gratuitamente por Deus, vivendo sob a graça e não mais sob o império da lei, o ser humano é guiado pelo Espírito (cf. Rm 8,2ss.), vive a novidade de vida em conformidade com a vontade de Deus (cf. Rm 6,13-23).

Se a justificação é dom de Deus, o que se pede ao ser humano para que possa participar desse dom? Primeiramente, reconhecer que se trata de um dom e não de merecimento próprio e, em segundo lugar, acolher o dom, numa atitude de fé que, em definitivo, é a obediência, assumida internamente, à vontade amorosa de Deus (cf. Rm 1,5). Sim, a justificação é dom, graça de Deus, mas *mediante a fé*. A justificação se dá na fé, tal é a verdadeira justiça (cf. Rm 10,6; 3,25). Ora, a fé é também dom de Deus. Só que a fé, graça de Deus, é simultaneamente resposta humilde, obediente e confiante do ser humano que se abre para acolher o dom da fé. Mas também a abertura ao dom é graça, atuação do amor de Deus em nós. Ou seja, na salvação tudo é graça. Todavia, esta atuação do amor de Deus não nos deixa passivos, suscita no ser humano a obediência da fé e a vivência em conformidade com a vida nova instaurada em nós. Não há contradição entre a gratuidade da fé e a necessidade da resposta humana, da atitude de fé, da confiança no Deus da salvação. Por isso, Paulo, que tanto insiste na gratuidade da justificação e da fé, acentua também a necessidade de viver as obras da fé, as obras próprias da nova vida guiada pelo Espírito e não mais pela lei. Desenvolver uma relação de exclusão entre o dom e a resposta tem sido causa de duras controvérsias, na história da teologia cristã. Aqui também desenvolver uma relação includente resulta grandemente fecundo. A relação includente não elimina a tensão, mas a tensão resulta num aprofundamento das realidades que aparecem opostas e acabam sendo complementares.

4.1.4. *A salvação como redenção-resgate* (MUNDLE et al., s.d.: 54-69)

Cida: – Falta indicar agora em que sentido a redenção-resgate aponta para a gratuidade da salvação oferecida por Deus.

O Velho: – É verdade que o termo *apolýtrosis* (resgate, redenção, libertação), utilizado nos escritos paulinos, está tomado da linguagem comercial e jurídica, que se refere, sobretudo, à compra de um escravo a fim de libertá-lo da escravidão. Trata-se de uma analogia cujo sentido, numa perspectiva teológica, é fácil de ser percebido. Já no AT Iahweh é apresentado como aquele que redime Israel da escravidão do Egito (cf. Dt 7,8; 9,26; 13,6; 15,15...) ou do exílio babilônico (cf. Is 41,14; 43,1; 47,4ss.). E redime, liberta da escravidão devido ao seu amor e à sua fidelidade, não certamente ao merecimento do povo (cf. Dt 7,7-8).

A redenção-libertação, conforme o Novo Testamento, realiza-se em Jesus Cristo (cf. 1Cor 1,30; Cl 1,14). Como a justificação, também a redenção é ação gratuita de Deus mediante Jesus Cristo (cf. Rm 3,24; Ef 1,7). De que somos remidos ou libertados? Certamente da escravidão do pecado (cf. Cl 1,14; Ef 1,7), mas também da escravidão da morte (cf. Hb 2,14-15). Fundamentados na ressurreição de Jesus Cristo, esperamos nós também superar a morte para passar a viver a vida plena (cf. 1Cor 15).

O termo *lýtron* (resgate) apresenta também um significado redentor-libertador (cf. Mc 10,45). E qual foi o preço pago por Jesus Cristo? O NT responde que foi a entrega da sua vida por causa de nós, entrega que culmina e encontra sua máxima radicalização na cruz (cf. Ef 1,7; 1Pd 1,18-20; Hb 9,12; 1Tm 2,5-6). A metáfora do resgate está a nos dizer até que ponto a nossa salvação custou caro a Jesus Cristo, pois o levou até a morte de cruz. Estamos diante do estupendo amor-serviço vivido por Jesus Cristo até às últimas consequências (cf. Jo 13,1; 15,13; Gl 2,20). A linguagem do resgate está situada fora de qualquer contexto jurídico-comercial. Trata-se de uma analogia que nos situa diante da generosidade e do amor gratuito de nosso Senhor Jesus Cristo (SESBOÜÉ, 1990: 157-166). Em termos populares poderíamos dizer: a nossa salvação não foi algo banal, superficial, barato... Não poderia custar mais caro!

O que importa aqui sublinhar é a generosidade, o amor gratuito do Deus Ágape, do Deus que vem ao nosso encontro mediante Jesus Cristo precisamente *para salvar*. A salvação é o objetivo da encarnação, da vida (pregação, atitudes e comportamento), da morte e da ressurreição de Jesus Cristo.

4.2. A criação mediante Jesus Cristo

Cida: – Se a salvação está no centro da revelação que encontramos no Novo Testamento, onde fica o sentido da criação? Será que esta fica desvalorizada na revelação do Novo Testamento?

O Velho: – Tal como no Antigo Testamento, e de maneira ainda mais incisiva, a criação é apresentada em conexão e a serviço da fé em Deus salvador. A resposta à pergunta pela finalidade da criação aparece bem clara no Novo Testamento: somos criados para acolhermos a estupenda salvação que Deus tem preparado para nós desde toda a eternidade! A criação está orientada *intrinsecamente* para a salvação! Aquilo que a tradição *proclamativa* afirmava já no Antigo Testamento, a saber, que a criação deve ser entendida e aceita a serviço da salvação, aparece ainda mais claramente no Novo Testamento. O dualismo entre salvação e criação está muito longe da perspectiva em que se situa a revelação neotestamentária de Deus.

4.2.1. Jesus Cristo: sentido último da criação

Cida: – Sabemos que Jesus Cristo é o salvador, ou melhor, o mediador da salvação, conforme o Novo Testamento. E na criação, será que Jesus Cristo tem alguma significação ou função especial?

Antônio: – A isso eu posso responder. De fato, Jesus Cristo, mediador da salvação, é apresentado no Novo Testamento também como mediador na criação. Mas, a prioridade sempre é concedida à salvação.

O Velho: – A salvação do Deus Ágape é oferecida mediante Jesus Cristo. Como vimos acima, a vida toda de Jesus Cristo – a sua pregação sobre o Reino de Deus, o seu comportamento e atitudes, ou seja, a sua vida inteira, incluindo a morte e a ressurreição, constituem a expressão viva e eficaz da ação salvífica desse Deus.

É a partir da ressurreição de Jesus Cristo que o Novo Testamento reconhece e confessa o seu senhorio universal. Senhorio tanto na salvação quanto na criação (cf. 1Cor 8,9; Cl 1,15-20; Jo 1,1-18; Hb 1,1-4; Ef 1,10)[13].

Conforme estes textos, o sentido mais profundo e último da criação encontra-se em Jesus Cristo ressuscitado. Ele, que é a

---

13. Sobre o conteúdo teológico destes textos, cf. García Rubio, 2001: 188-197.

plenitude e o recapitulador de tudo quanto existe (cf. Ef 1,10), precisamente por isto, é também aquele mediante o qual tudo foi criado. Não existe dualismo entre criação e salvação. Em Jesus Cristo, mediador de ambas, percebemos que se trata de um único projeto: comunicação da vida-amor do Deus Ágape, do Deus Trindade.

Antônio: – Em relação à criação do ser humano, o Novo Testamento confessa que a imagem de Deus, a imagem perfeita, é Jesus Cristo (cf. Cl 1,15). Mais ainda, aqueles que são escolhidos (sempre o tema da eleição gratuita) são participantes dessa imagem (cf. Rm 8,29). Ora, participar da imagem que é Jesus Cristo significa participar da sua filiação (cf. Rm 8,16-17).

4.2.2. Jesus Cristo: modelo da nossa humanização

Cida: – Qual é o sentido para a nossa vida atual da afirmação de que Jesus Cristo é a verdadeira imagem de Deus?

O Velho: – Bem, se Jesus Cristo é a verdadeira e perfeita imagem de Deus, em cuja conformidade tudo foi criado (cf. Cl 1,15ss.), deduz-se que o ser humano foi criado à imagem que é Jesus Cristo. O tema da criação do homem à imagem de Deus (cf. Gn 1,26ss.) fica enriquecido e aprofundado de maneira estupenda, com esta perspectiva do Novo Testamento.

Com efeito, contemplando Jesus Cristo temos certeza do que significa ser imagem de Deus, ou seja, do que significa ser humano, conforme o projeto salvífico de Deus. Olhando apenas para o Antigo Testamento, poderíamos ter dúvidas a respeito de como se concretiza a afirmação de que somos criados à imagem de Deus. Devemos reconhecer que no Antigo Testamento não encontramos ninguém que possa ser apresentado como uma perfeita imagem de Deus. Falta um modelo histórico concreto do que seja realmente viver a realidade de ser imagem de Deus.

Com Jesus Cristo, não temos mais dúvidas. Ser imagem de Deus, viver uma vida humana e humanizante no sentido da fé neotestamentária só é possível quando somos incorporados a Jesus Cristo, quando, no seguimento do caminho vivido por Ele, somos guiados pelo seu Espírito.

Cida: Quer dizer, eu sou humana mesmo, conforme o Deus Ágape, quando vivo o seguimento de Jesus Cristo, no concreto da minha vida. Por isso, parece-me tão necessário assimilar vitalmente o sentido da sua pregação sobre o Reino de Deus, o sentido das suas atitudes, opções e prioridades bem como o sentido da sua morte e da sua ressurreição. Vou tornando-me mais humana, na medida em que vou assimilando mais e mais o caminho de Jesus Cristo.

O Velho: – É uma conclusão acertada. O homem no sentido pleno do termo, o Adão verdadeiro é Jesus Cristo, não o Adão do Gênesis. O tema do segundo Adão que é Jesus Cristo é muito sugestivo. A comparação entre os dois "Adões" (o primeiro Adão, fechado em si mesmo, pecador a rejeitar o dom de Deus criador--salvador; o segundo Adão que é Jesus Cristo, aberto ao dom de Deus e aberto ao serviço concreto) aponta para a realidade de que existem dois modos de existência, uma em conformidade com o homem *terrestre* que é o Adão do Gênesis e outra em conformidade com o homem *celeste* que é Jesus Cristo. Existem igualmente dois tipos de corpo: o *psíquico* – corruptível, fraco, mortal... – e o *espiritual* (cf. 1Cor 15,44-49).

A observação feita por Paulo em 1Cor 15,45 resulta especialmente interessante. O primeiro Adão recebe a vida, mas não é capaz de comunicar vida, enquanto o segundo Adão comunica a vida, é fonte de vida. Jesus Cristo, o homem verdadeiro, comunica o Espírito uma vez que Ele, que na vida terrestre sempre foi guiado pelo Espírito, a partir da ressurreição, é o Espírito (cf. 2Cor 3,17). Não vive mais uma existência limitada pelo tempo e pelo espaço, antes vive a plena universalização comunitária e vivificadora (cf. GARCÍA RUBIO, 2001: 200-203).

Antônio: – O dinamismo da vida cristã aparece descrito por Paulo em 1Cor 15,49: estamos em processo de mudança de imagem! Estamos passando da conformidade ao homem terrestre (primeiro Adão) à conformidade com o segundo Adão (Jesus Cristo).

Cida: – Os vv. 46-47 nos transmitem também uma mensagem muito atual. Com efeito, hoje se desenvolvem novamente teorias religiosas que afirmam que o ser humano é divino, partícula ou emanação do divino. O homem, por si mesmo, pela sua natureza, seria divino. Já vi católicos entusiasmados com esse tipo de afirmação. Paulo, em sintonia com a teologia veterotestamentária da criação, não compartilha desse entusiasmo. Não, responde Paulo, o ser humano por si mesmo é terrestre, é do pó da terra, é uma criatura. É verdade, estupenda verdade, que o ser humano é capaz de ser divinizado e de fato o é, mediante Jesus Cristo, no Espírito. Mas esta divinização é um dom, expressão da autocomunicação totalmente gratuita do Deus Ágape. Na ótica cristã, fica desqualificado totalmente o orgulho do ser humano que sonha com ser deus e confunde o sonho com a realidade. A existência cristã, nesta perspectiva paulina, deveria ser caracterizada, de modo muito especial, pelo agradecimento. A nossa divinização é graça, é gratuita. Toca-me profundamente esta realidade de que o nosso viver cristão é um viver *eucarístico* (no sentido de que está penetrado continuamente por uma atitude de ação de graças).

O Velho: – Uma vez que Jesus Cristo é confessado como o segundo Adão, como o homem verdadeiro em conformidade com o projeto de Deus, é fácil entender por que Paulo o apresenta como o homem novo: Ef 2,15. Jesus Cristo, o homem novo, o homem que cada um de nós é chamado a ser, o homem novo da paz e da reconciliação (cf. Ef 2,16-18). E notemos que cada cristão é chamado também a ser esse homem novo (cf. Ef 4,24). Homem novo, recriado em Cristo, capaz de viver a humanidade verdadeira, o cristão é uma "nova criatura" (cf. 2Cor 5,17), é introduzido numa "nova criação" (cf. Gl 6,15).

Com Jesus Cristo e na ação do Espírito fica inaugurada a nova humanidade. Como participamos da vida nova? A resposta paulina é clara: é necessário, no batismo, morrer ao fechamento na própria autossuficiência, morrer ao pecado nas suas variadas manifestações, ou, com outras palavras, morrer ao homem "velho" (cf. Rm 6,1-14). Em Cl 3,5-17 vem descrita a passagem do homem velho para o homem novo e são apresentadas características de um e de outro.

A novidade de vida consiste em se tornar filho de Deus pela ação do Espírito (cf. Rm 8,1-30). A imagem do Filho é reproduzida em todos quantos participam da sua filiação, aqueles escolhidos para "serem conformes à imagem do seu Filho, a fim de que este seja o primogênito de uma multidão de irmãos" (Rm 8,29). Ser conforme à imagem de Deus que é Jesus Cristo, tal é o resumo da vocação cristã. Irmãos de Jesus Cristo, daquele que tem a *primazia* – isto significa que é o primogênito –, somos também filhos de Deus (cf. GARCÍA RUBIO, 2001: 203-209).

Em resumo, a criação do ser humano é vista no Novo Testamento em conexão com a função central de mediador realizada por Jesus Cristo. A criação com vistas à recriação em Cristo. Com T. de Chardin, podemos ver na criação uma "cristogênese" (CHARDIN, 1955: 331). Cristo está presente e atuante no início, na continuação e na consumação final de toda a realidade criada, vista sempre na perspectiva da salvação.

PARTE III

Explicitação, em nosso mundo atual, do conteúdo da proposta salvífica de Deus

Cida: – No encontro com Jesus Cristo vamos percebendo o que significa ser humano, mesmo, em conformidade com o desígnio de Deus salvador-criador. As reflexões desenvolvidas anteriormente mostraram-nos a riqueza de aproximações desenvolvidas no Novo Testamento para tentar comunicar o conteúdo dessa salvação. A filiação divina, a nova criatura, a libertação da escravidão da lei etc. etc., fazem parte dessas tentativas. Mas, como comunicar essa rica realidade aos homens e mulheres atuais, especialmente aos que vivem no contexto do mundo moderno ou pós-moderno? Convém lembrar que esta foi a motivação inicial dos nossos encontros. Como tornar significativa a enorme riqueza da proposta cristã de salvação?

Antônio: – Sabemos que a salvação em plenitude se dará no final dos tempos, quando "Deus for tudo em todos" (1Cor 15,28). Mas, sabemos igualmente que a salvação se vive já, hoje, na história e no mundo atual. Salvação ainda em semente, em estado inicial, mas salvação real. Esperamos ativamente a plenitude da salvação, mas a nossa atenção está centrada no sentido que tem a salvação na nossa vida atual. Esta preocupação é muito legítima, pois percebemos que existe uma íntima relação entre a salvação iniciada, em forma de semente, e a salvação em plenitude, em forma da colheita. Precisamente, porque estamos tão interessados na plenitude da salvação é que prestamos grande atenção à salvação já iniciada, hoje. Nada de dualismo entre o "já" e o "ainda não" da salvação.

O Velho: – Vamos repetir, então, a pergunta: Em que consiste a salvação cristã? Ou de outra maneira: Em que consiste a vida nova que somos chamados a viver?

5
Nós humanos somos pessoas!

Antônio: – Antes de apresentar o conteúdo da nova vida em conformidade com Jesus Cristo, penso que seria conveniente explicitar melhor o que significa para nós a afirmação bíblica de que somos criados à imagem de Deus. Ao tratar da mensagem contida em Gn 1,26ss. assinalamos algumas características do ser humano criado à imagem de Deus. Como poderíamos traduzir a riqueza desse tema no nosso mundo ocidental?

O Velho: – Concordo plenamente. Somos criados à imagem de Deus! Aprofundar o significado desta afirmação constitui um alicerce básico para podermos viver a vida nova. Eu sei que se trata de um tema próprio da teologia da criação no Antigo Testamento, repensado pelo Novo Testamento em função de Jesus Cristo. Mas, a criação, conforme foi repetido uma e outra vez nestas nossas conversas, é já o início da salvação. A salvação se vive no interior da realidade criatural que é o ser humano. Vamos, então, explicitar o conteúdo da afirmação bíblica a respeito do ser humano criado à imagem de Deus.

O Velho: – A Igreja, no decurso dos séculos, foi desenvolvendo a visão do ser humano como pessoa. Esta foi a melhor maneira encontrada, até os nossos dias, de transmitir no mundo ocidental o significado da afirmação de que somos criados à imagem de Deus.

5.1. Origem cristã da visão do ser humano como pessoa

Cida: – Então, a visão do ser humano como pessoa não foi desenvolvida pela filosofia grega?

O Velho: – Não, trata-se de uma visão tipicamente cristã.

Antônio: – De fato, não vejo como a filosofia predominante, platônica ou neoplatônica, poderia desenvolver essa visão. Para esta filosofia, o ser humano é individualizado pelo corpo, mas este tornar-se indivíduo não passa de uma imperfeição e de uma limitação degradante. Só pelo espírito é que o ser humano é humano. É pelo espírito que o ser humano pertence ao mundo das ideias, ao mundo perfeito, eterno, divino, universal etc., quer dizer, pertence ao mundo verdadeiro. A libertação da individualização causada pelo corpo é vista como necessária para que o espírito retorne à universalidade que lhe é própria. Assim, o que interessa a esta filosofia não é o mundo imperfeito da individuação, mas o mundo perfeito, o mundo do universal. A perspectiva que vê o ser humano como *indivíduo pessoal* é algo alheio à filosofia que predominava entre os gregos.

O Velho: – Depois da nossa reflexão sobre o ser humano à luz da teologia veterotestamentária da salvação e da criação é fácil perceber qual será o fundamento da visão do ser humano como pessoa. Lembremos quem é o ser humano, na perspectiva do Antigo Testamento: ser de diálogo e de resposta (responsável), que, na qualidade de imagem de Deus, é chamado a responder à interpelação do Deus salvador-criador, à interpelação dos outros seres humanos e, também, à interpelação do mundo criado e confiado à sua administração responsável. Ser de *diálogo*, capaz de acolher o dom do amor salvífico de Deus com todas as consequências que uma tal aceitação – ou rejeição – comporta. Em resumo, o ser humano é visto como um ser *dialógico-relacional*.

É verdade que só com Jesus Cristo podemos encontrar a realização plena do que significa ser imagem de Deus, do que significa viver uma existência dialógico-relacional. Entretanto, já no Antigo Testamento temos os dados fundamentais do que a Igreja, aos poucos, irá entendendo como sendo a riqueza e a dignidade da pessoa humana. Não há dúvida que as controvérsias trinitárias e cristológicas ajudaram a moldar este conceito de pessoa, mas o seu fundamento encontra-se na revelação bíblica (SCHUTZ & SARACH, s.d.: 74-75).

Não é aqui o lugar para lembrar a lenta história do desenvolvimento do conceito cristão de pessoa[1]. Recolhendo o resultado desta história e seguindo o esquema elaborado pelo Prof. M. Schmaus (1960: 284-289), podemos apresentar, a seguir, uma descrição da pessoa que contempla os seus aspectos básicos. Convém ressaltar que se trata apenas de uma mera descrição, não de uma definição. Vejamos.

5.2. Pessoa humana: descrição

O Velho: – *O ser humano é uma pessoa, quer dizer, é chamado a ser ele mesmo nas suas relações.* Convém explicar esta afirmação fundamental. Vamos começar com o primeiro elemento da frase: *o ser humano, pelo fato de ser uma pessoa*, é chamado *a ser ele mesmo*. Isto vem a significar que cada ser humano, pelo fato de ser pessoa, é *único*, distinto dos outros seres humanos, do cosmo e de Deus. Explicitemos um pouco mais:

1) A autopossessão *é característica básica da pessoa*. É próprio da pessoa, no nível ôntico, a autopertença e a autonomia. E, assim, a pessoa é chamada a ser senhora da própria vida, procurando rejeitar todo tipo de *escravidão*.

2) Por isso, a pessoa é chamada a desenvolver a sua capacidade de *escolher* por ela mesma e de assumir a *responsabilidade* da escolha

---

1. Para um breve resumo desta história, cf. García Rubio, 2001: 305-307.

feita. Quer dizer, a liberdade é outra característica da pessoa. E, assim, a *manipulação* repugna à dignidade da pessoa.

3) A *autofinalidade* faz parte, igualmente, da riqueza constitutiva do ser pessoal. A *finalidade* da pessoa encontra-se nela mesma. A autorrealização como ser pessoal é a finalidade básica de todo o seu agir. Por isso, a pessoa é chamada a desenvolver o seu *modo próprio de ser pessoa* (sua vocação pessoal). E precisamente por isso reduzi-la a mero *instrumento* para outros fins constitui outro atentado contra a dignidade da pessoa. O ser humano não é um objeto ou uma coisa, é uma pessoa valiosa por ela mesma para além de toda instrumentalização ou utilização[2].

Cida: – Mas, não falamos antes que a finalidade última do ser humano é acolher o dom do amor de Deus, é acolher a salvação que é Ele mesmo?

O Velho: – Não há contradição alguma entre a autofinalidade própria da pessoa e a vivência da salvação oferecida por Deus Ágape. A aceitação do Amor, que é Deus, nunca instrumentaliza o ser humano. Pelo contrário, esta aceitação constitui a mais profunda autorrealização do mesmo. O fim último do homem – a salvação – e a sua plena autorrealização se identificam. Não vamos continuar colocando os nossos dualismos estéreis, onde só existe uma estupenda integração.

Antônio: – Falta ver agora a segunda parte da frase proposta, a saber, a pessoa é ela mesma *nas suas relações.*

O Velho: – As características da pessoa apresentadas anteriormente fazem parte da dimensão da pessoa conhecida como *imanência* ou *interiorização*. Ela, contudo, deve ser complementada com outra dimensão, igualmente constitutiva da pessoa, a dimensão de *transcendência* ou *abertura*. Vejamos. O ser humano,

---

2. Para um desenvolvimento maior da caracterização da pessoa, cf. García Rubio, 2001: 307-312.

na qualidade de pessoa, é um ser *relacional*, chamado a autotranscender-se. Podemos perguntar: Em que direção se dá esta autotranscendência?

1) *Na abertura ao mundo*, articulando, de maneira inclusiva, a atitude contemplativa, de comunhão com as outras criaturas, percebendo e agradecendo o rico simbolismo que o mundo criado contém (expressão que é do amor de Deus), com o compromisso transformador desse mundo a serviço da humanização de todos. Trata-se de uma relação com o mundo que articula, de maneira integrada, o melhor das tradições bíblicas manifestativa e proclamativa. Nesta relação com o mundo estão incluídos, sem dúvida, o trabalho, a ciência e a técnica, mas, igualmente, o repouso, a festa, a poesia, a celebração...

2) *Na abertura aos outros seres humanos*, vivendo relações dialógicas, no respeito e na valorização da outra pessoa como outra, vencendo a tentação de escravizá-la de alguma maneira, de manipulá-la e/ou de instrumentalizá-la. Isto no nível das relações interpessoais. Todavia, é igualmente necessária a abertura aos outros no nível das realidades macrossociais, assumindo compromissos comunitários e sociopolíticos em defesa da justiça e da solidariedade concretas.

3) *Na abertura a Deus*, de maneira dialógica, acolhendo o dom e a interpelação provenientes do seu amor salvador-criador, vivendo na fé, na obediência e no amor, os compromissos que essa aceitação comporta. Porque é pessoa, o ser humano pode viver consciente e livremente a relação dialógica com Deus. Relação esta a mais radical, profunda e íntima que a criatura humana é chamada a viver.

Antônio: – Mais uma vez reaparece o problema da visão subjacente do ser humano. Para que a pessoa possa amadurecer na sua personalidade, é indispensável a superação de toda dicotomia ou dualismo entre as dimensões de imanência ou interiorização e de transcendência ou abertura. É necessário desenvolver uma inter-relação dinâmica entre ambas, cada uma aberta sempre à complementação crítica da outra[3]. Com outras palavras, é necessário aqui também aplicar a visão integrada do ser humano de que tratamos anteriormente.

Cida: – Tenho a impressão de que no passado eclesial cultivou-se bastante a interiorização e ficou descuidada a abertura ao mundo e, sobretudo, aos outros seres humanos. Hoje, pelo contrário, o que observo é uma verdadeira inflação de encontros, reuniões etc., acompanhada de um descuido acentuado da vivência do silêncio, do encontro com o próprio ser interior etc. A superficialidade de tantas reuniões e encontros não encontrará aí uma explicação?

Antônio: – A herança dualista, especialmente neoplatônica, continua viva em não poucos ambientes eclesiásticos. Especialmente no que se refere à formação em seminários e noviciados. Primeiro, o estudo, a formação, a teoria. Depois, como consequência, virá um trabalho pastoral fecundo. Com frequência se perde de vista a necessidade da relação de complementação crítica entre o momento teórico e o momento da prática.

O Velho: – É claro que, como já foi assinalado acima, dependendo das circunstâncias, pode ser necessário acentuar mais a necessidade do momento teórico ou, então, do momento prático. Mas, mantendo sempre a abertura à complementação e à crítica do outro momento.

Cida: – Voltando à descrição anterior da pessoa, será que não há outras dimensões básicas da pessoa, além da interiorização e da abertura?

O Velho: – Sem dúvida, há outras dimensões básicas constitutivas da pessoa humana. Já vimos acima, ao tratarmos da superação do dualismo, as dimensões de espiritualidade e de corporalidade.

---

3. Sobre essa inter-relação, cf. García Rubio, 2001: 312-313.

Outras serão focalizadas posteriormente, no decurso das nossas reflexões. O que importa, acima de tudo, é articular de maneira integrada e inclusiva as dimensões em tensão: interiorização-abertura, corporalidade-espiritualidade, razão-afeto etc. Este é o caminho para o crescimento da pessoa como pessoa. Ficar enredado nas relações excludentes significa empobrecer a riqueza admirável que é a pessoa humana. Riqueza que deveria ser vivida sempre na unidade que é a pessoa concreta.

Antônio: – Contudo, convém notar bem que as dimensões da pessoa não são ainda a pessoa. A pessoa responde sempre à pergunta: quem? A pessoa é quem possui todas estas dimensões de maneira dinâmica: a pessoa é o "eu", o "tu" concreto (GEVAERT, 1984: 142ss.).

5.3. A dignidade da pessoa humana defendida nas situações concretas

Cida: – Esta visão da pessoa humana resulta extremamente rica. Infelizmente, percebo que nas comunidades eclesiais falhamos frequentemente na fidelidade a esta percepção da dignidade da pessoa humana. Assim, resulta frequente a manipulação das pessoas na pastoral, a utilização instrumental das mesmas, a superproteção que impede o crescimento do outro em sintonia com a vocação dele etc. A tentação dualista reaparece quando a defesa do valor da pessoa humana fica limitada a uma bela teorização, enquanto a pessoa real é descuidada, enquanto situações e estruturas injustas continuam dominando diante da passividade de muitos cristãos.

O Velho: – De fato, contentar-se com belos discursos, com declarações formais bem elaboradas e com documentos bem fundamentados teoricamente é uma tentação herdada do idealismo dualista. Claro está que a teoria sobre a dignidade e o valor da pessoa humana é necessária, mas articulada realmente com uma prática de defesa dessa dignidade e desse valor de pessoas concretas em situações concretas. Em relação à defesa da dignidade da pessoa, vale também a advertência evangélica sobre os frutos bons ou ruins (cf. Mt 7,16-20).

Antônio: – Junto com a tentação da abstração, percebo ainda em ambientes cristãos uma visão individualista da pessoa humana. Uma visão herdada da modernidade e acentuada mais ainda na pós-modernidade. O individualismo na consideração da salvação – "minha salvação" – tem levado a um descuido grave da perspectiva sociopolítica inerente à pessoa humana. A defesa e a promoção da dignidade da pessoa humana comporta tanto o compromisso no nível do indivíduo ou do pequeno grupo, mas, igualmente, o compromisso no âmbito macrossocial em favor da justiça e da solidariedade e contra situações e estruturas que destroem ou impedem o desenvolvimento dessa dignidade (cf. GARCÍA RUBIO, 2001: 313-315).

Cida: – Parece-me necessário, neste momento, unir a reflexão anterior sobre a pessoa humana com a vida nova em conformidade com Jesus Cristo.

O Velho: – Essa vida nova se expressa nas relações que somos chamados a desenvolver. Não são relações fora do mundo do cotidiano. A salvação cristã, deve ter ficado claro pelo exposto até agora, não se vive fora do mundo, numa região especial, separada das lutas, dos problemas e das alegrias do dia a dia. Mas, então, o que é que caracteriza a vida nova? Como podemos perceber que alguém está vivendo, de fato, essa novidade de vida, essa nova humanidade?

Para responder a estas perguntas, vamos examinar cada uma das relações fundamentais constitutivas da pessoa, ressaltando o modo cristão de vivê-las. A vida nova do cristão desenvolve-se no interior dessas relações. Comecemos pela relação com Deus.

6
As relações com Deus na vida nova

O Velho: – Na nossa reflexão sobre a relação com Deus, a relação mais fundamental, temos sempre como pano de fundo tudo quanto acima foi exposto sobre a gratuidade da salvação. Igualmente, partimos continuamente da vida, morte e ressurreição de Jesus Cristo, o modelo do humano. Na exposição, procuramos utilizar uma linguagem mais atual, a serviço da comunicação significativa desta riqueza toda para o homem e a mulher influenciados pela modernidade/pós-modernidade.

Quando tratamos do caráter pessoal do Deus bíblico, apontamos algumas características do Deus revelado por Jesus Cristo. Não é o caso de repeti-las aqui. Basta lembrar, dado que tratamos agora da relação humana com esse Deus, da profunda intimidade e da rica afetividade vividas por Jesus de Nazaré nas relações com esse Deus invocado como *Abba* (paizinho). A expressão *Abba*, em lábios de Jesus, envolve o saber-se amado e acolhido pelo Pai, mesmo quando este guarda silêncio e parece estar ausente (Horto da Oliveira, Cruz). E inseparavelmente unida a esta *confiança* está presente uma radical *fidelidade* à vontade dele (SOBRINO, 1983: 106-114). E bem sabemos em que consiste esta vontade: o caminho do serviço que Jesus viveu até às últimas consequências.

6.1. A experiência do Deus do Reino: abertura ao dom *versus* fechamento farisaico

Antônio: – O Reino de Deus está próximo! Anuncia Jesus com suas palavras e com seu comportamento. A conversão e a fé constituem o resumo da atitude acolhedora do ser humano em face desta proximidade salvadora de Deus (cf. Mc 1,15). Ora, conversão e fé já são consequência da atuação do amor de Deus no ser humano (graça). Assim, reaparece o tema da gratuidade do Reino de Deus, da salvação oferecida por Deus mediante Jesus Cristo. Conversão e fé são dons, sem dúvida, mas, igualmente, são respostas do ser humano. E isto sem dualismo, nem falsas oposições. Dom e resposta encontram-se inseparavelmente unidos, cabendo o primado sempre ao dom. A relação de inclusão, e nunca de exclusão, é aqui particularmente necessário.

Cida: – Sem querer ser repetitiva demais, peço licença para perguntar novamente: na resposta humana, qual seria o primeiro movimento, o mais fundamental, o alicerce de todo o edifício da vida cristã?

O Velho: – A resposta do Novo Testamento é unânime:

Trata-se, acima de tudo, de acolher, de receber o dom do amor salvífico do Deus do Reino, do Deus Abba, do Deus Ágape!

Conforme vimos em encontros anteriores, tanto a teologia da salvação como a teologia da criação apresentam o ser humano como ser de receptividade, de acolhimento, de abertura ao dom do amor de Deus.

Cida: – Culturalmente, no entanto, temos muita dificuldade para assimilar esta perspectiva antropológica. Somos educados em ambientes que privilegiam unilateralmente a importância do trabalho, da produtividade, do fazer, do rendimento. E, assim, somos valorizados pelo que produzimos e não por aquilo que somos em profundidade. Até mesmo nas comunidades eclesiais entra fortemente esta dimensão unilateral do fazer, do compromisso, da participação em várias pastorais e atividades como sendo o referencial básico da pertença eclesial. Obviamente, não estou desvalorizando o serviço pastoral. Ele é totalmente necessário, sem dúvida, mas deveria estar unido, sempre, ao desenvolvimento da experiência do silêncio, do acolhimento, da admiração, da contemplação, da ação de graças... Outra vez reaparece a necessidade fundamental de prestar atenção aos dualismos tão empobrecedores da existência cristã.

O Velho: – Convém repetir que a abertura, o acolhimento constituem o alicerce da vida cristã, o fundamento da relação com o Deus-Abba. Acolher o dom de Deus, o seu amor salvífico, esta é a atitude mais fundamental do crente. Sem ela, os trabalhos pastorais, as atividades, cursos, reuniões etc., derivam facilmente para a dominação, para a superproteção, desvirtuando-se, assim, a ação evangelizadora.

Antônio: – Por isso, nada se opõe tanto à experiência cristã como a atitude farisaica. E, assim, entendemos a importância que a crítica desta atitude recebe nos escritos do Novo Testamento, especialmente nos evangelhos e nas cartas paulinas.

O Velho: – Uma ressalva aqui deve ser feita. O que conhecemos como atitude farisaica não se aplica a todos os fariseus, pois havia várias tendências dentro do farisaísmo. E acresce que os evangelhos foram escritos em época de forte controvérsia com o farisaísmo, e isto repercute na apresentação negativa dos fariseus. Por outra parte, esta visão negativa dos fariseus aparece fortemente ressaltada em Mateus e um pouco menos em Marcos, enquanto que Lucas os apresenta de maneira mais positiva e até simpática em relação a Jesus (cf., p. ex., Lc 13,31). E Paulo, que rejeita tão fortemente a justificação pela observância da lei, confessa a sua condição de fariseu sem nenhum constrangimento (cf. At 23,6; 26,5; Fl 3,4-5). E não faltam autores que sustentam, hoje, que o próprio Jesus teria pertencido ao grupo dos fariseus. Naturalmente, não pertenceu à tendência legalista.

Bem, tudo isto em nada diminui a dureza com que o Novo Testamento encara a atitude que podemos chamar de farisaica.

Cida: – Então, em que consiste a atitude farisaica?

O Velho: – O ser humano experimenta uma profunda necessidade de segurança. E isto nos diversos domínios da vida humana. Não esqueçamos que o homem é uma criatura, e assim carente e necessitado. Como sentir-se seguro na relação a Deus? Desde a noite dos tempos, o ser humano tem vivido a religião como uma defesa contra os poderes divinos, poderes que o ser humano não pode controlar. Aliás, pode, sim. Mediante a observância estrita das normas e leis religiosas, o homem pode sentir-se seguro em relação a Deus. O homem religioso cumpre fielmente aquilo que está mandado, quer dizer, faz sua parte. E, naturalmente, Deus fica obrigado a fazer a parte dele. Assim, parece que acabou a insegurança. A salvação depende de mim! Uma vez que Deus não falha, o problema estaria sempre do lado humano. O problema é, então, solucionado com a observância dos mandamentos e normas religiosas. Uma vez que cumpro fielmente tudo quanto está ordenado, o que mais Deus poderá me pedir? Posso dormir tranquilo, estou em paz com Deus!

Pois bem, esta segurança é denunciada por Jesus como falsa. Trata-se de um engano mortal: o homem religioso pensa que é justo e que merece a recompensa divina pelo seu zelo na defesa da lei. É a segurança de que ele é justo que o leva a desprezar os demais, que não observam como ele a lei (cf. Lc 18,9-14; 15,25-32). É esta pseudossegurança a que Jesus desmascara. A salvação é dom gratuito do amor misericordioso do Pai, como já assinalamos repetidamente. Não é que Jesus desconheça a fome de segurança que existe no ser humano. O que Ele faz é denunciar a falsa segurança dada pela observância da lei, ou então, a falsa segurança dada pela riqueza (Lc 12,13-21) ou por qualquer outra realidade humana na medida em que se absolutiza. Todavia, não se contenta em denunciar os becos sem saída. Aponta para o caminho que conduz à verdadeira segurança. Um caminho surpreendentemente paradoxal: ela se encontra na aceitação da insegurança que comporta a aceitação, o acolhimento de um amor que não podemos controlar nem manipular: o amor de Deus, que vai além de todo merecimento humano.

Na pessoa guiada pela atitude farisaica, podemos encontrar multiplicidade de obras religiosas oferecidas a Deus, mas a pessoa não oferece a si própria no culto espiritual de que fala Paulo (cf. Rm 12,1-2). As obras e as práticas realizadas acabam funcionando como pretexto para a pessoa não realizar a entrega da própria vida a Deus. Para Jesus, na linha dos antigos profetas, o que Deus quer não é a entrega de coisas, mas a doação da própria vida, de um coração sincero e misericordioso (cf. Mt 9,9-14)[4].

6.2. A oração na vida nova

Antônio: – Neste contexto, qual seria o sentido profundo da oração cristã? Existe hoje, em diversos ambientes, uma forte tendência para revalorizar a oração. Aparentemente, trata-se de uma orientação muito positiva. Entretanto, aqui podemos aplicar aquilo de que não é ouro tudo o que brilha. Há oração e oração. De fato, observa-se em novas formas de religiosidade um desenvolvimento de práticas e de momentos de oração. Frequentemente, contudo, parece tratar-se de uma interiorização ou de uma contemplação, um encontro com o eu profundo onde se encontraria o divino, emanação ou partícula do divino. Tratar-se-ia, assim, de

---

4. Sobre a atitude farisaica, cf. García Rubio, 2003: 45-47.

um encontro com a própria interioridade, não um encontro dialógico com o Deus de Jesus Cristo.

6.2.1. Caracterização da oração do Reino

O Velho: – Antônio, sua observação é muito importante. De fato, não é qualquer tipo de oração que leva a uma experiência do Deus do Reino, do Deus-Abba. Surpreende a severidade com que Jesus invalida certos tipos de oração:

• a oração da pessoa hipócrita que reza para ser notada e louvada pelas outras pessoas (Mt 6,5-6);

• a utilização de longas orações com a intenção de pressionar Deus a fim de obter os seus favores (Mt 6,7-8);

• a oração que confessa que Jesus é o Senhor, mas apresenta-se desvinculada da vida concreta, do cumprimento da vontade do Pai (Mt 7,21-23);

• a oração da pessoa que procura a justificação pela prática das obras piedosas ordenadas pela sua religião, sem esperar nada do amor misericordioso e gratuito de Deus (cf. Lc 18,9-14);

• a oração demorada feita com fingimento com o objetivo de se apropriar dos bens de pessoas que passam por grave aflição (cf. Mc 12,40; Lc 20,47).

Cida: – Sabemos que a oração dos discípulos de Jesus vem concretizada no "Pai-nosso" (cf. Mt 6,9-13 e Lc 11,2-4). Entretanto, aqui também percebo que com frequência esta oração é feita de maneira bastante mecânica e sem uma compreensão adequada do texto.

O Velho: – Os especialistas nos advertem da dificuldade na tradução da oração para uma língua moderna, e isto por causa dos semitismos que subjazem ao texto grego. Nas notas correspondentes da tradução da Bíblia conhecida como TEB podemos encontrar uma boa explicação de cada um dos pedidos contidos nessa importantíssima oração. Fundamentado nestas notas, chamo a atenção para os seguintes pontos.

É fácil notar que as três preces primeiras apontam na mesma direção: que o Reino de Deus venha logo a nós! Preces em consonância com o núcleo fundamental da pregação de Jesus. A vinda do Reino de Deus, acolhido pelo ser humano, é o prioritário para Jesus e para os seus discípulos.

As outras quatro petições apresentam as necessidades básicas dos discípulos. Vejamos mais em concreto:

1) "Pai nosso": a utilização do plural indica-nos que se trata da comunidade dos filhos de Deus reunida em oração.

2) "...que estás nos céus", semitismo que aponta para a soberania universal de Deus e, ao mesmo tempo, para a sua proximidade amorosa dos seres humanos.

3) "Que o teu Nome seja santificado", no sentido de que Deus manifeste aquilo que Ele é, o Santo com todo o seu poder salvador.

4) "...faze com que venha o teu reinado": que se manifeste logo esse reinado. Como o Reino de Deus é dom, nós só podemos pedir que venha pela ação misericordiosa do Deus-Abba. Sabemos que vem mediante Jesus Cristo (na sua palavra e no seu comportamento e atitudes).

5) "...faze com que se realize a tua vontade": que Deus faça com que sua vontade se cumpra. Assim, reforçamos os pedidos anteriores: sabemos que a vontade de Deus é a chegada do seu Reino, dom gratuito, mas é também necessária a aceitação do mesmo pelos seres humanos. Dom e resposta encontram-se unidos, inseparavelmente.

6) "...como no céu, assim na terra": a modo de conclusão dos anteriores pedidos, expressa-se o desejo de que esse Reino de Deus

que no céu existe em plenitude se realize também aqui, na nossa história e no nosso mundo atual.

A seguir, a oração do Pai-nosso apresenta os pedidos referentes às necessidades mais básicas dos discípulos. Vejamos, sempre seguindo a explicação das notas da TEB:

7) "Dá-nos hoje o pão de cada dia": pedimos que não nos falte o alimento necessário para a nossa subsistência.

8) "E perdoa-nos as nossas dívidas como também nós perdoamos aos nossos devedores": que Deus perdoe as nossas faltas (pecados), pedimos confiando-nos ao seu amor misericordioso e gratuito. A segunda parte do pedido deve ser bem explicada: não se trata de que nós, perdoando as faltas dos outros contra nós, *mereçamos* o perdão de Deus. Este perdão é sempre dom gratuito. O que Jesus quer nos dizer é que não devemos separar o perdão que Deus nos concede do perdão que nós concedemos às pessoas que nos ofendem. Vale lembrar aqui a parábola do devedor cruel (cf. Mt 18,21-35).

9) "E não nos exponhas à tentação": a tentação faz parte da nossa vida atual. O que pedimos aqui é que Deus não permita que sejamos submetidos a uma tentação que não sejamos capazes de superar.

10) "...mas livra-nos do maligno": pedimos que Deus nos livre do poder do tentador, reforçando, assim, a prece anterior.

Cida: – Os evangelhos nos falam frequentemente da oração de Jesus. Especialmente Lucas faz questão de apresentar Jesus em oração, precisamente antes dos acontecimentos mais decisivos de sua vida. Observo, na leitura dos evangelhos, que Jesus une intimamente a oração com a vida cotidiana, sem dualismos mutiladores. Olhando para Jesus, não parece que a oração cristã seja algo complicado. No entanto, dá a impressão, em certas orientações sobre a oração, em escritos ou alocuções de especialistas na matéria, que a oração é algo muito complicado e difícil. Você mesmo acaba de nos lembrar anteriormente que Jesus condena muita forma de oração como inútil em termos de encontro com o Deus do Reino. Será que só a pequena minoria, na Igreja, que tem acesso a cursos sobre a oração e sobre métodos de oração, vai poder se encontrar de verdade com o Deus do Reino? Não considero que a oração seja complicada. Procuro orar conversando com Deus com simplicidade. E conversando sobre os acontecimentos da minha vida, da vida da comunidade e do mundo em geral. Procuro vivenciar o que Santa Teresa de Ávila afirmava da oração mental que consiste em "tratar de amizade... com quem sabemos que nos ama" (Livro da Vida, 8,5). Pergunto-me: Será que o desenvolvimento de complicados métodos de oração não ocultará a realidade do conteúdo da mesma?

O Velho: – Certamente, isso pode acontecer. Todavia, Cida, você deve convir que na oração é fácil perder – ou nunca encontrar – o rumo certo. Lembremos as advertências de Jesus, acima apontadas, sobre orações que não levam ao encontro com o Deus do Reino.

Antônio: – Não sei, não, pois a coisa não me parece tão simples assim, a julgar pelos resultados da oração em muitas pessoas cristãs. E posso falar por mim mesmo. Milhares de celebrações da Eucaristia, milhares de orações comunitárias e individuais, retiros do clero e encontros de oração etc. etc. Qual é o resultado deste tempo todo dedicado à oração? Em termos de conversão, devo reconhecer que os resultados são precários. Surge a suspeita de que a minha oração, como aquela de muitos outros, não é a oração do Reino, por mais que se empreguem as palavras corretas e as orações indicadas. Suspeito que há em mim algo que obstaculiza ou até mesmo impede o encontro pessoal orante com o Deus-Abba. Tenho certeza de que, se a minha oração fosse um genuíno encontro com o Deus de Jesus Cristo, a minha vida seria muito diferente. E não me parece que o problema seja de má vontade, não. Existe algo mais profundo que impede esse aprofundamento da experiência adulta orante.

6.2.2. A oração na pessoa infantil e na pessoa adulta na fé

O Velho: – Tem razão, Antônio. E você utilizou o termo exato: *adulta*. Aqui reside um problema básico da nossa oração. Frequentemente, estamos enredados no jogo das fantasias e das ilusões infantis. Isto acontece em todos os nossos relacionamentos pessoais, sobretudo, na relação orante com Deus. Com outras palavras: para o encontro pessoal com o Deus de Jesus Cristo é necessário possuir um certo grau de maturidade humana. Se faltar esta maturidade, o encontro mediatizado pela oração só poderá ficar limitado no âmbito da expressão de sentimentos infantis. Ora, encerrados nas imagens e nas fantasias infantis, podemos acabar adorando um falso deus, um ídolo.

Convém lembrar, neste momento, que existem várias modalidades de religião e, consequentemente, vários modos de oração. Segundo F. Heiler (1969), no seu estudo sobre a oração nas diversas religiões, existem duas formas básicas de oração: a oração de tipo *místico* e a oração de tipo *profético*. Os mesmos termos empregados já indicam de que se trata em cada uma destas modalidades. A oração mística é aquela que tende à comunhão-união com Deus, enquanto que a oração profética procura relacionar-se com Deus como salvador-revelador no hoje da vida e da história das pessoas e dos povos e leva consigo o compromisso pela transformação da realidade.

Cida: – Então, na relação adulta com o Deus de Jesus Cristo, essas duas modalidades de oração estarão presentes, não é verdade?

O Velho: – Assim é, Cida. Mas isso só poderá ocorrer, na prática, se a pessoa religiosa tiver desenvolvido algo de maturidade afetiva.

Antônio: – Li ultimamente uma obra do jesuíta espanhol C. Domínguez Morano que corrobora esta última afirmação (cf. DOMÍNGUEZ MORANO, 1992: 99-139). O autor, que é terapeuta freudiano e teólogo, aborda, no meu entender com muita competência, o delicado problema do infantilismo religioso de muitas pessoas cristãs. Com a ajuda da psicanálise, o autor vai descobrindo as raízes ocultas psicoafetivas desse infantilismo. O resultado da sua pesquisa pode ser assim resumido: primeiramente, nos lembra, por uma parte, que o sentimento de onipotência e a experiência prazerosa de fusão com a totalidade representada pela mãe constituem o fundamento necessário para o futuro desenvolvimento psicoafetivo amadurecido do bebê, mas que, por outra parte, para poder se encaminhar para essa maturidade, ele deverá superar esse sentimento de onipotência e o desejo de fusão. Se a criancinha ficar prisioneira desse sentimento e desse desejo, o caminho para a maturidade psicoafetiva estará seriamente prejudicado. Também é importante o estágio da projeção no pai do desejo de onipotência. Mas, igualmente, é um desejo que deve ser superado. Tudo isto é já bastante conhecido. O que interessa aqui sublinhar é a relação que Morano estabelece entre esses estágios primeiros da evolução psicoafetiva da criança e a sua situação religiosa posterior. O sentimento de onipotência e a experiência prazerosa de fusão com a totalidade representada pela mãe que fundamentam o desenvolvimento futuro de uma afetividade amadurecida parecem ser também o alicerce necessário para uma genuína experiência religiosa. Trata-se, contudo, apenas de primeiras experiências que deverão ser superadas por um outro estágio, representado pelo aparecimento da lei (figura do pai) que comporta a limitação do desejo onipotente e ilimitado. Os dois estágios são necessários como alicerce da maturidade psicoafetiva e de uma genuína experiência de Deus.

Cida: – Francamente, Antônio, não vejo qual é a relação entre esses dois estágios e a experiência de Deus.

Antônio: – Simplificando muito, diríamos que o estágio do sentimento de onipotência e do desejo de fusão na totalidade materna fundamentariam a experiência de Deus – e concomitantemente, a oração – de tipo místico, enquanto que o estágio da percepção da limitação, representada pelo pai, seria o alicerce da experiência de Deus de tipo profético, com a oração correspondente. Mas, importa muito ressaltar aqui que se a problemática própria do primeiro estágio não tem sido adequadamente solucionada, a pessoa, na sua experiência religiosa, muito provavelmente desenvolverá uma relação com um Deus maternal, aconchegante, visto sempre a serviço dos desejos e interesses do crente, alimentando, assim, o narcisismo infantil fortemente presente nessa pessoa. Deparamo-nos, assim, com a imagem do Deus "quebra-galho", infelizmente tão presente em pessoas religiosas das nossas comunidades.

Se a problemática própria da relação com o pai não for solucionada, muito provavelmente Deus será visto como legislador e juiz severo a exigir submissão total, suscitando na pessoa religiosa sentimentos de culpa e de revolta.

Em conclusão, o desejo de união, de fusão e de comunhão com Deus faz parte de uma experiência autêntica, adulta de Deus. Mas, para que esta evolução se realize satisfatoriamente, a criança deverá separar-se da totalidade fusional representada pela mãe.

Da mesma maneira, é indispensável, na relação adulta com Deus, abrir-se ao Deus que interpela a nossa liberdade e nos compromete na vivência da justiça e do amor efetivo. Mas, para que esta abertura se concretize, é necessário que a criança possa superar a relação com o pai visto como onipotente[5].

Até aqui é o resumo da reflexão desenvolvida por C. Domínguez Morano. Gostaria de lamentar, ao tratar deste assunto,

---

5. Para uma ampliação desta temática, cf. García Rubio, A. "Superação do infantilismo religioso". *Atualidade Teológica*, 12, 2002, p. 303-328.

a realidade de que em não poucos ambientes eclesiais subsiste ainda uma acentuada prevenção contra a psicanálise. É uma pena, pois, separada dos elementos ideológicos que a têm acompanhado desde o seu nascimento, poderia ajudar a desimpedir o caminho que pode levar a uma experiência religiosa adulta e, mais concretamente, a uma oração adulta na relação com o Deus de Jesus Cristo.

Cida: – Tudo isto resulta para mim fascinante. E chego à conclusão de que no ser humano a psicanálise descobre, no nível mais originário psicoafetivo, as condições de possibilidade para a experiência de comunhão com Deus e com os seres criados – dimensão mística – e para a experiência do encontro com o Deus da interpelação e do compromisso com a justiça e amor efetivo – dimensão profética.

O Velho: – As duas dimensões da religião bíblico-cristã – mística e profética – estão mutuamente relacionadas de maneira inclusiva, nunca de forma excludente. As duas são necessárias para a experiência do Deus bíblico. Precisamente, o dualismo entre o místico e o profético constitui uma das tentações mais graves no nosso momento atual eclesial. Com efeito, em nome da comunhão com o divino, uns desvalorizam os compromissos sociopolíticos em prol da justiça e da superação de situações e estruturas opressoras. Outros, ao contrário, em nome do compromisso pela justiça acabam desvalorizando ou deixando de lado a dimensão mística da experiência de Deus.

Antônio: – Obviamente, saber articular de maneira inclusiva o místico e o profético aparece como uma necessidade imperiosa tanto do ponto de vista da reflexão teológica quanto da prática pastoral e da vivência da espiritualidade cristã. Estas duas dimensões da experiência do encontro com o Deus bíblico são, evidentemente, duas dimensões da oração cristã.

6.3. A providência do Deus cristão

Cida: – À luz da nossa conversa anterior, posso perceber agora o quanto são graves as deturpações do significado do que seja a providência de Deus. Quanto infantilismo, no sentido pejorativo do termo, nas orações e na linguagem religiosa de muitos e muitos cristãos – católicos e evangélicos –, quando se trata da providência de Deus.

O Velho: – E não se pode dizer que a afirmação da providência de Deus seja um elemento secundário da fé no Deus bíblico. Tanto no Antigo Testamento quanto no Novo Testamento são muito numerosos os textos que nos falam da atuação cuidadosa providente de Deus[6].

Antônio: – O que observo no trabalho pastoral é uma enorme confusão quando se trata de identificar o significado da providência divina. Este tema da providência nos revela, de maneira muito especial, o quanto pode ser ainda infantil a relação com Deus vivida por muitos dos nossos fiéis. Eis algumas constatações.

A providência é confundida, por alguns cristãos, com o destino ou a fatalidade. Está escrito assim e assim vai acontecer, se escuta dizer. Deus é responsabilizado por tudo quanto acontece. E, como consequência, o crente lava as mãos diante do mal existente no mundo, diante das situações e estruturas injustas.

Outros cristãos entendem a providência como a totalidade materna mencionada anteriormente, que cuida de satisfazer as necessidades e desejos mais ou menos egoístas do crente. É a providência que faz com que vença o seu time de futebol, com que ganhe as eleições o seu partido político, com que cure a sua dor de dentes etc. etc. É o Deus unilateralmente materno cuidando do

---

6. Os dicionários bíblicos constituem uma fonte preliminar de consulta sobre o tema da providência. Para um breve resumo das afirmações bíblicas sobre a providência, cf. García Rubio, 2001: 221-224.

bebê e das suas necessidades, o Deus que está a serviço do narcisismo do bebê.

E há aqueles que veem a providência como sendo a solução e a resposta divina aos problemas e questões que o ser humano não sabe explicar. É o Deus conhecido popularmente como "tapa-buracos".

O Velho: – Estas e outras visões da providência não podem ser aceitas pela pessoa que tem uma visão moderna do mundo e do ser humano. Se Deus atuasse assim, onde ficaria a liberdade e a autonomia próprias do ser humano? É precisamente contra um Deus assim entendido que se tem insurgido o ateísmo moderno. E com razão. Depois do que temos apresentado sobre a revelação do Deus bíblico e sobre o projeto divino de humanização integral do ser humano, facilmente podemos deduzir que essa visão da providência não passa de uma caricatura.

Cida: – Qual é, então, o sentido da providência cristã?[7]

O Velho: – Já assinalamos acima que Deus nos cria para nos salvar, para nos comunicar o seu amor com toda a riqueza que isto implica. Da nossa parte somos chamados a acolher o dom do seu amor gratuito, confiando na solicitude amorosa do Deus criador-salvador e assumindo a responsabilidade que a aceitação do dom leva consigo. É no clima da relação pessoal com Deus, relação de diálogo e de confiança, que podemos entender o sentido profundo da providência do Deus cristão. Trata-se de algo totalmente diferente das ilusões sobre a providência que o Antônio enumerou.

Se Deus nos cria para nos salvar, a finalidade da providência divina só pode ser a realização em nós dessa salvação. O objetivo da atuação do amor de Deus em nós é a nossa transformação no "homem novo", na "nova criatura" em conformidade com Jesus

---

7. Estas reflexões sobre a providência do Deus cristão estão fundamentadas em García Rubio, 2001: 226-228.

Cristo. Esta ação amorosa de Deus – providência – encontra em nós forte resistência: é o "homem velho" mentiroso, dominador, alienado... que não aceita a proposta para a abertura ao dom de Deus com todas as suas implicações, tão libertadoras, mas que se concretizam na luta contra a resistência do "velho".

A pessoa aberta para acolher o dom de Deus, que vive uma relação dialógica de comunhão com Ele, vai percebendo em cada acontecimento, grande ou pequeno, em cada situação, seja lá qual for, vai percebendo, insisto, o apelo dirigido pelo amor de Deus para uma resposta pessoal diante do desafio constituído por esse acontecimento ou situação. E na medida em que a fé dessa pessoa vai amadurecendo, vai aumentando concomitantemente a sensibilidade para perceber por onde passa a interpelação de Deus e qual é a resposta que deveria ser dada no momento. A experiência dos santos nos mostra esta dinâmica do crescimento da sintonia em relação à vontade amorosa de Deus. Sensibilidade para entrar em sintonia com a vontade de Deus e para acolhê-la obedientemente, na liberdade e na responsabilidade. E já sabemos que a atuação do amor providente de Deus capacita para que este possa dar sua resposta assumida livremente.

Tendo em vista a transformação do "homem velho" no "homem novo", em sintonia com a atuação amorosa de Deus, a pessoa de fé amadurecida vai mudando o que pode ser modificado na realidade em que vive, seja na vida comunitária ou familiar, seja no trabalho, na política e, sobretudo, na própria existência.

Cida: – E que fazer com as situações ou estruturas que a pessoa de fé não pode modificar?

O Velho: – Na relação com Deus, de maneira especial, precisamos saber reconhecer e assumir os nossos limites. Esta aceitação dos nossos limites faz parte do amor adulto, do amor que vai superando o narcisismo infantil, como vimos anteriormente. A aceitação dos próprios limites não é resignação passiva, não é omissão ou alienação, mas vivência de uma espécie de "economia energética" que impede que a pessoa se desgaste inutilmente, e antes empregue sua energia a serviço daquilo que, no momento, é possível. E se, de fato, não é possível fazer nada, supera a tentação do desespero. Neste processo, como aconteceu com Jesus Cristo, às vezes somos chamados a esperar contra toda esperança.

Antônio: – Talvez o aspecto mais grave das deturpações do significado da providência divina consista na *manipulação* de Deus que elas contêm. A ação providente de Deus não pode ser controlada pelo ser humano. Esquecemos facilmente que o agir divino é sempre *transcendente*. No nosso infantilismo religioso, colocamos Deus e seu agir no mundo e no ser humano como se se tratasse de mais uma causa mundana, entre outras, que utilizamos para as nossas explicações dos acontecimentos, em função dos nossos interesses.

O Velho: – A teologia clássica conhecia muito bem a distinção entre as *causas categoriais* e a *causa transcendental*. Categoriais são todas as causas intramundanas, próprias das criaturas. A causa transcendental refere-se exclusivamente a Deus, ao agir divino no mundo, na história e na vida de cada ser humano. Trata-se de uma causalidade não verificável pela investigação científica ou pela reflexão filosófica. Lembremos, com o profeta, que os caminhos e os pensamentos de Deus não são os nossos caminhos nem são os nossos pensamentos (cf. Is 55,8-9).

A ação providente de Deus, como assinalamos antes, só passa a ser percebida e entendida na relação dialógica, eminentemente pessoal, relação de acolhimento do dom de Deus, relação de ação de graças e de aceitação do compromisso que esse dom comporta em face do mundo e da história.

Cida: – Se não entendi mal o que foi exposto agora, o problema, mais uma vez, está na falta de articulação entre a transcendência de Deus e a sua imanência. Ressaltando unilateralmente a realidade da presença cuidadosa e amorosa de Deus na nossa vida, na história e no mundo criado, esquecemos a sua total transcendência. E acabamos achando que Deus é propriedade nossa, que Ele existe ao nosso serviço, a serviço dos nossos interesses e desejos. E podemos, assim, desenvolver relações mais ou menos mágicas, esperando e rezando para que Ele explique e resolva aquilo que nós somos incapazes de explicar ou de resolver. O Deus "quebra-galho" aparece de novo.

Antônio: – E o que dizer do nosso povo simples que não tem mentalidade moderna ou pós-moderna e vê a ação de Deus em todos os acontecimentos da vida cotidiana? Será que se trata de uma manipulação de Deus?

O Velho: – Depende. Existem, felizmente, muitas pessoas nas nossas comunidades que vivem uma relação pessoal-dialógica com Deus, pessoas abertas ao dom do amor de Deus e comprometidas com a causa do seu Reino. Estas pessoas vivem uma fé adulta e a familiaridade com que percebem a atuação de Deus nos acontecimentos é expressão dessa fé. Ela nada tem de mágica ou de manipulação, pois a abertura à vontade de Deus é o prioritário nessa experiência.

Mas, existem também muitas pessoas enredadas no infantilismo religioso que desenvolvem uma relação mais ou menos mágica com o divino. A manipulação e a negação da transcendência de Deus é uma tentação muito forte, também em nossas comunidades. Trata-se de um desafio pastoral de enorme importância.

6.4. Fé adulta e oração de petição (cf. GARCÍA RUBIO, 2001: 228-232)

O Velho: – Esta problemática toda acaba desembocando no tema da oração de petição. Todos nós concordamos que a oração de petição pode ser uma oração mágica e manipuladora do divino.

Certamente, uma oração que não respeita Deus como Deus não poderia ter cabimento na experiência cristã de Deus. Isto é óbvio. Acima lembramos que se trata de um desafio pastoral gigantesco. Mas, agora abordamos um outro problema que a oração de petição suscita em relação às pessoas que vivem uma fé adulta, relativamente adulta. Vejamos. Não faltam teólogos que defendem, hoje, a opinião de que a oração de petição deveria ser superada na experiência adulta de Deus. Reconhecem que este tipo de oração contém importantes valores, mas que podem ser conservados numa oração que não seja de petição. E defendem esta tese fundamentados na revelação do Deus de Jesus Cristo: o Deus-amor gratuito que nos acompanha continuamente, que dinamiza a nossa vida incessantemente. O Deus-Abba nos ama incondicionalmente e sem limites. Que sentido tem pedir aquilo que Ele incondicionalmente já nos dá? O que realmente importa é "abrir-se a Deus, acolher seu impulso, deixar-se trabalhar pela força salvadora da sua graça. Não conquistá-lo, mas deixar-se conquistar por Ele; não 'convencê-lo', mas deixar-se convencer...; não 'rogar-lhe', senão deixar-nos rogar" (TORRES QUEIRUGA, 1997: 256). Nesta perspectiva, na oração, deveríamos "expressar" o que sentimos, não, propriamente, "pedir" (TORRES QUEIRUGA, 1997: 269-271). E, assim, o convite de Jesus para a oração de petição deveria ser entendido como um apelo para desenvolver a nossa confiança no Deus-Abba (TORRES QUEIRUGA, 1997: 278-283). Na oração, o problema nunca está da parte de Deus, sempre fiel no seu amor incondicional, o problema está em nós, com nossas limitações, fechamentos, falsas ilusões, mentiras etc. Que significa, por exemplo, pedir que Ele nos conceda a sua paz? Acontece que Deus nos concede essa paz *sempre e incondicionalmente!* É uma petição perfeitamente inútil, dirá o autor que estamos examinando. Na realidade, acrescentará o citado autor, o que estamos afirmando nessa oração é que nós queremos acolher essa paz que Deus Ágape nos oferece incessantemente! Expressamos o nosso desejo. Não estamos pedindo realmente.

O que dizer desta explicação? Ela tem razão ao lembrar-nos que a oração cristã fundamenta-se no amor fiel e incondicional do Deus de Jesus Cristo. Mas, é discutível que, para perceber esse dado fundamental da nossa fé cristã, seja necessário abandonar a oração de petição, uma oração que deita suas raízes no chão bíblico, na experiência do próprio Jesus de Nazaré (Oração de petição no Horto das Oliveiras: Mc 14,36), nas suas recomendações expressas (cf. Lc 18,1; 11,1-13), na orientação da Igreja do Novo Testamento (1Ts 5,17; 2Ts 1,11; Rm 1,10; 12,12; Ef 6,18) e numa rica tradição eclesial, especialmente expressada na liturgia e na experiência orante dos santos.

É uma modalidade valiosa de oração, a de petição, sempre que exista a relação dialógico-pessoal com Deus. Vimos acima que o homem, na qualidade de "imagem de Deus", é chamado a *responder*, a aceitar a interpelação de Deus. Ora, o ser humano *fala* a Deus em resposta à sua interpelação. Isto é precisamente a oração, diálogo com Deus. Pois bem, neste diálogo, o ser humano expressa aquilo que ele é – criatura com todas as suas carências e indigências – bem como a situação vivida no momento em que ora, com suas necessidades mais concretas, com suas frustrações, seu desânimo, sua solidão, sua condição de desempregado, sua dor pela perda de uma pessoa amada, sua doença etc. O ser humano é profundamente indigente, carente, pois é criatura. Indigência e carência radicais que se manifestam de muitas maneiras. Sendo assim a condição humana, é compreensível que o diálogo com Deus comporte também pedidos. Nós temos necessidade de pedir, mesmo sabendo que o pedido não é necessário para Deus.

Cida: – Mas, será que Deus muda os seus planos por causa dos pedidos do ser humano?

Antônio: – Não se trata de que Deus mude seu desígnio. O que neste ponto é necessário é tomar consciência do peso enorme do nosso condicionamento temporal. Sabemos que em Deus não há tempo. A temporalidade faz parte do ser das criaturas, mas não se aplica a Deus. Não há tempo em Deus. Por isso, a nossa oração, feita no hoje da nossa vida, está em Deus desde sempre, desde toda a eternidade. Para responder hoje, conforme a nossa perspectiva temporal, Deus utiliza as mediações do nosso mundo, especialmente as mediações humanas. Claro está que pode responder não atendendo o pedido tal como formulado por nós. Isto não é difícil de entender, uma vez que sabemos que o objetivo da providência é a nossa salvação. Ora, desejos e pedidos nossos expressados na oração podem não estar orientados precisamente para a vivência dessa salvação. Podem constituir-se até em obstáculo para ela. Desejos e pedidos expressados na oração podem ser manifestações ainda do homem "velho", fechado nos seus interesses egoístas. Só o Deus Ágape conhece aquilo que é melhor para a nossa salvação.

O Velho: – A oração-diálogo com Deus sempre é eficaz, embora não sejamos capazes de medir essa eficácia. Naturalmente, não se trata de uma eficácia em termos funcionais. É a eficácia de toda relação de amor. Imponderável, mas profundamente real.

Neste sentido, quando expressamos desejos e pedidos para nós mesmos o que muda não é propriamente a realidade exterior. O resultado experimentado dessa oração é a progressiva transformação das nossas disposições interiores, a transformação da maneira como encaramos os problemas, como aceitamos as dificuldades e assim por diante.

Quando na oração expressamos desejos e pedidos para outras pessoas, é necessário unir, na medida do possível, a oração com o compromisso concreto em favor da intenção pela qual estamos orando.

Cida: – O que me interpela acima de tudo é a necessidade de acolher o desígnio amoroso de Deus, de aceitar o seu amor incondicional, de permitir que ele me transforme vivendo assim em profundidade a minha liberdade. Na medida em que aprofundamos a experiência do amor de Deus, percebo que as questões suscitadas pela providência e pela oração de petição vão encontrando resposta adequada.

6.5. Sensibilidade pós-moderna e experiência de Deus

Cida: – O encontro na oração com o Deus de Jesus Cristo tem significado para mim uma profunda libertação. Mas, estou encontrando dificuldade para comunicar aos meus filhos o valor dessa experiência. E não é que eles sejam arreligiosos, não. Possuem acentuada sensibilidade religiosa, mas ao modo deles. A minha filha mais velha, por exemplo, chegou a frequentar celebrações da Nova Era. Os outros dois afirmam que aceitam Deus, mas entendido como uma força ou energia universal. E manifestam descaso acentuado pelas instituições cristãs tradicionais. A sensibilidade religiosa deles é muito distinta daquela que orientou a minha juventude, especialmente nos compromissos sociais. O meu marido vive uma religiosidade de tipo mais tradicional, sem grandes questionamentos. E pouco pode ajudar na orientação religiosa dos filhos. Acho que seria muito útil refletirmos um pouco a respeito dessa nova sensibilidade religiosa se queremos ajudar no encontro com o Deus cristão.

O Velho: – Essa sensibilidade religiosa faz parte, evidentemente, da chamada sensibilidade pós-moderna. Como caracterizar a religiosidade própria da pós-modernidade? Sem a pretensão de ser exaustivo, chamo a atenção para as seguintes características[8]:

---

8. Para um bom trabalho bastante abrangente sobre a religiosidade da Nova Era, cf. Natale Terrin, 1996.

1) Todos constatamos que se dá hoje, em amplos setores da sociedade e em âmbito mundial, uma acentuada valorização da experiência religiosa. Trata-se, contudo, de uma experiência vivida, frequentemente, à margem das grandes instituições religiosas tradicionais, especialmente ocidentais. A reação negativa em face das instituições sociais e políticas estende-se também às igrejas.

Em relação à Igreja Católica, as críticas mais frequentes que escuto de pessoas que participam da Nova Era ou de outras formas similares de religiosidade são estas:

• A crítica mais frequente refere-se ao *moralismo* na abordagem de problemas básicos do comportamento humano.

• Vem depois a crítica ao *autoritarismo* confundido com autoridade; em conexão com o autoritarismo, encontra-se a crítica ao caráter unilateralmente *clerical* da Igreja com escassa participação daqueles que não são clérigos.

• É também criticado frequentemente o *patriarcalismo* com a marginalização da mulher que ele implica.

• E, finalmente, encontramos a crítica ao *formalismo* na liturgia. É criticada uma celebração litúrgica excessivamente racionalista, que abusa da palavra, da apresentação doutrinária, em detrimento do simbolismo vivo, do silêncio, da dimensão mística. Celebrações burocráticas, ritualistas, cansativas, que não ajudam na experiência pessoal de Deus. Isso sem falar das críticas à pregação, mal preparada, longe da realidade das pessoas presentes ao culto etc. etc.

2) Em contraposição, o que se procura nas novas formas de religiosidade é viver a liberdade na procura do divino, num estilo tipicamente pós-moderno. Trata-se de que cada um seja um agente vital, ao invés de um receptor passivo de uma doutrina ou de um espectador do culto realizado quase exclusivamente por outro. Acima de tudo, é valorizada a procura de um caminho próprio

na experiência religiosa. Nela, a razão pouco ou nada tem a ver, enquanto se dá uma forte valorização dos sentidos, do corpo e da intuição. O objetivo é a inserção na corrente vital, é a comunhão com o cosmo e com o EU profundo onde se encontra o divino, superando-se, assim, a monotonia da vida cotidiana.

Como resultado desta experiência religiosa, conforme depoimentos de participantes, estaria a pacificação interior, o sentir-se reconciliado consigo próprio, com os outros seres humanos e com o cosmo inteiro, bem como a superação da angústia, do medo e da solidão.

3) Qual a imagem de Deus predominante nesta nova religiosidade? Pouca novidade encontramos neste ponto, pois predomina a visão de um Deus impessoal, entendido como energia ou vibração universal.

4) O ser humano não é visto como um pecador, desprezível. Ao contrário, sublinha-se o seu caráter divino. Ele é emanação ou partícula do divino. Renasce, assim, o velho gnosticismo. Naturalmente, se Deus é impessoal, propriamente não tem sentido falar de oração. Mesmo quando é utilizada a linguagem de oração, esta é entendida como meditação e interiorização.

5) Nesta antropologia, o que importa não é tanto o indivíduo humano, não é a pessoa humana considerada como única e irrepetível. O que importa é que todas as diferenças sejam superadas a fim de que seja possível a fusão, o mergulho no *todo* universal e infinito. É fácil perceber que a crítica do mundo religioso ocidental está acompanhada do fascínio pelo misticismo oriental.

6) A salvação é obtida pelo ser humano, trata-se, então, de autossalvação. Ressurge o antigo pelagianismo. Dado que não existe um Deus pessoal, entende-se que não seja aceita a necessidade de uma graça interna que capacite para viver o caminho da salvação.

A salvação é fruto das próprias obras. Pelo amor, pela comunhão com os outros e com o mundo, o ser humano vai se encaminhando para a salvação. Entendida a salvação como autossalvação, compreende-se que esta nova religiosidade se sinta muito atraída pela doutrina da reencarnação. De fato, se sou eu quem conquista a salvação, outras e outras vidas serão necessárias para eu poder me purificar completamente e poder viver a comunhão plena!

6.6. O desafio da nova religiosidade: elementos para o discernimento

Antônio: – Na realidade pastoral em que eu vivo, a Nova Era não constitui um desafio prioritário. Mas, tem aspectos da nova religiosidade da qual ela é um expoente, que estão se infiltrando na vivência cristã das nossas comunidades. Pergunto-me: Qual é a interpelação para a nossa vida cristã e para o nosso trabalho pastoral que toda esta movimentação religiosa suscita?

Cida: – Para mim, o primeiro que me sugere é a necessidade de uma séria revisão eclesial, revisão para uma conversão contínua. As críticas feitas à nossa Igreja nos ajudam nessa revisão. É verdade que são críticas frequentemente unilaterais que tendem a desconhecer toda a riqueza viva da Igreja, mas não há dúvida de que possuem uma parte de verdade. Por isso, penso que deveríamos começar reconhecendo as nossas deficiências, aquilo de verdade que as críticas acima apontadas contêm.

Antônio: – Eu acrescentaria, junto com a revisão sincera postulada pela Cida, a urgente necessidade que temos de revalorizar os símbolos, o rico mundo da afetividade e a dimensão feminina da vida humana, tudo isto numa perspectiva integrada do ser humano e do cosmo. Tudo quanto falamos no início das nossas conversas sobre a necessária integração do ser humano encontra aqui uma aplicação toda especial.

Cida: – E como me parece importante recuperar, na nossa vida cristã, a alegria de viver, o desenvolvimento de uma autoconfiança sadia, alicerçada na experiência do amor incondicional de Deus. Que a Boa-nova do Evangelho volte a ecoar na vida pessoal e comunitária de maneira alegre e libertadora!

O Velho: – Sem esquecer a necessidade de revalorizar a experiência da gratuidade do amor de Deus. Sabemos que se trata da dimensão mais fundamental da experiência do Deus cristão, mas como é fácil esquecê-la, uma vez que a gente vive enredado em relações utilitárias e funcionais! E convém insistir na realidade de que o amor nunca é passivo. Ao contrário, o amor constitui o dinamismo mais forte do universo. A pessoa que ama não fica de braços cruzados. Vive a realidade da receptividade ativa. Acresce que a relação pessoal não leva à divisão, antes unifica em profundidade. Mas sem destruir as diferenças legítimas que constituem a riqueza de cada pessoa. Reconhecer, aceitar e valorizar as diferenças é algo indispensável para tornar possível o desenvolvimento de relações fecundas. Sem dúvida, é necessária a superação das divisões, mas que este esforço não se torne pretexto para a preservação das situações de injustiça e das estruturas que marginalizam. União, comunhão, sim, mas nunca às custas da preservação de situações ou estruturas de dominação e de opressão. Quando tratamos do conceito cristão de pessoa acenamos já para esse perigo.

Antônio: – Nesta revisão eclesial, não deveríamos esquecer a revitalização do diálogo ecumênico e inter-religioso. O universalismo da salvação de Jesus Cristo é um dado básico da nossa fé, mas deveria ser visto e vivido como serviço e não como imposição. Como é necessário valorizar o significado da Igreja como sinal e sacramento da salvação, longe de todo tipo de imperialismo religioso!

6.7. Será que está em desenvolvimento uma nova espiritualidade?

O Velho: – Parece-me que se pode falar de uma espiritualidade emergente. Uma espiritualidade que supera o velho e estéril dualismo. Neste sentido, podemos chamá-la de nova. Em outro sentido, ela é muito antiga, pois está enraizada nas melhores tradições da espiritualidade cristã. É uma espiritualidade que responde a interrogações fundamentais suscitadas pela pós-modernidade.

Cida: – Será possível caracterizar um pouco esta nova espiritualidade?

O Velho: – Em primeiro lugar, no que se refere à experiência de Deus, nota-se um desejo básico de encontro com o Deus *vivo*. Isto quer dizer que se procura um Deus capaz de falar à nossa sensibilidade, e não apenas à razão. Claro está, trata-se do Deus bíblico-cristão, que continua a nos falar mediante a Sagrada Escritura, mas atualizada. Palavra de Deus que comunica vida, iluminação, calor, amor e que, se for acolhida, nos compromete no amor concreto e na luta pela justiça. Deus vivo que nos fala não apenas pela Sagrada Bíblia, mas também mediante tudo aquilo que nos faz transcender para além de nós mesmos (a natureza, o amor, a arte...).

Antônio: – De fato, noto na espiritualidade de muitos cristãos uma sensibilidade crescente em relação ao valor simbólico-sacramental da natureza, do mundo criado pelo amor de Deus. Trata-se de uma revalorização da importância que tem o mundo criado como mediação do encontro com o Deus salvador-criador. Espiritualidade que revaloriza a nossa terra, sacramento de Deus. O que chama mais a minha atenção é a articulação sadia entre a contemplação da natureza e o compromisso pela sua preservação para todos. A experiência de comunhão com todas as criaturas, no melhor estilo franciscano, está unida à responsabilidade ecológica a serviço da proteção e do desenvolvimento da vida (dos humanos, dos animais e das plantas). Parece-me que, finalmente, estamos aprendendo a relacionar, em termos de complementação, as tradições bíblicas manifestativa e proclamativa.

Cida: – Algo semelhante pode ser dito, parece-me, do *amor humano* visto como mediação da experiência de Deus. Em boa hora, começa a ser superado um espiritualismo frio, desencarnado, racionalista. Uma vez que sabemos que Deus é Ágape – amor gratuito – é fácil concluir que em todo amor humano autêntico existe uma dimensão transcendente. Podemos falar da sacramentalidade do amor humano, do amor humano como sacramento especialmente privilegiado do Deus-Amor. Especialmente sadia parece-me a inter-relação que se desenvolve entre o amor de "desejo", o amor de "amizade" e o amor "agápico". Decerto, este último é o amor na sua expressão mais profunda, é o amor vivido na gratuidade, é o amor cristão por excelência. Entretanto, não elimina a presença do amor de desejo e do amor de amizade, que são assumidos na dimensão agápica[9].

Antônio: – De modo todo particular, alegra-me a constatação da revalorização da experiência da *beleza* como mediação do encontro vivo com Deus. Neste ponto, também é superada a esterilidade racionalista que colocou a sensibilidade estética num plano secundário. Está em desenvolvimento uma espiritualidade penetrada da experiência da beleza. Deus experimentado na música, na dança, na poesia, nas cores, nas formas das esculturas, nas celebrações belas... Deus captado também sensivelmente. Superado o medo dualista ao corpo e às expressões corporais, percebe-se uma crescente riqueza de mediações sensíveis e corpóreas na vivência do encontro com Deus.

---

9. Sobre o significado e sobre a articulação destas três modalidades de amor, cf. García Rubio, 1994: 105-108.

O Velho: – Trata-se nestes casos todos de viver a experiência de um dom que nos transcende e que, ao mesmo tempo, constitui um apelo: compromisso a favor da humanização de todos e da preservação do nosso ecossistema. Percebo que se trata de uma espiritualidade com calor humano e com enraizamento cósmico. E, igualmente, noto o apelo para viver, na espiritualidade cristã, a nossa vida como uma obra de arte (nas palavras, no trabalho, no lazer, nas celebrações...). E isto tanto na vida do indivíduo como na vida das comunidades. Em resumo, diria que se trata de uma espiritualidade que, superando o velho dualismo, vai unindo o ético, o estético e o religioso.

E pelas características acima apontadas, trata-se de uma espiritualidade fortemente comunitária, superadora do individualismo moderno ou pós-moderno. Uma espiritualidade que procura a construção de um nós comunitário, de uma comunidade aberta.

7

A vida nova nas relações inter-humanas

O Velho: – A qualidade das relações com o Deus bíblico-cristão é inseparável da qualidade das relações vividas entre os humanos. Assinalamos acima que a revelação de quem seja Deus é inseparável da revelação de quem seja o ser humano. Vamos tratar agora desta segunda relação, mas tendo sempre como pano de fundo o que foi apresentado acima sobre a relação adulta com o Deus cristão.

Cida: – Tratar das relações entre os seres humanos constitui um tema muito vasto, com múltiplas implicações. Do ponto de vista da antropologia cristã, quais os pontos principais que deveriam ser abordados?

7.1. A vida nova vivida na subjetividade aberta

O Velho: – Talvez fosse conveniente iniciar a nossa reflexão com o tema da subjetividade. E isto porque o descobrimento da subjetividade é apontado como uma das características básicas da modernidade. O ser humano se percebe como sujeito (i. é, como um indivíduo racional, centro de decisões, opções e ações, indivíduo autônomo e independente). Primeiramente, este descobrimento se realiza em confronto com o mundo da natureza visto como objeto. E, assim, a subjetividade tem sido entendida principalmente no âmbito da razão instrumental: o homem, sujeito dotado de razão, é capaz, quando possui uma tecnologia adequada, de submeter e de dominar, para proveito próprio, as poderosas forças da natureza. Num segundo momento, a subjetividade tem sido entendida também, na modernidade, em termos de autonomia e de liberdade do sujeito humano. O ser humano percebe-se como um centro de liberdade e de independência interior em face dos outros sujeitos humanos. O homem moderno é, assim, muito cioso da sua liberdade e da sua autonomia. A tendência para o individualismo é muito acentuada.

No chamado mundo pós-moderno também predomina muito fortemente a subjetividade, só que agora é a afetividade e não é mais a razão que se encontra no centro da perspectiva. Numa reação contra o racionalismo moderno, muitos, hoje, tendem a desvalorizar a razão colocando a emoção e o sentimento no primeiro plano da vida do indivíduo. Também para estes, a tendência para o individualismo é muito forte.

Para nós, cristãos, também a subjetividade é algo muito importante. Somos pessoas, criadas à imagem de Deus, chamadas a nos desenvolver como sujeitos livres e responsáveis, capazes de amar. Mas, cabe perguntar, será que a subjetividade moderna ou pós-moderna se identifica com a subjetividade cristã? De que subjetividade se trata?

Pois, temos experiência de que a subjetividade pode ser vivida de dois modos muito distintos e até opostos: subjetividade fechada e subjetividade aberta.

7.1.1. Caracterização da subjetividade fechada e da subjetividade aberta

Cida: – Como poderíamos caracterizar a subjetividade fechada?

O Velho: – A expressão "subjetividade fechada" já resulta bastante clara. O ser humano, quando fechado no próprio "eu", tende a viver de maneira meramente funcional e instrumentalizadora todo tipo de relação. O "outro" é rejeitado precisamente como outro. Na realidade, o outro só é aceito na medida em que corresponde à expectativa da pessoa que vive prisioneira da "subjetividade fechada".

Antônio: – Poder-se-ia pensar que vive a subjetividade fechada só aquele indivíduo que fala pouco, o indivíduo taciturno, pouco comunicativo, e assim por diante. Isto constitui um grave engano, porque pode acontecer que pessoas muito comunicativas, muito dadas, muito simpáticas e extrovertidas vivam prisioneiras da subjetividade fechada, uma vez que a multiplicidade de relações, a facilidade para fazer "amigos" etc., pode ser uma maneira de tentar conseguir os próprios objetivos ou desejos, pouco ou nada importando a pessoa do outro. Quer dizer, a boa comunicação, os belos discursos, os gestos de simpatia etc., podem ser a maneira escolhida porque mais eficaz para a obtenção desses objetivos.

Cida: – A redução das relações no nível meramente funcional aplica-se tanto à relação com Deus quanto às relações inter--humanas bem como também ao relacionamento com o mundo da natureza.

O Velho: – Efetivamente, na relação com Deus, a atitude da pessoa fechada ainda na sua subjetividade equivale ao comportamento infantil que instrumentaliza o divino em função do próprio interesse e da satisfação das próprias necessidades. Ao tratarmos da providência já criticamos esse tipo de atitude. Deus, na qualidade de Outro, com a rica novidade que comporta, não é acolhido. O Deus sempre maior, o Deus que irrompe na vida do ser humano de maneira surpreendente, inesperada, desconcertante, esse Deus não é aceito. Sim, a pessoa ainda fechada na sua subjetividade pode ser muito religiosa, pode rezar muito, mas não experimenta um encontro real com Deus, pois este não é aceito como

Deus, na sua transcendência. O divino é, assim, manipulado e instrumentalizado.

Antônio: – O mesmo comportamento é vivido em relação ao mundo criado pelo amor de Deus. O mundo não é percebido no seu simbolismo, só interessa o proveito que pode ser tirado dele. A crise ecológica é outro resultado da modernidade, sempre que guiada pela subjetividade fechada. Não é que esta subjetividade tenha aparecido na modernidade, pois é uma realidade que acompanha o ser humano desde a sua origem. Mas, na modernidade, o homem desenvolveu um instrumental científico-técnico que o torna capaz de dominar o meio ambiente de maneira insuspeitada em épocas anteriores da história da humanidade.

Cida: – Mas, é nos relacionamentos entre os seres humanos que eu percebo mais diretamente os estragos causados pela subjetividade fechada. Quanta coisificação e instrumentalização das relações humanas! Nas relações entre homem e mulher, especialmente, que dificuldade percebo para o homem se abrir com respeito e acolhimento ao ser feminino da mulher, com sua sensibilidade, com a sua história, com a sua vocação pessoal de mulher, distinta do homem! Claro que a mulher também experimenta essa dificuldade para aceitar, respeitar e valorizar o ser masculino do homem. Como seria distinta a vida em comum dos casais se fossem capazes de aceitar, respeitar e valorizar as diferenças, ao invés de procurar eliminar aquilo que diferencia, precisamente a novidade da outra pessoa. A mesma coisa pode ser dita das relações entre pais e filhos, das relações comunitárias bem como das relações entre pessoas de culturas, religiões etc. diferentes.

O Velho: – Obviamente, quando levados pela subjetividade fechada, desenvolvemos relações desumanizantes, que instrumentalizam a outra pessoa e, em sentido simbólico, mas muito real, levam à morte do outro, dado que é negado como outro. E, como o Antônio ressaltou, levam igualmente ao desastre ecológico e, tal como assinalei acima, fazem com que a religião fique reduzida à comercialização e instrumentalização do divino[10].

Cida: – Pelo que posso deduzir, a caracterização da subjetividade aberta não resulta difícil uma vez que entendemos em que consiste a subjetividade fechada.

Evidentemente, na subjetividade aberta, a pessoa vai-se abrindo à novidade que é a outra pessoa, sendo capaz de acolhê-la nessa sua novidade, de respeitá-la e de valorizá-la.

O Velho: – Cida, você utilizou muito bem três verbos que resumem a atitude básica da pessoa que vai amadurecendo na abertura da sua subjetividade: *respeitar, acolher, valorizar* a novidade que a outra pessoa representa. Eu acrescentaria outro aspecto, que me parece mais profundo ainda: trata-se de colocar-se a serviço da outra pessoa para que ela possa desenvolver a sua vocação pessoal, a sua identidade própria, vencendo o medo ao diferente.

Antônio: – Esta abertura supõe que a pessoa superou o narcisismo infantil de que falamos acima. Superada a totalização representada pela mãe e a escravidão da lei, representada pela figura paterna, a pessoa pode se abrir fecundamente à novidade das outras pessoas e à grande novidade que é Deus.

O Velho: – A pessoa pode aceitar Deus como Deus, na sua transcendência, superando a tentação de manipulá-lo a serviço dos próprios interesses e necessidades. Pode aceitar Deus que irrompe na vida humana, frequentemente, de maneira desconcertante e imprevisível. Certamente, no encontro com Deus, o ser humano pode encontrar respostas aos seus problemas, só que se trata de respostas dadas conforme os critérios de Deus. Brevemente, na subjetividade aberta, Deus é respeitado, aceito e valorizado como

---

10. Para a caracterização da subjetividade fechada, cf. García Rubio, 1994: 22-23.

Deus. E acolhendo Deus como Deus, aceita-se a interpelação e os compromissos que o dom de Deus leva consigo.

Cida: – E a pessoa vence o medo diante da novidade que é a outra pessoa, sendo capaz de acolhê-la desarmada, deixando de lado apriorismos e preconceitos (de sexo, de cultura, de raça, de religião...). No encontro com as outras pessoas, o prioritário é o respeito, a aceitação e a valorização da pessoa do outro, para além da tentação da sua instrumentalização e coisificação. Não estou negando a necessidade, tão humana, que todos temos de encontrar uma resposta acolhedora nas outras pessoas. Somos carentes, posto que somos criaturas conscientes da nossa carência. Mas, o prioritário deveria ser a pessoa do outro. O decisivo para qualificar a subjetividade aberta é que predomine a aceitação e a valorização do outro como outro sobre o proveito ou sobre a resposta que esperamos poder obter nesse encontro.

O Velho: – Por isso, a pessoa que está guiada por uma subjetividade aberta, mesmo quando não encontra receptividade nas outras pessoas, continua o caminho do amor-serviço, embora com o coração sofrido. Jesus de Nazaré, no Horto das Oliveiras, vive em profundidade este tipo de experiência. Angustiado, aflito, procura a companhia dos três mais amigos. É tão grande sua necessidade de companhia, de experimentar algo de solidariedade, que os acorda uma e outra vez. Contudo a decepção não o leva atrás no caminho do serviço. Continua firme na sua missão, embora sofrendo.

Antônio: – A repercussão no relacionamento com o meio ambiente é fácil de ser constatada. Só a pessoa que vive a subjetividade aberta sabe articular de maneira integrada a utilização responsável dos recursos da natureza com a perspectiva contemplativa, com a atitude agradecida de quem consegue ver no mundo criado a expressão do amor do Deus salvador-criador (dimensão simbólico-sacramental do cosmo).

Cida: – Neste assunto tem algo que me deixa especialmente preocupada. Todos sabemos que o encontro com a pessoa do outro nos enriquece. Então, por que rejeitamos o outro na sua novidade, por que prevalece o fechamento no próprio "eu", por que experimentamos tanto medo diante do outro?

O Velho: – Não é difícil responder a esta pergunta. A abertura, a aceitação e o acolhimento do outro como outro implicam questionamento e desinstalação. A novidade que é sempre o outro constitui uma interpelação para que superemos os nossos preconceitos, apriorismos e discriminações. E sabemos que isto não resulta nada fácil. Parece que preferimos nos privar do enriquecimento que o encontro com o outro comporta, para não sermos questionados e interpelados em nossas cômodas *seguranças*. E, assim, podemos passar pela vida prisioneiros de uma estéril solidão, reduzindo as relações a mera funcionalidade

E sabemos muito bem que na visão bíblico-cristã do ser humano é a subjetividade aberta que deve ser desenvolvida. É o tipo de subjetividade vivida, de maneira tão coerente e profunda, por Jesus de Nazaré. É a subjetividade que somos chamados a desenvolver. A linguagem paulina sobre o homem *velho* e o homem *novo* apresenta uma interessante analogia com a linguagem moderna da subjetividade fechada e aberta. A sabedoria cristã consiste em passar do velho para o novo, da subjetividade fechada para a subjetividade aberta.

Antônio: – Devemos reconhecer que a orientação para a subjetividade aberta não tem predominado no mundo moderno (e pós-moderno). O resultado está aí, afetando a todos nós: um individualismo feroz, manifestado de múltiplas maneiras, a dominação de povos, culturas, religiões... A mais recente derivação da modernidade continua com a mesma perspectiva antropológica: uma minoria possui a informação e tem o poder, sendo que a maioria da população que não possui poder, posto que não tem a informação, é sistemicamente excluída. A nova sociedade em rede de que nos fala M. Castells não é menos excludente nem menos dominadora do que as outras desenvolvidas no interior da modernidade (cf. CASTELLS, 1999).

Sempre me impressionou, na leitura de Nietzsche, a escolha que ele faz pelos símbolos de Dioniso e de Zaratustra em contraposição a Jesus Cristo, o Crucificado. Apresenta dois modelos de humanidade opostos. Por um lado, o homem altivo, nobre, autossuficiente, poderoso (Dioniso), e, por outro, o homem derrotado, fraco (Jesus Cristo), representando a multidão de pseudo-homens miseráveis, medrosos, dependentes dos outros, gregários. Pior ainda, critica Nietzsche, o Crucificado nos mostra que o fracassado, o miserável, o sofredor, o não homem tem valor divino!

O Velho: – K. Barth desenvolve magistralmente essa contraposição (cf. BARTH, 1961: 240-307). Ela pode ser brutal, mas nem por isso ela é exagerada. Nietzsche constitui um caso-limite no espírito antropocêntrico moderno, mas tem o mérito de ter expressado claramente as implicações de uma antropologia que vê o ser humano como um "eu" fechado nele mesmo. A fé cristã desenvolve uma visão muito diferente e até oposta do ser humano, como já assinalamos repetidamente. No cristianismo, a afirmação do ser humano é defendida com toda força, dado o caráter pessoal de cada indivíduo, cada um criado à imagem de Deus, único e irrepetível. Cada ser humano, pessoa única, tem uma dignidade incomensurável. Cada ser humano, vimos, é chamado a ser ele mesmo, fiel à própria identidade profunda. O "eu sou" cristão, a autoafirmação do cristão, é uma necessidade básica da realidade de ser pessoa. Concordamos com a importância da autoafirmação. O que não aceitamos é uma autoafirmação fechada, negadora dos outros e dominadora. A autoafirmação, mostra-nos Jesus, passa pelo serviço aos outros, especialmente aos mais desprezados e abandonados. E isto não é apenas teoria, pois vale a pena fazer a experiência. Experiência de que no serviço real aos excluídos percebemos o sentido da nossa humanização. Ou será que nos sentimos mais humanos, quando fechados no próprio "eu", instrumentalizamos os outros? O antropocentrismo moderno nos coloca, diretamente, defronte à necessidade de optar: Subjetividade aberta ou subjetividade fechada? A pergunta não pode ser evitada: A nossa humanização consiste em vivermos fechados no próprio "eu", ou em vivermos abertos aos outros?

7.1.2. *Como se realiza o encontro humano vivido na subjetividade aberta*

Cida: – Bem, convém agora perguntar: Como se realiza o desenvolvimento da subjetividade aberta? Como é que, no dia a dia, no encontro com as outras pessoas concretas, podemos desenvolver a abertura da nossa subjetividade?

O Velho: – No texto anteriormente citado de K. Barth encontramos uma interessante resposta. De maneira muito resumida, eis o caminho prático que este teólogo, apoiado na fenomenologia, apresenta. A pergunta a ser respondida é: Como se realiza o encontro humano vivido na subjetividade aberta, chamada por K. Barth de co-humanidade?

a) O primeiro passo consiste em aprender a olhar a outra pessoa de maneira humana e a permitir que ela me olhe também humanamente, consiste em se olhar mutuamente nos olhos, "ver" e "ser visto" humanamente. Trata-se de um primeiro passo ainda inicial, mas muito importante. A tentação de passar por alto este primeiro aspecto do encontro humano, faz notar K. Barth, é particularmente grande entre pessoas que se dedicam a grandes causas ou fazem profissão de grandes ideais humanitários. Realmente, como é fácil utilizar grandes causas e grandes ideais para fugir do encontro pessoa-pessoa no cotidiano da vida comunitária ou familiar!

b) O segundo passo consiste em falar a um outro e escutá-lo, "falar" e "escutar" humanamente. Trata-se, contudo, não de palavra meramente funcional, mas da palavra reveladora da própria interioridade bem como do acolhimento da palavra reveladora do outro. O olhar humano, embora necessário, é ainda superficial, deixando-nos na incerteza a respeito de quem seja realmente a outra pessoa. Incerteza superada só quando, em ambiente dialógico, vamos nos abrindo mediante a palavra que procura comunicar quem somos realmente e mediante a escuta hospitaleira da palavra da outra pessoa que procura também nos comunicar quem é ela.

c) O encontro realizado pelo olhar mútuo e pela palavra mutuamente reveladora da própria identidade leva ao reconhecimento ou constatação da interdependência existente entre ambos protagonistas do encontro. Ambos percebem e aceitam que têm necessidade um do outro, que precisam pedir e oferecer ajuda. Por isso, o desenvolvimento concreto da subjetividade aberta implica ajudar-se mutuamente no agir. Na qualidade de criatura, o ser humano é chamado a aprender a oferecer e a receber ajuda. O apoio mútuo é uma necessidade básica do ser humano, precisamente porque é criatura. O clima adulto deste mútuo apoio constitui o terceiro passo no desenvolvimento da subjetividade aberta.

d) Finalmente, é necessário viver um clima humano de aceitação voluntária e livre de que unicamente podemos ser humanos *com os outros e junto a eles*. Não se trata de um castigo ou de uma fatalidade, não, mas de uma realidade que faz parte da perfeição da pessoa humana. Como assinalamos acima, a pessoa se realiza como pessoa nas relações[11].

---

11. Para um desenvolvimento maior desta temática, cf. García Rubio, 2001: 452-456.

7.1.3. Significado especial do encontro com o rosto do excluído
(cf. GARCÍA RUBIO, 2001: 456-457)

Antônio: – Eu acrescentaria a esta exposição o fato de que a abertura realmente humana ao rosto do empobrecido apresenta uma significação e uma interpelação especiais. É verdade que todo encontro realmente humano com o outro nos interpela e nos questiona, além de nos enriquecer. Entretanto, a interpelação e o questionamento tornam-se mais profundos e mais radicais quando a abertura é vivida em relação à pessoa excluída, empobrecida, negada na sua humanidade concreta. Questionamento em vários níveis:

• Primeiramente, porque o nosso modo de vida, as nossas prioridades, o que consideramos necessário para nossa vida, nosso comodismo e nossa instalação aparecem com uma nova luz e percebemos como estamos enredados em tanta coisa que realmente é supérflua, desnecessária. Quanta falsa segurança e quanta racionalização para justificar privilégios, omissões e injustiças podem vir à tona quando nos abrimos sinceramente à interpelação do empobrecido! Acolher o rosto dele tem um enorme poder desinstalador.

• Em segundo lugar, o encontro com o rosto do empobrecido nos ajuda a perceber, concretamente, o quanto é pesado o mundo de estruturas injustas e marginalizadoras que impedem ou dificultam a humanização de milhões e milhões de pessoas. Esse encontro suscita indignação ética diante da injustiça erigida em sistema e leva a superar a atitude meramente assistencialista, desenvolvendo o compromisso pela transformação de estruturas que causam a desfiguração da humanidade do empobrecido ou excluído.

Mas, este compromisso no nível do macrossocial não esgota a interpelação proveniente do rosto do empobrecido. Na perspectiva antropológica integrada que norteia toda a nossa reflexão teológica não há como separar dualisticamente o social e político do compromisso com a pessoa concreta negada na sua humanidade também concreta. Trata-se de caminhar *com* ele no processo de humanização, com as mediações possíveis em cada circunstância.

Cida: – Para nós cristãos, isto deveria ser tão claro! Não em vão confessamos que no excluído pela sociedade está misteriosamente presente o Senhor Jesus! (cf. Mt 25,31ss.). Unido ao valor da pessoa concreta do ser humano que é o empobrecido, encontramos o valor cristológico oculto no excluído, nos rostos sofridos de Cristo na América Latina de que nos fala o documento de Puebla (cf. DP 32-39).

O Velho: – Com esta nossa reflexão sobre a subjetividade aberta ou fechada deve ter ficado claro que a visão cristã da pessoa humana, longe de fomentar o individualismo, o fechamento no próprio "eu" e a dominação dos outros, orienta, ao contrário no sentido da relação aberta, da co-humanidade, em diversos níveis. A pessoa humana só pode se realizar como pessoa no acolhimento do outro como outro, na valorização dele(a), no respeito, no existir *junto e com* os outros. Mas, notemos bem, esse existir com os outros é precisamente a realização da pessoa humana como pessoa. É na relação que a pessoa é ela mesma, é fiel à própria identidade. A vivência da subjetividade aberta é, pois, a realização do sentido profundo do ser pessoal. Abertura-relação e interiorização não são excludentes. Elas estão mutuamente implicadas, numa fecunda relação de inclusão.

8

O ser humano novo: "É para sermos verdadeiramente livres que Cristo nos libertou" (Gl 5,1)

O Velho: – Neste momento da nossa caminhada, convém recapitular um pouco o itinerário percorrido nestas nossas conversas. Depois de examinar a relação com Deus, própria da pessoa que vive a novidade de vida conforme Jesus Cristo, iniciamos o caminho que nos levará a caracterizar a vida nova no relacionamento com os outros seres humanos, nos diferentes níveis. O tema da subjetividade se presta muito bem para esse início do caminho. É um tema caro à modernidade (e pós-modernidade) que nos permite, conforme assinalamos acima, um diálogo crítico com a mentalidade do nosso tempo. Todavia, trata-se apenas do início da caminhada. Viver, de fato, o significado da subjetividade aberta implica e supõe a libertação da nossa liberdade.

Antônio: – A conformidade com Jesus Cristo comporta também a vivência da libertação e da liberdade. Libertação e liberdade! Belas e mágicas palavras a encantar a fantasia e o coração humanos! O anelo, o desejo e a busca da liberdade são uma constante no caminhar sofrido da humanidade, tão frequentemente prisioneira dos mais variados tipos de escravidão.

Cida: – Um dos dados evangélicos que mais chamam a nossa atenção é observar como Jesus de Nazaré viveu intensamente sua liberdade. Certamente não de maneira arrogante e orgulhosa. Ele viveu uma liberdade fundamentada no Deus-Abba, no Deus da Vida, da Liberdade e do Amor. Viveu a liberdade em íntima sintonia com a vontade do Pai e inseparavelmente, a serviço de cada ser humano concreto, especialmente dos pobres, dos pequenos, dos pecadores e, em geral, dos desprezados e desqualificados social e religiosamente. Causa profunda admiração observar o quanto é livre Jesus diante das leis inventadas pelos homens para ocultar ou deturpar a genuína vontade de Deus (cf. Mc 7,2-13), diante de uma religião discriminadora que sobrecarregava o povo indefeso com uma multiplicidade de normas e de cargas pesadas (cf. Mt 23,4), diante da deturpação da significação do templo, do sábado e do culto, absolutizados e separados daquilo que é o mais importante: o bem que deve ser feito ao ser humano (cf. Mc 3,1-6; 2,27-28).

Jesus é igualmente livre de preconceitos sociais e religiosos, em relação às mulheres, aos samaritanos, às crianças, às pessoas consideradas "impuras" pela lei judaica. Livre em relação aos poderosos do seu tempo, ao Sinédrio e às outras instituições do judaísmo. Livre em face dos movimentos políticos e religiosos. Livre, de maneira especial, em relação ao falso deus apresentado pelo *status quo* dominante no seu tempo.

Jesus é um homem livre com uma liberdade amadurecida vivida *para* o Pai e *para* as crianças, mulheres e homens concretos. Jesus, homem livre, é a imagem autêntica do Deus da Libertação e da Vida. Jesus é um homem livre, conforme o projeto querido por Deus para a realização da humanização do ser humano.

8.1. A nossa libertação para a liberdade

Antônio: – A consequência é fácil de ser deduzida: o homem e a mulher novos são chamados a viver na liberdade, em conformidade com Jesus Cristo. A liberdade, assim, é uma outra característica fundamental da vida nova, da vivência da salvação.

Cida: – Acho que convém perguntar: Libertados de quê e para quê?

O Velho: – Você tem razão. Isto não está claro para muitos cristãos, que se contentam com repetir fórmulas gastas sem saber qual é o seu significado vivo. Sim, é necessário perguntar: Libertados de quê e para quê? Precisamos ser libertados de uma situação de não salvação que pode apresentar diversas manifestações: libertação da escravidão política ou religiosa (p. ex., a libertação dos israelitas escravos no Egito), libertação da doença, do medo da morte, da perseguição e, sobretudo, libertação do pecado, ou seja, do fechamento em si mesmo, fechamento arrogante que rejeita o dom de Deus e despreza os irmãos (atitude farisaica) ou, então, fechamento medroso e encolhido a impedir um relacionamento fecundo com os outros. Fechamento, nas duas variantes, que vem a ser prelúdio e sinal de morte.

Libertados para quê? A libertação do homem e da mulher novos tem como objetivo viver a liberdade não de maneira orgulhosa e arrogante, mas a liberdade para amar, para se relacionar de maneira fecunda e dialógica com Deus, com os outros seres humanos e consigo próprio bem como para viver um relacionamento responsável em face do meio ambiente. Quer dizer, trata-se da liberdade para desenvolver as relações básicas constitutivas da humanização integral, conforme o projeto de Deus.

8.2. Liberdade relacionada

Antônio: – Convém clarificar bem de que liberdade se trata. Não uma liberdade fechada sobre si mesma, tolamente autossuficiente, individualista, dura, impenetrável e, frequentemente, crispada e mal-humorada. Esta atitude não passa de uma triste caricatura da liberdade. Algumas tendências da modernidade têm orientado para essa compreensão e vivência da liberdade.

Pelo contrário, a liberdade do homem e da mulher novos é solidária, comprometida na libertação dos outros. Liberdade relacionada com as outras liberdades, reconhecidas e valorizadas como outras. Liberdade que exige a criação de estruturas sociais, políticas e econômicas capazes de promover a humanização de todos. Importa muito ressaltar este último ponto. Conhecemos o quanto o ambiente cultural concretizado em determinadas estruturas sociopolíticas e econômicas pesa sobre a vida das pessoas concretas. Vamos tomando consciência, cada vez mais clara, do quanto somos condicionados pela cultura e pelo mundo das estruturas. Daí a necessidade do compromisso e da luta para a superação de estruturas e modos de convivência opressores e marginalizadores.

Todavia, parece-me que convém reiterar insistentemente que não basta a transformação estrutural. O novo homem e a nova mulher não são, apenas, resultado de estruturas mais justas. Elas são muito necessárias, se bem que insuficientes para o surgimento da vida nova. Para que isto aconteça, é indispensável libertar-se da fixação sobre si mesmo, do fechamento na própria existência, seja pela arrogância que despreza o outro porque é pobre, ignorante, negro, mulher, homossexual... seja pelo pessimismo amargurado e pela desesperança.

O Velho: – Sim, a liberdade do homem e da mulher novos é aberta e relacionada, sem muralhas construídas para se isolar dos outros e das suas mazelas, sobretudo do espetáculo da miséria em que vegeta boa parte da população do nosso país.

O homem e a mulher novos trabalham, oram, amam e confiam na vida, apesar do poder das forças da morte, porque estão fundamentados na experiência do amor do Deus tão próximo em Jesus Cristo, do Deus da Vida e da Promessa. E procuram viver essa abertura tanto nas situações alegres e realizadoras como naquelas marcadas pela tristeza, pela decepção e pelo fracasso. Aceitam abrir-se, relacionar-se, sabendo que não vão perder-se no turbilhão da vida, unidas que estão a Jesus Cristo e ao sentido nele encontrado.

8.3. O amor só é possível na liberdade

Cida: – E qual é a relação existente entre a liberdade e a abertura-aceitação do Deus da Vida, do Deus Ágape?

O Velho: – A resposta não é difícil. Com efeito, o amor só é possível na liberdade. O Deus Ágape é liberdade plena no seu amor. Deus é experimentado pelo ser humano como libertador. A finalidade libertadora do amor de Deus resume-se assim: que a pessoa humana possa viver a liberdade para amar. Quer dizer, a ação de Deus liberta para a liberdade. Realidade esta que deve ficar traduzida na vida do cristão e na vida das comunidades eclesiais. No mundo da modernidade – ou da pós-modernidade – com sua acentuada valorização da liberdade e da autonomia – mesmo quando malcompreendidas – é particularmente necessário, para ser significativa, que a mensagem cristã se mostre, de fato, libertadora, com todo seu poder libertador.

Antônio: – Poderíamos concretizar um pouco mais o objetivo da nossa libertação?

O Velho: – Na perspectiva do Novo Testamento, a que nos interessa aqui, podemos resumir esse objetivo afirmando que somos libertados para a vivência da *solidariedade* e do *amor-serviço*. Naturalmente, a libertação se dá, primordialmente, na relação com Deus. Somos libertados para poder acolher o dom do amor de Deus, para acolher o dom da sua salvação. Este acolhimento implica relações também novas com os outros seres humanos. É destas relações que estamos tratando agora. E se resumem na solidariedade vivida e no amor-serviço concreto.

8.4. Livres para a vivência da solidariedade e do amor-serviço

Cida: – Todo o mundo fala hoje em solidariedade. Mas, em que consiste, mesmo, essa solidariedade para a qual somos libertados?

O Velho: – A nova vida, em conformidade com Jesus Cristo, consiste em ser livre para sair-de-si-próprio, do fechamento na própria subjetividade, para se encontrar com o outro lá onde ele está, para caminhar junto com ele, para partilhar o seu sofrimento ou a sua alegria. Trata-se de uma relação de reciprocidade que enriquece aos dois protagonistas, embora seja verdade que é uma relação entre desiguais, posto que desiguais são as situações em que se encontram. Precisamente a solidariedade tenciona estabelecer uma certa igualdade, isto é, a superação, na medida do possível, dessa disparidade. O dinamismo da solidariedade parte daquele que se encontra numa situação superior na direção da outra pessoa aceita, respeitada e valorizada como "outra", no polo oposto de toda dominação ou de qualquer tipo de paternalismo ou de superproteção. Isto é *solidariedade*. Todavia, trata-se de uma saída-de-si-próprio que não constitui perda da própria identidade, antes é indispensável para o seu desenvolvimento. E trata-se de estar *junto com* o outro, no concreto das situações, procurando ajudar na superação da situação negativa em que o outro se encontra, utilizando as mediações possíveis em cada caso.

Uma profunda descrição do conteúdo da solidariedade, em sentido bíblico-cristão, encontra-se no hino cristológico de Fl 2,6-11. O autor da epístola introduz o hino no v. 5, recomendando à comunidade: "tende em vós o mesmo sentimento de Jesus Cristo". O hino, a partir do v. 6, explica de que sentimento se trata: Jesus Cristo, de condição divina, não ficou fechado na própria subjetividade (diríamos, utilizando uma terminologia moderna), distante, isolado, mas, "tornando-se solidário com os homens" (v. 7, conforme a tradução da Bíblia da Ed. Vozes), esvaziou-se e assumiu a condição de homem servidor vivendo as consequências de um empobrecimento tão radical. Ou citando as palavras de Paulo em 2Cor 8,9: "[...] conheceis a generosidade de Nosso Senhor Jesus Cristo, que por causa de vós se fez pobre, embora fosse rico, para vos enriquecer com a sua pobreza". Esta generosidade que faz com que Jesus se torne pobre com a finalidade de nos enriquecer é, precisamente, a vivência da solidariedade.

Antônio: – Parece-me importante acrescentar que a atitude solidária não deve ser confundida com condescendência, com altruísmo ou com a bondade distante da pessoa que dá alguma coisa, mas não se compromete pessoalmente. Viver a solidariedade consiste, acima de tudo, em se comprometer pessoalmente com o outro(s). É compartilhar, é compadecer-se, é *sofrer com* ou *alegrar-se junto com*. É, talvez, segurar a mão da outra pessoa, a única coisa que podemos fazer quando nos sentimos impotentes diante do sofrimento dela e quando até as palavras parecem fora de propósito.

Cida: – E quanto ao amor-serviço? Não se identifica com a solidariedade?

O Velho: – De fato, a vivência da solidariedade está unida ao amor-serviço. O amor-serviço é a mesma solidariedade na medida em que ajuda o outro a crescer e superar a desigualdade entre os parceiros da relação. É importante clarificar bem o sentido do serviço na perspectiva cristã, pois existe muita confusão a respeito. A referência a Jesus Cristo é novamente imprescindível. Sabemos que o amor-serviço caracteriza a vida toda de Jesus de Nazaré. Basta lembrar aqui que já no batismo, no Rio Jordão, assume Jesus a missão do Servo de Iahweh (cf. Mc 1,9-11). E supera, pouco depois, a tentação que queria afastá-lo do caminho do serviço (cf. Lc 4,1-13). A pregação, as atitudes, as opções, enfim toda a vida de Jesus foi vivida como amor-serviço aos seus irmãos (cf. Mc 10,45)[12].

A atitude de serviço, em conformidade com Jesus Cristo, leva alguém a se aproximar do outro, levado a sério como outro, *colocando-se à sua disposição a fim de ajudá-lo a crescer e ser ele mesmo*. Esta última parte da frase constitui a característica própria do amor-serviço. O serviço a ser vivenciado pelo homem e pela mulher novos nada tem a ver com servilismo ou com espírito de escravo, tal como pensava F. Nietzsche. Este filósofo não chegou a perceber que só quem é senhor pode ser autenticamente servidor.

Cida: – Como entender esta afirmação de que só o senhor pode ser realmente servidor?

8.5. O verdadeiro senhor é aquele que serve!

O Velho: – No autêntico serviço é o senhor quem serve. O verdadeiro senhor é aquele que se inclina para os outros numa atitude de serviço. O verdadeiro senhorio é vivido por Jesus Cristo. Senhorio daquele que, "sendo de condição divina", se "esvaziou", se "humilhou" (cf. Fl 2,6ss.). A conexão desta atitude fundamental de Jesus Cristo com a vida cristã vem apresentada claramente em Fl 2,3-4. Em conformidade com esta atitude vivida por Jesus Cristo, os membros da comunidade são exortados para que vivam unidos, cada um considerando o outro superior a si mesmo. Atitude esta que comporta esvaziamento do orgulho próprio da subjetividade fechada.

A pessoa escrava dela mesma, prisioneira da pseudoliberdade dominadora dos outros e destruidora do meio ambiente, é incapaz

---

12. Sobre o caminho do serviço vivido por Jesus na sua pregação e nas suas atitudes, cf. García Rubio, 2003: 36-90.

de servir. Pode até fazer muitas coisas pelos outros, mas não é capaz de se colocar, de fato, a serviço do crescimento e da independência deles.

A liberdade do homem e da mulher fechados na própria subjetividade não passa de autoengano e mentira. É uma liberdade sinônimo de escravidão. E, assim, deparamo-nos com outro paradoxo: buscando a liberdade absoluta, sem limites, o ser humano encontra a escravidão radical.

É verdade que o ser humano, criado à imagem e semelhança de Deus, participa do senhorio dele. Senhorio para quê? Para dominar os outros e destruir o mundo criado por Deus? Evidentemente, não. O ser humano é senhor, quando se inspira no senhorio de Jesus Cristo, no extremo oposto da dominação sobre os outros seres humanos e de degradação do meio ambiente. O senhor é aquele que serve! O quarto evangelho tem uma profunda intuição desta realidade quando apresenta o senhor Jesus lavando os pés dos discípulos (cf. Jo 13,1-17). O Senhor é aquele que serve, não aquele que domina os outros.

Em conformidade com a imagem de Deus que é Jesus Cristo, o homem e a mulher novos vivem, na solidariedade e no serviço concretos, o significado da imagem, o senhorio que ela comporta. É assim que o ser humano se torna senhor e vive a liberdade. Este é o grande paradoxo da existência de Jesus Cristo e do discípulo dele: é no serviço e na solidariedade que se vive o senhorio próprio da imagem de Deus e se desenvolve a genuína liberdade.

Quem tem alguma autoridade ou poder na comunidade é quem é chamado, de maneira especial, a se colocar a serviço dos outros. É próprio da atitude de serviço este se colocar à disposição dos outros, visando o crescimento deles, o desenvolvimento da autonomia e da liberdade, da vocação pessoal deles, no extremo oposto da superproteção.

Antônio: – Entender a superproteção como um serviço é bastante comum em ambientes cristãos, especialmente nos trabalhos pastorais.

8.6. A superproteção, negação do serviço

O Velho: – Por isso mesmo é que importa muito ressaltar bem que a superproteção não é serviço. Na atitude superprotetora, o outro é considerado incapaz de caminhar com os próprios pés e de pensar com a própria cabeça. Julga-se que o outro não é capaz de saber o que é bom para ele. Assim, deverá ser *dirigido* por aquele que sabe. A superproteção é apresentada vestida de cuidado, de preocupação e de amor pelo outro, pela comunidade, pelo povo. Na verdade, trata-se de uma perigosa ilusão, pois o outro não interessa como outro, como diferente. Mediante a superproteção, evita-se a interpelação e o questionamento provenientes do outro quando ele é respeitado, aceito e valorizado como outro. Lembremos mais uma vez do que foi exposto acima sobre a subjetividade aberta.

Costumamos criticar duramente a mãe ou o pai superprotetores, mas esquecemos que esta atitude, carente de genuíno amor, se encontra presente com muita frequência em todos os domínios das relações humanas. Está presente por exemplo na atitude machista que trata a mulher como eterna menor de idade, na educação, quando o aluno não é estimulado a falar a própria palavra nem a desenvolver a consciência crítica, na pastoral, quando a comunidade ou o povo são tratados como meros depositários da doutrina que os "técnicos" da religião lhes ensinam, no clericalismo, que mantém os chamados "leigos" numa dependência infantil do padre e da autoridade eclesiástica, em geral.

Superproteção não é serviço. Continua a ser uma atitude própria do homem velho, fechado na própria subjetividade. Travestida com a roupagem do amor, a superproteção evita que o indivíduo saia-de-si-próprio para encontrar realmente o outro aceito, respeitado e valorizado como outro.

Antônio: – Um problema muito concreto surge na hora de relacionar a liberdade com a existência de normas e leis.

8.7. Liberdade *versus* normas?

O Velho: – A liberdade de que estamos tratando está belamente cantada em Gl 5. Entretanto, note-se bem, o autor desta Epístola tem o cuidado de precisar que normas e prescrições continuam tendo validade como orientação e ajuda, a fim de que as pessoas que estão caminhando na novidade de vida não se iludam na sua vivência da liberdade. Normas não para escravizar novamente nem para abafar a liberdade, mas a serviço da expansão da genuína liberdade. A novidade de vida não elimina a vida "velha" (a tendência para o fechamento negador do outro como outro), que continua a existir em cada pessoa e no âmbito comunitário. A ótima semente do amor coexiste com a semente da vontade de poder, da manipulação dos outros e de Deus, do fechamento e do isolamento na própria subjetividade. A observância de normas de convivência comunitária e social – assumida livremente pelo homem e pela mulher que procuram viver a vida nova – constitui uma expressão do amor aos outros.

9
A solidariedade e o amor-serviço no domínio sociopolítico

O Velho: – Tudo quanto apontamos até agora refere-se à pessoa nas suas relações inter-humanas. Poderia parecer que a vivência da salvação estaria referida apenas ao domínio do encontro pessoa-pessoa. Isto não é verdade. A salvação, o Reino de Deus compreende também a dimensão sociopolítica e econômica da vida humana, considerada com a mesma importância atribuída às relações pessoa-pessoa.

A afirmação anterior nada tem de extraordinária. Lembremos que a salvação visa o homem e a mulher *integralmente* considerados em todas as suas dimensões constitutivas. No projeto de Deus não há ruptura entre o desenvolvimento das relações interpessoais e a abertura às relações próprias do mundo macrossocial. Devemos reconhecer que, neste particular, a mentalidade dualista apresentou resultados particularmente negativos. Conforme foi acenado, ao tratarmos da visão dualista do ser humano, em nome da vida espiritual, da vida de oração, da vida religiosa... tem sido desprezado ou descuidado o empenho social e político, o compromisso e a luta necessários para a transformação de estruturas injustas. O preconceito dualista vê a salvação referida só à dimensão espiritual da existência humana e acentua, unilateralmente, que ela se realiza na outra vida, na eternidade. Ou então estabelece uma ruptura entre a dimensão interpessoal da vida humana e o mundo do macrossocial. Só o primeiro interessa ao cristão, sendo que o segundo é abandonado aos interesses e às leis dos mais poderosos. E claro está que a mesma mentalidade subjacente manifestam aqueles que focalizam, de maneira igualmente unilateral, a importância do mundo das estruturas, em detrimento das relações interpessoais. A tentação de simplificar o projeto salvífico de Deus sobre o ser humano aparece tanto na visão unilateralmente privada e intimista quanto na perspectiva unilateralmente politizante. O projeto divino, a conformidade com Jesus Cristo, compreende o ser humano *inteiro*, em toda riqueza das suas dimensões.

Cida: – A respeito da dimensão social e política da fé cristã, tenho ouvido a seguinte objeção: se o projeto de Deus Ágape sobre o ser humano se resume na conformidade com Jesus Cristo, onde entra a dimensão econômica e sociopolítica da vida humana? A pergunta tem o seu sentido, sobretudo se consideramos que não parece encontrar-se em Jesus de Nazaré uma preocupação sociopolítica ou um interesse pela transformação de estruturas injustas existentes na Palestina do século I.

9.1. Jesus, um homem apolítico?

O Velho: – O problema, também aqui, está centrado na leitura que se faz das atitudes e da pregação de Jesus de Nazaré. Trata-se, mais uma vez, de uma interpretação dualista. Pensa-se da seguinte maneira: como Jesus está preocupado com o Reino de Deus, não pode estar interessado nas estruturas deste mundo! Como Jesus interpela o coração humano para a conversão, não terá nada a dizer ao mundo das estruturas! Esta leitura da pregação e da atividade de Jesus passa por alto o fato de que todas as deturpações da convivência humana, em todos os níveis, são radicalmente denunciadas pelo anúncio e pela vivência do Reino de Deus. Esquece-se de que todas as formas de opressão e de dominação, em nome do poder econômico, político, social e religioso ou de qualquer outro poder, são contrárias à vivência do Reino de Deus. Esquece-se, igualmente, de que a reconciliação e a paz, próprias do Reino de Deus, exigem a transformação daquelas estruturas que impedem a convivência fraterna e solidária.

As opções de Jesus em favor dos pobres e marginalizados de todo tipo, a liberdade responsável com que Ele se defronta com as leis e normas religiosas, a dura crítica endereçada aos legistas e fariseus que oprimiam o povo ignorante da lei (cf. Mt 23), tudo isto será que não possui uma forte conotação política e social?

É fato historicamente bem fundamentado que Jesus não foi um revolucionário social e político, no sentido moderno. Entretanto, isto não deve ser interpretado como se a pregação e a vida de Jesus fossem apolíticas. A reação dos inimigos de Jesus não permite esta interpretação. Eles compreenderam logo o perigo que Jesus representava para a conservação do *status quo* vigente, isto é, para a preservação das estruturas existentes. E, por isso, decidem matá-lo (cf. Jo 11,45-54).

Antônio: – De fato, a pregação e a atuação de Jesus atingiram com toda radicalidade o fundamento mesmo daquela sociedade, a podridão subjacente às relações sociais, religiosas, políticas e econômicas. Ele não ficou na denúncia de sintomas mais ou menos periféricos. Pelo contrário, apontou para a raiz do mal que leva ao desenvolvimento de relações desumanas tanto interpessoais quanto macrossociais. O homem e a mulher, fechados numa subjetividade orgulhosa e autossuficiente, condicionados por estruturas opressoras, reforçam essas estruturas que, por sua vez, perpetuam relações desumanas e opressoras.

Por outro lado, quem se abre à proposta libertadora do Reino de Deus percebe o caráter idolátrico de todo poder dominador fundamentado no sexo, na raça, na economia, na política, na religião... E se compromete na luta contra o antirreino, isto é, contra as forças da morte, da injustiça e da negação do ser humano.

O Velho: – É fácil concluir que a redução do projeto salvífico divino ao domínio do individual, intimista e privado constitui uma grave adulteração desse projeto. Mas, convém não esquecer que, no outro extremo, é igualmente grave deturpação apresentá-lo referido unicamente ao mundo das estruturas (cf. GARCÍA RUBIO, 2001: 501-508).

9.2. É possível um poder libertador?

Cida: – Uma outra pergunta surge aqui: Será que todo poder é opressor e desumanizador?

O Velho: – A resposta que encontramos na vida de Jesus de Nazaré é negativa. O poder do Deus da Vida é sempre libertador, promove a vida e a liberdade do ser humano, a realização do projeto da humanização integral. É o poder do Deus Ágape, é o Espírito do Deus da Vida quem atua em Jesus Cristo. Aceitar esse Deus comporta assumir o compromisso a favor da vida e da convivência solidária, em todos os níveis. Leva consigo também a crítica e a luta contra estruturas alicerçadas no poder opressor. Sim, há um poder libertador: é o poder do Deus da Vida, o poder que atua na pregação, atitudes, milagres... de Jesus Cristo. É o poder que atua na vivência da solidariedade e do amor-serviço. É o único poder que tem futuro. O poder que domina, oprime e nega o outro não passa de uma ilusão trágica, ocultando nas suas entranhas uma fraqueza congênita. É o poder da morte que leva à morte.

Antônio: – Disto tudo temos certeza por causa da ressurreição de Jesus Cristo. A ressurreição mostra o *sim* dado pelo Deus da Vida às atitudes, à pregação e à entrega de Jesus até à morte. O caminho percorrido por Jesus é o caminho querido pelo Deus da

Vida, e a ressurreição é vista assim como a vitória da vida sobre as forças da morte, a realização do projeto divino sobre a humanização-salvação do ser humano. Todavia, note-se cuidadosamente, não tem sentido algum a ressurreição separada da vida vivida por Jesus e do significado da sua morte na cruz. Impossível viver a experiência pascal – o sentido da morte-ressurreição – sem assumir, solidariamente, o sofrimento dos seres humanos concretos, fugindo dos compromissos necessários para tornar a vida mais humana. Com outras palavras: só é possível viver o significado cristão da ressurreição quando estamos *junto com* os outros seres humanos, vivendo a solidariedade e o amor-serviço que procuram superar ou diminuir o mal, a injustiça, a miséria... com a convicção de que a palavra final não é a da morte, mas a palavra da vida, da libertação e do amor. Ora, não estará demais insistir: a luta contra o mal e o compromisso ao serviço da vida se dão tanto no interior do coração humano quanto nas relações inter-humanas e no vasto campo do mundo econômico, político, social... quer dizer, se dão também no âmbito estrutural.

9.3. Teologia da Libertação: etapas na sua evolução

Cida: – Neste momento da nossa reflexão, não posso deixar de levantar a questão sobre o sentido da nossa Teologia da Libertação. Não há dúvida de que se trata de uma teologia política. Será que esta teologia sabe articular de maneira adequada a dimensão política da fé com a dimensão do encontro pessoa-pessoa? Sabemos que esta teologia tem sido acusada de unilateral, de reduzir a fé cristã à dimensão política. É verdade que pouco se fala hoje da Teologia da Libertação, mas os problemas que ela apontou no campo das injustiças estruturais e os desafios que ela significou tanto para a práxis cristã quanto para a reflexão teológica não me parecem que estejam resolvidos, pois eles continuam perturbando a consciência e a identidade cristã neste início do novo milênio.

Antônio: – Lembro-me bem do clima emocional que envolvia, anos atrás, tudo quanto se referia à Teologia da Libertação. Declarações contra ou a favor desta teologia se sucediam nos jornais e revistas, com conteúdo, frequentemente, muito mais passional do que propriamente teológico. A consciência de muitos dos nossos cristãos ficou perturbada diante das acusações mútuas por parte de bispos e teólogos contra ou a favor de referida teologia. Mesmo hoje, o mal-estar é evidente em não poucos ambientes cristãos quando se alude à Teologia da Libertação. Parece que em relação a ela ninguém tem ficado indiferente. Vale a pena perguntar: Por que será?

O Velho: – Motivações teológicas estavam presentes, sem dúvida, mas o que preocupou prioritariamente foi o medo diante da tendência adotada por esta teologia de utilizar análises marxistas para interpretar a realidade latino-americana e, pior ainda, diante da tendência para adotar uma práxis igualmente orientada pelo marxismo. É verdade que se tratava, segundo os teólogos desta orientação, de uma inspiração neomarxista, distante do marxismo clássico dogmático e totalitário existente, por exemplo, na ex-URSS. Também é verdade que a utilização de um instrumental marxista não foi igual em todas as tendências existentes na Teologia da Libertação latino-americana[13]. Mas, o certo é que se deu, na compreensão apressada e emocional de muitos, cristãos ou não, uma identificação entre Teologia da Libertação e marxismo (comunismo). E assim tem sido fácil às forças contrárias ao marxismo lutar contra a Teologia da Libertação apresentada como mais uma manifestação do "veneno" marxista. Manifestação especialmente perniciosa, porque, unindo marxismo e religião, seria mais capaz

---

13. Para uma caracterização das 4 correntes básicas existentes na Teologia da Libertação, especialmente no que à utilização do instrumental marxista se refere, cf. Scannone, In: *Stromata*, 38, 1982: 3-40.

de atingir a consciência dos povos da América Latina, profundamente religiosos.

Cida: – Pelo que eu tenho observado com o passar dos anos a Teologia da Libertação foi diminuindo e, em certos teólogos, até eliminando a utilização do instrumental marxista na análise da realidade.

O Velho: – Bem observado, Cida. J.L. Segundo, na sua avaliação do caminho percorrido pela Teologia da Libertação, distinguia duas etapas fundamentais. O influxo do marxismo em cada uma delas é diferente, com uma tendência clara a diminuir na segunda etapa. Convém lembrar, de maneira resumida, estas duas etapas. Na primeira etapa, os teólogos da libertação utilizaram a chamada teoria da dependência para analisar a realidade da América Latina. Esta teoria foi desenvolvida por um grupo de cientistas sociais que, distanciando-se da sociologia funcionalista e do marxismo ortodoxo, elaboraram uma interpretação da realidade em termos de opressão e dependência. Na teoria da dependência, eles encontram a explicação histórico-causal para a situação de subdesenvolvimento da América Latina. A visão do mundo latino-americano – e o Terceiro Mundo em geral – como mundo periférico, dependente e dominado em relação ao centro metropolitano – Primeiro Mundo – estava unida ao diagnóstico da situação de opressão. As relações de dependência e dominação no âmbito econômico são manifestações visíveis de uma realidade mais profunda de dominação e opressão: é a consciência mesma do homem que estaria oprimida. É nesta etapa que os trabalhos educativos de P. Freire influenciam poderosamente sobre a Teologia da Libertação, especialmente os estudos sobre a consciência oprimida (cf. FREIRE, 1970)[14]. Se o homem, na sua consciência, é oprimido, urge a ta-

---

14. Anteriormente, o mesmo autor publicou outra obra de fundamental importância para esta temática que nos ocupa: *Educação como prática da liberdade*. Rio de Janeiro: Paz e Terra, 1967.

refa de libertá-lo. A educação deverá estar a serviço da libertação da consciência, da percepção do próprio valor como ser humano, da necessidade de valorizar a própria decisão. Da mesma maneira o compromisso pelo desenvolvimento deve conceder prioridade ao exercício da decisão e da criatividade do povo. Em relação ao desenvolvimento, o centro de decisão deve estar no próprio povo, não fora dele, não sendo algo pensado e imposto por outros, em função dos interesses deles.

Nesta primeira etapa predomina a visão do povo vivendo uma situação de consciência oprimida, incapaz de perceber o próprio valor e a própria capacidade, suas qualidades e possibilidades. Situação, pois, de alienação radical.

A reflexão teológica da Libertação, nessa primeira etapa, dialoga com os grupos de militantes cristãos, pessoas provenientes, sobretudo, da classe média e de nível universitário, que percebem a situação de opressão e de alienação em que o povo se encontra e se comprometem na luta para a superação desta situação. Tratava-se, num primeiro momento, de ajudar estes cristãos com uma reflexão teológica capaz de valorizar, na dimensão da sua fé, o compromisso vivido na práxis de libertação. Na realidade, tratava-se de uma teologia pastoral, no dizer do próprio G. Gutiérrez[15].

Cida: – O que é que pretendia essa reflexão teológica?

O Velho: – Contribuir para que o militante cristão não se sentisse obrigado a abandonar a Igreja e a fé cristã por causa da sua opção socialista, uma vez que se considerava o capitalismo como caminho inviável para um verdadeiro desenvolvimento do continente latino-americano. Nos fundamentos da própria fé cristã, pode encontrar o militante iluminação e força para o seu compromisso libertador. Para que isto aconteça, no entanto, impunha-se

---

15. Afirmação que me foi feita pelo mesmo G. Gutiérrez, numa entrevista realizada em Roma, em 1971.

um acurado trabalho de "desideologização" do conteúdo da fé cristã que, segundo a leitura dos teólogos da libertação, estaria domesticada a serviço da manutenção do *status quo* dominante[16]. O influxo da análise marxista da sociedade é bastante acentuado nesta primeira etapa.

Cida: – E a segunda etapa, quando se iniciou e em que consiste?

O Velho: – A rapidez com que se desenvolveram os acontecimentos históricos e a observação mais atenta da realidade vivida pelo povo fez com que, aos poucos, os teólogos da libertação, na sua grande maioria, passassem a adotar uma postura diferente na relação com o povo. Foi ficando cada vez mais claro, para eles, que o povo não era tão alienado como se pensava na primeira etapa. A situação da consciência do povo tinha sido avaliada a partir de categorias tomadas da modernidade ocidental (claro, na versão neomarxista), inadequada para poder perceber o nível de consciência do povo. Quando se procurou levar a sério o mundo cultural popular, foi ficando claro que o povo não era tão alienado como pensavam os teóricos da libertação. No folclore, nas formas de organização, na religiosidade, na arte popular etc., encontra-se um dinamismo libertador à espera de ser canalizado para objetivos de transformação de condições de vida mais humana, ou simplesmente humana. O sujeito da libertação tem que ser o povo. Não se trata de agir sobre o povo, como na primeira etapa, mas de respeitar a caminhada dele e de ajudá-lo com os subsídios necessários – bíblicos, litúrgicos etc. – no processo de libertação, estando *junto com* o povo, acompanhando-o no seu processo.

À medida que a preocupação com a cultura popular foi aumentando, paralelamente foi diminuindo o influxo da análise

---

16. Sobre este trabalho de desideologização do conteúdo básico da fé cristã, trabalho realizado sobretudo por G. Gutiérrez e por J.L. Segundo, cf.: García Rubio, 1977: 112-160.

marxista sobre a Teologia da Libertação. Esta é a segunda etapa, iniciada já na segunda metade dos anos de 1970.

9.4. Está superada a Teologia da Libertação?

Cida: – E qual é a situação atual da Teologia da Libertação? Ela simplesmente tem desaparecido? De fato, nos últimos anos, pouco ou nada se fala sobre essa teologia. É um produto efêmero que desapareceu tão rapidamente quanto apareceu?

O Velho: – A Teologia da Libertação passa por um momento de reavaliação profunda. Naturalmente, há elementos dessa reflexão que hoje estão superados. É o caso, por exemplo, da utilização da teoria da dependência. No cenário mundial, houve ultimamente mudanças de profundo alcance. Podemos enumerar: o colapso do socialismo real junto com a perda acentuada do influxo do marxismo, o triunfo incontestado do neoliberalismo com a globalização da economia e o reinado absoluto do mercado, a rapidíssima expansão da informatização com seu fluxo crescente de conhecimentos intercambiados para além de qualquer fronteira nacional, continental ou ideológica, o extraordinário aumento da produtividade devido a novas tecnologias, propiciando o barateamento de produtos e o aparecimento de novos serviços e bens de consumo. Encontramos ainda o desenvolvimento crescente da sensibilidade chamada de pós-moderna, com a descrença que a acompanha em relação às causas sociais e políticas. Uma proposta de compromisso sério na luta em favor da justiça, tal como a apresentada pela Teologia da Libertação, não encontra eco numa juventude enredada no consumismo e na vivência de uma sexualidade autoerótica.

Antônio: – Na caminhada de muitos militantes empenhados na práxis de libertação, desenvolveu-se, já na década de 1980, um crescente desânimo. Os obstáculos apresentaram-se bem maiores do que o previsto. A resistência do *status quo* revelou-se bem mais forte do que se pensava. A capacidade de o capitalismo se adaptar a novas circunstâncias nacionais e mundiais aparece surpreendentemente renovada. O compromisso pela libertação social e política revelou-se um processo muito lento, muito além da vida de cada militante. E não esqueçamos a desarticulação em muitos destes militantes entre o compromisso político com sua forte racionalidade e a vivência da afetividade. A falta de enraizamento comunitário e a pouca atenção concedida à vida afetiva foram particularmente influentes neste desânimo e neste abandono da militância sociopolítica.

O Velho: – A orientação oficialmente predominante na Igreja Católica foi outro motivo a desestimular o compromisso. Movimentos carismáticos e pentecostais, em geral, movimentos de índole mais conservadora e até regressiva foram incentivados, a espiritualidade desencarnada e reduzida ao nível privado recebeu novo impulso, a nomeação de bispos refratários ao envolvimento eclesial em qualquer orientação tida como de esquerda etc. etc. O encorajamento que os militantes cristãos encontravam nos documentos episcopais de Medellín, Puebla, CNBB foi sendo substituído por outras orientações que não privilegiavam a opção pelos pobres e pelas CEBs, a luta pela justiça e assim por diante.

Mudou muita coisa no panorama nacional, continental e mundial que aparecia como pano de fundo da Teologia da Libertação. Mudou também o panorama eclesial. E mudaram os teólogos da libertação bem como as propostas das CEBs, mais discretas e de alcance mais local. Um realismo maior se nota na caminhada atual das CEBs e, naturalmente, também nos teólogos.

Está totalmente superada a Teologia da Libertação? Na minha opinião naquilo que ela tem de mais profundamente evangélico ela não está nem poderá estar superada. A opção real pelos pobres continua a ser uma exigência eclesial fundamental, a partir de Jesus Cristo. E, neste mundo da globalização, com os milhões de excluídos do mercado, é uma opção prioritária. Conhecemos o enorme custo social da globalização da economia. Aqueles que não podem consumir são deixados de lado, constituindo a enorme legião dos excluídos. A intencionalidade profunda da Teologia da Libertação tem um campo de aplicação mais atual do que nunca. A defesa dos excluídos, marginalizados ou seja qual for o nome a ser dado a esta realidade injusta, será que não continua a ser uma prioridade da nossa Igreja, prioridade decorrente do Evangelho?

Colocar-se a serviço da libertação dos excluídos implica a crítica da globalização, na medida em que esta é causa da exclusão, sistemicamente falando. A epistemologia própria da globalização deve ser superada se se pretende um mundo socialmente mais justo. No início, a Teologia da Libertação pretendia desmascarar e superar a ideologia moderna do desenvolvimento supostamente para todos que encobria a dominação da periferia mundial (Terceiro Mundo) pelo centro (Primeiro Mundo). Constatamos, hoje, que, em termos de exclusão e marginalização, a situação pouco mudou com a globalização atual de economia[17].

Cida: – A "vontade de domínio" que se encontra na raiz das relações desumanizantes dominador-dominado é que deve ser criticada e superada por outro tipo de relações humanizantes. Sem com isso negar todo valor à modernidade, claro está. É a filosofia que alimenta relações de dominação que deve ser superada, não outros aspectos da modernidade que têm contribuído para uma vida mais humana (para milhões de pessoas, as condições de vida melhoraram grandemente no plano da saúde, da previdência social, das condições de trabalho, das comunicações etc.).

---

17. Sobre a realidade complexa da globalização atual, cf. Castells, 1999.

Antônio: – Como é fácil a pregação da Igreja, a catequese, e a vida mesma eclesial ser condicionada pelas ideologias dominantes na sociedade, de tal maneira que o discurso religioso pode se tornar uma confirmação do ambiente consumista, do individualismo etc. A tentação de corromper o sal evangélico está sempre presente na Igreja. A vigilância teológica é sempre necessária para desmascarar as ideologizações que a vida e a reflexão das comunidades podem sofrer. Este é outro aspecto importante da Teologia da Libertação que continua sendo muito atual. Igualmente, continua a ser de fundamental importância a acentuação da dimensão política da fé cristã, evitando todo reducionismo. Se a exclusão atual de condições de vida minimamente humana para uma parcela majoritária da população mundial é causada, basicamente, por um sistema econômico que sistemicamente exclui e marginaliza, nos deparamos com o mundo das estruturas. Para superar uma tal situação, as diferentes formas de ajuda assistencial são insuficientes. A dimensão política aparece como indispensável para transformar estruturas injustas e desumanizantes. É necessário desenvolver a dimensão política não só em âmbito nacional e internacional, mas também, e de maneira cada vez mais necessária, no interior das comunidades locais, dos bairros, das associações de moradores etc. Os objetivos a serem alcançados são menores, mas muito mais concretos. A resistência contra a dominação da globalização parece que se realiza, sobretudo, em círculos menores de língua, raça, cultura etc.[18], com a enorme ambiguidade que essas resistências envolvem.

O Velho: – A articulação entre teoria e práxis é também básica na Teologia da Libertação. É de importância fundamental esta articulação. Resultou sadia e fecunda esta superação de teologias idealistas, incapazes de tocar em profundidade a realidade e de

---

18. Sobre a resistência à globalização na procura da identidade própria, cf. Castells, 1999.

ajudar num processo de transformação da mesma. Sem reducionismos, aqui também, aparece a necessidade de refletir teologicamente sobre a experiência cristã, sobre a vida das comunidades eclesiais, sobre os compromissos assumidos na luta em favor da justiça e da solidariedade. Sabemos que esta abertura à realidade – com as interpretações pertinentes – é indispensável para a relevância do pensar teológico. Abertura interpretada à multiforme riqueza do real que, mesmo quando sublinha a importância do econômico, do social e do político, se mantém aberta à riqueza de outras dimensões da existência cristã (dimensão mística, dimensão familiar, dimensão sexual, dimensão ecológica etc.).

Evitando todo reducionismo, é necessário articular adequadamente, para além de todo dualismo espiritualista ou politizante, o Reino de Deus e a história atual, a salvação oferecida pelo Deus Ágape e a construção de uma sociedade mais humana e justa. Esta articulação continua a ser um desafio formidável para o cristão e para a Igreja. A tentação de reduzir a salvação-libertação cristã a um determinado projeto social e político está sempre presente no caminhar da Igreja, como está presente a tentação de espiritualizar essa salvação de maneira que se encontra separada das lutas pelas transformações estruturais neste nosso mundo. Da importância desta articulação para a credibilidade da Igreja já tratamos um pouco acima.

9.5. Qual é a originalidade da Teologia da Libertação?

Antônio: – A respeito da originalidade da Teologia da Libertação tem surgido discussões. Até que ponto se trata de uma nova reflexão teológica?

O Velho: – Em relação à temática abordada, é necessário reconhecer que não há grande originalidade. Aliás, isto é algo que os teólogos da libertação reconhecem de boa vontade. Como é bem sabido, a Teologia da Libertação é uma teologia política que guarda uma estreita relação com a chamada "nova teologia política europeia" (J.B. Metz, principalmente). É fácil constatar que existe uma conexão entre acentuações básicas da Teologia da Libertação e a nova teologia política na Europa. Assim, tanto esta nova teologia na Europa quanto a Teologia da Libertação ressaltam as implicações políticas da fé e da vida toda eclesial.

De fato, ambas as teologias procuram *desprivatizar* a fé e a teologia, confinadas pela modernidade ao mundo das realidades privadas e intimistas, aceitando o desafio representado pela razão crítica social (segundo momento da Ilustração, representado, sobretudo, por K. Marx), valorizando a dimensão pública, sociopolítica da fé cristã e da reflexão teológica. As teologias políticas, na Europa e na América Latina, não estão preocupadas prioritariamente com o diálogo-confronto entre a fé cristã e a razão moderna entendida como autonomia da razão crítica (primeiro momento da Ilustração, representado, sobretudo, por E. Kant). Por isso, o interlocutor privilegiado será a Escola de Frankfurt, para a nova teologia política europeia, e a nova sociologia rebelde latino-americana que elaborou a teoria da dependência, no caso da Teologia da Libertação. Em ambos os casos, o marxismo está presente como pano de fundo, se bem que com acentuações muito diferentes em uma e outra teologia política. De fato, o diálogo-confronto é feito na teologia europeia no plano predominantemente teórico, enquanto que na teologia política latino-americana é realizado a partir de uma determinada práxis política, engajada numa práxis real fortemente conflituosa. Na teologia política europeia, a dependência de um instrumental socioanalítico é pequena, já na teologia política latino-americana esta dependência é muito forte. E na medida em que este instrumental era de origem marxista, entende-se a gravidade das dificuldades que esta teologia iria enfrentar, no interior da Igreja e no mundo econômico e sociopolítico.

Para as teologias políticas não basta aceitar o desafio da primeira ilustração, tal como têm feito as teologias transcendentais, existencialistas e personalistas. É necessário enfrentar o desafio da crítica social com todas as suas consequências.

Antônio: – É fato observado que as teologias que privilegiam as relações interpessoais em ordem à salvação acabam mostrando-se incapazes de atingir precisamente a pessoa concreta que pretendem defender, dado que esta vive na realidade num mundo de relações, condicionamentos e estruturas muito além do privado e intimista. Ora, é justamente esse mundo que as teologias privatizantes não querem focalizar.

O Velho: – É verdade. E justamente por isso ambas teologias criticam as interpretações unilateralmente existencialistas e personalistas da Sagrada Escritura, especialmente do Novo Testamento. Como é sabido, é o tipo de interpretação predominante na escola exegética Bultmaniana. Interpretação, conforme a crítica das teologias políticas, que tem propiciado uma visão intimista e privada da salvação, abandonando o mundo do macrossocial à lei do mais forte. Não é de estranhar que a Teologia da Libertação insista numa interpretação da Palavra de Deus em que a dimensão social e política, a acentuação das exigências da luta contra a injustiça ocupam um primeiro plano.

As teologias políticas, tanto na Europa quanto na América Latina, como consequência das premissas anteriores, valorizam fortemente as práticas sociopolíticas, criticando todo dualismo entre teoria e práxis. Contudo, esta articulação entre teoria e práxis é muito mais estreita na teologia latino-americana do que na teologia europeia. Com efeito, a reflexão teológica da libertação parte de uma práxis concreta já existente, enquanto que a teologia europeia, carente de mediação socioanalítica e de uma práxis concreta, fica ainda no nível da teoria, por mais que fale da importância da prática social.

A visão da Igreja como instituição crítico-social é acentuada nas duas modalidades de teologia política, sendo que a Teologia da Libertação pede à Igreja uma decidida opção a favor dos empobrecidos, com as consequências práticas que tal opção comporta. A Igreja é chamada a viver uma contínua vigilância para denunciar todas as pretensões idolátricas que podem estar presentes em sistemas políticos e/ou econômicos. Quanto à ação política, na nova teologia política europeia, a ação da Igreja no político é apenas indireta, pois ela não tem competência para resolver diretamente os problemas sociais e econômicos. Dada a gravidade das situações de injustiça, a Teologia da Libertação defende uma intervenção muito mais direta nos conflitos que a práxis de libertação implica, na realidade das situações concretas.

A visão integrada do ser humano está presente também nas duas teologias políticas. Encontra-se em ambas uma forte tendência para criticar e superar a velha antropologia dualista, acentuando a importância da dimensão histórica do ser humano e a necessidade da práxis especialmente sociopolítica. Preocupação política e práxis, na Teologia da Libertação, a serviço da criação de condições concretas para que o ser humano possa crescer como pessoa com liberdade e responsabilidade. A preocupação moderna aparece aqui muito clara.

Outra preocupação comum a ambas as teologias políticas é a grande valorização atribuída ao *futuro,* não a um futuro dado pelo destino ou pela providência entendida de maneira passiva, mas ao futuro a ser construído pelos seres humanos, que podem libertar-se de tantas e tantas escravidões.

Assim, não é propriamente a temática teológica a que diferencia as duas teologias políticas, mas o método utilizado, que parte da práxis sociopolítica como lugar teológico, a mantém como seu referencial contínuo e a alimenta com a sua reflexão teórica. Evidentemente, a Teologia da Libertação depende estreitamente do instrumental socioanalítico utilizado. Esta é a relevância desta teologia e, igualmente, sua vulnerabilidade.

Antônio: – Eu acrescentaria que a aderência da Teologia da Libertação aos movimentos populares, CEBs etc. a tornam muito crítica em relação aos fundamentos opressores do capitalismo. Na teologia política europeia não se notava este tipo de crítica radical. Mas, tudo isto tem mudado nos últimos 20 anos, uma vez que na Espanha, Itália e França tem penetrado bastante a reflexão de teólogos latino-americanos[19].

9.6. Dimensão sociopolítica da vida nova e magistério eclesial

Cida: – E o magistério eclesial, como se posicionou diante desta evolução das teologias políticas?

O Velho: – Tomando como guia a Constituição *Gaudium et Spes* do Concílio Vaticano II, no âmbito da Igreja universal, e as Conclusões de Puebla, no âmbito da Igreja na América Latina, o que podemos chamar de doutrina da Igreja em matéria política poderia ser resumido nos seguintes pontos:

1) A Igreja tem consciência clara, hoje, da autonomia própria do mundo da política, da economia, da ciência etc., quer dizer, superando a antiga tentação clericalista, a Igreja reconhece, aceita e respeita a autonomia do temporal (cf. GS 36; 76).

2) Sendo a missão da Igreja de ordem religiosa, não pode ser diretamente política (DP 519).

3) Entretanto, isto não deve ser entendido como um convite para que o cristão e a própria Igreja fiquem confinados ao mundo do privado e do intimista. Ao contrário, o magistério critica a privatização da fé, em nome de uma evangelização que deve atingir o

---

19. Sobre as características da nova teologia política europeia, cf. García Rubio, 2001: 510-515. Para a caracterização da Teologia da Libertação, cf. 521-527.

ser humano inteiro, em todas as suas dimensões. A evangelização a serviço da salvação-libertação integral do ser humano concreto repercute também no domínio político. O compromisso político faz parte da fé cristã (DP 513-515).

4) Situado numa perspectiva integrada do ser humano, o magistério eclesial chama a atenção para a tentação de reduzir a salvação-libertação cristã ao político. Numa perspectiva integrada, fica claro que deve ser mantida sempre a distinção entre fé cristã e política, mas distinção não significa separação excludente. Ambas deveriam estar mutuamente relacionadas, sendo que o primado cabe sempre à fé cristã: é em nome de uma evangelização e de uma salvação vistas como integrais que o compromisso político faz parte da fé cristã (cf. DP 559; 515-519).

5) Os reducionismos de qualquer tipo mutilam gravemente a riqueza da salvação-libertação cristã. Tanto a privatização da fé quanto sua politização total são atitudes reducionistas (cf. DP 558-559).

6) A Igreja toda está comprometida na evangelização e na salvação-libertação integrais e, assim, na medida em que o político faz parte – perspectiva inclusiva – dessa evangelização e dessa salvação é a Igreja toda que está presente no campo político, mas tratar-se-ia de uma participação *indireta*. Como se dá esta participação indireta no político? Sem dúvida, mediante "o seu testemunho, sua doutrina e sua multiforme ação pastoral" (cf. DP 522) incluindo a crítica corajosa de sistemas, estruturas e situações que obstaculizam ou impedem a humanização do ser humano, o lento trabalho de conscientização evangélica, a educação capaz de ajudar a desenvolver o sentido da justiça e da solidariedade etc. Em seu sentido amplo, a política relacionada com o bem comum deve estar presente à Igreja toda (cf. DP 521). As encíclicas do Papa João Paulo II constituem um bom exemplo desta participação indireta na política, especialmente no âmbito internacional e mundial.

7) *Diretamente* participam no político os cristãos a título individual ou em associações, partidos, organismos em diversos níveis etc. Os representantes da instituição eclesial – bispos, padres, diáconos, religiosos(as) bem como leigos(as) com cargos de direção no trabalho pastoral – não devem intervir na política em sentido partidário (cf. DP 526-530). A razão é óbvia: tal intervenção tem o perigo de dividir a comunidade eclesial e ameaça destruir a liberdade necessária para exercer a sua função crítico-profética (cf. GARCÍA RUBIO, 2001: 515-518).

Antônio: – Este último ponto se entende com facilidade, sempre que consideremos as situações normais existentes em países com uma democracia política, social e econômica, relativamente bem-estabelecida. Mas, como aplicar esta orientação em situações de extrema injustiça, em que o bispo, ou os padres ou outra pessoa que representa a instituição não têm outra alternativa, por fidelidade ao Evangelho, a não ser um compromisso direto político para defender pessoas ou grupos violentados ou massacrados da maneira mais bárbara e mais injusta? Os exemplos não faltam na história recente do nosso país. Quer dizer, parece-me que essa norma, sábia sem dúvida, admite exceções, em circunstâncias também excepcionais.

9.7. Dimensão sociopolítica da vida nova conforme a revelação bíblica

Cida: – Até agora nada falamos a respeito da política vista na perspectiva básica da Palavra de Deus. O que nos ensina ela sobre a dimensão política da vida humana?

O Velho: – Naturalmente, não encontramos na Sagrada Bíblia uma exposição sistematizada sobre a dimensão política do ser humano. Todavia, é uma dimensão muito presente no Antigo Testamento, sempre relacionada, iluminada, questionada ou criticada na ótica da fé javista. Alguns pontos mais relevantes podemos focalizar:

1) O êxodo mostra a relação íntima existente entre a libertação religiosa – Israel poderá adorar livremente o seu Deus, Iahweh – e a libertação política da escravidão sob o poder egípcio.

2) O poder político é uma realidade valorizada no Antigo Testamento, mas ao mesmo tempo trata-se de uma realidade que facilmente se absolutiza derivando para a idolatria. Valorização e relativização do político, uma tensão que percorre toda a história de Israel no Antigo Testamento. Se, por um lado, a salvação oferecida por Iahweh não se identifica com nenhuma política humana, por outro lado, a vivência dessa salvação inclui a dimensão política e notadamente comporta a instauração de relações de justiça em diversos níveis.

3) A dimensão política faz parte também da fé messiânica, pois esperava-se a concretização de um mundo novo, guiado pela justiça e pela convivência pacífica.

4) No tema da criação do ser humano à imagem de Deus aparece também a valorização da dimensão política. Lembremos que este tema da imagem ressalta, entre outros aspectos, a importância da responsabilidade humana tanto em relação ao mundo criado quanto em relação à humanização de todos. E tudo isto comporta a valorização do político.

Antônio: – No Novo Testamento a dimensão política da vida humana, como todas as realidades deste mundo, é vista sempre em conexão com o Reino de Deus e, assim, em relação com a salvação cristã.

O Velho: – É verdade. Toda absolutização do poder político é condenada como idolátrica (cf. Ap 14,6-7; 13,2), todavia, dentro dos seus limites, reconhece-se a validade e a necessidade do poder político (cf. Rm 13,1-7). Estes textos de Romanos e do Apocalipse apresentam, de maneira clara, a tensão entre fé e política, também no Novo Testamento[20].

O mais importante, contudo, na perspectiva do Novo Testamento, é a constatação de que a pregação de Jesus de Nazaré, as suas atitudes, opções e comportamento, bem como o sentido da sua morte e da sua ressurreição, tinham um considerável alcance político, sendo improcedente toda tentativa de reduzir o acontecimento que é Jesus Cristo ao mundo do privado e intimista. Entretanto, este tema já foi abordado anteriormente.

---

20. Para um resumo da relação entre fé e política, na perspectiva bíblica, cf. García Rubio, 2001: 494-508.

10
O novo ser, carismático-comunitário

Cida: – Onde entra aqui a experiência comunitária eclesial? É verdade que o tema fundamental das nossas reflexões é a antropologia cristã. Mas, acho que deveríamos falar, ao menos uma palavra, sobre a abertura aos outros, vista numa perspectiva diretamente eclesial.

O Velho: – Tem razão, Cida, pois o homem e a mulher novos não percorrem de maneira individualista e isolada um caminho de libertação. Sabemos que, conforme o Novo Testamento, a novidade de vida se vive comunitariamente, como membros do corpo de Cristo que é a Igreja (cf. Rm 12,3-13; 1Cor 12,4-31). Entre os membros do corpo ou da comunidade eclesial existe uma variada e rica comunicação de dons, de solidariedade, de ajuda, de sofrimento assumido pelo outro, de alegria compartilhada...

10.1. Torre de Babel ou Pentecostes: isolamento *versus* experiência comunitária

Antônio: – A vivência comunitária constitui outra característica da nova vida. É o resultado da atuação do Espírito do Deus Ágape no ser humano. Para uma melhor compreensão desta característica do homem e da mulher novos, convém estabelecer uma comparação entre o relato da construção da torre de Babel (cf. Gn 11,1-9) e a narrativa de Pentecostes (cf. At 2,1ss.). No episódio da torre de Babel, deparamo-nos com o orgulho e a arrogância dos humanos que querem apoderar-se do mundo divino, desejando substituir Deus. O resultado do empreendimento é bem conhecido: os seres humanos não se entendem entre si. Fechados na própria subjetividade, não conseguem viver uma relação pessoal. Falam-se línguas diferentes, falha a comunicação, destrói-se a vida comunitária.

Cida: – O contrário acontece em Pentecostes: pela efusão do Espírito até mesmo aqueles que falam línguas diferentes se entendem. Começa a ser superado o isolamento e o fechamento na própria subjetividade. Agora é possível a experiência comunitária. Agora é possível a vida da Igreja. Com toda razão, a fé cristã situa o nascimento da Igreja em Pentecostes.

O Velho: – A efusão do Espírito que nos torna filhos de Deus nos abre, simultaneamente, para a experiência eclesial. Cada membro da comunidade recebe o dom do Espírito. Cada um é penetrado e guiado pelo Espírito, que impulsiona para a abertura comunitária, superadora do fechamento nos próprios interesses egoístas. O dom do Espírito é criador de comunidade, levando à superação das divisões e discriminações.

10.2. Atuação do Espírito na comunidade

Antônio: – Algo que procuro comunicar aos membros da minha comunidade é a realidade de que cada um deles recebe do Espírito um dom ou um "carisma" próprio. Existem tantos carismas quantos são os membros da comunidade. Cada um tem uma missão ou vocação na comunidade eclesial. Cada um tem seu carisma. Entretanto, o carisma existe prioritariamente para o serviço comunitário, para a edificação da comunidade. Neste sentido, o homem e a mulher novos são sempre *carismáticos*, guiados pelo Espírito que cria comunidade e comunhão no meio de tensões, lutas e divisões presentes na nossa história e no nosso tempo.

O Velho: – Entretanto, o carisma mais importante, afirma Paulo, a cujo serviço devem estar todos os outros, é o amor concreto e efetivo (cf. 1Cor 13). Só o amor-serviço permanecerá para sempre.

Antônio: – Um dos frutos mais significativos da presença do Espírito no homem e na mulher carismáticos, renovados, é a *alegria* (cf. At 2,46-47; 13,52). Dom da alegria prometido por Jesus aos seus discípulos (cf. Jo 16,22). O fundamento desta alegria é Jesus Cristo ressuscitado a mostrar que a palavra definitiva não está com a morte nem com a condenação, mas com a vida e com a libertação plenas. A presença e a atuação do Espírito faz com que a pessoa renovada perceba o "novo" existente já no seu interior bem como na comunidade e na história humana. Na ambiguidade da história e da vida cotidiana, essa pessoa entrevê já sinais da vitória definitiva da vida, da liberdade e do amor.

O Velho: – É a atuação do Espírito que faz com que a pessoa renovada perceba a presença de Cristo em cada ser humano, especialmente nos mais desprezados e deixados de lado. O Espírito faz perceber que a outra pessoa é imagem de Deus com a qual está identificado Jesus Cristo, a imagem verdadeira de Deus. Esta percepção é de fundamental importância, pois a salvação ou a não salvação se decidem de acordo com o amor-serviço vivido ou não em relação às pessoas concretas marginalizadas, desprezadas, injustiçadas... (cf. Mt 25,31-46).

Antônio: – E acrescentemos que a vivência comunitária eclesial não é um fim em si mesma, pois a Igreja está a serviço da renovação da humanidade. A Igreja, lembra-nos o Concílio Vaticano II, é sinal e instrumento de salvação para toda a humanidade (cf. LG 1).

11
A vida nova no encontro inter-humano mediatizado pela sexualidade

Antônio: – A pessoa humana é sexuada. Todas as relações entre os seres humanos estão, de alguma maneira, mediatizadas pela sexualidade. Parece-me ser impossível aprofundar o significado dessas relações, na perspectiva da vida nova conforme Jesus Cristo, sem levar em consideração a realidade da nossa sexualidade humana. E sabemos que o modo como é vista e como é vivida a sexualidade molda poderosamente a nossa personalidade. E acresce que guarda uma íntima relação com a maneira com que nos relacionamos com Deus.

11.1. Dualismo antropológico e falta de integração da sexualidade

Cida: – Em boa hora a reflexão teológica começa a se preocupar com a nossa dimensão humana da sexualidade. Se se trata de uma realidade fundamental do ser humano, é claro que a fé cristã deverá ter algo de significativo para nos dizer a respeito dela.

Antônio: – Mas, o problema aqui reside em que a sexualidade, no decurso da nossa tradição cristã ocidental, não tem sido vista como dimensão básica da existência humana. Não que a preocupação com o exercício da sexualidade estivesse ausente na vida eclesial. Ao contrário, foi uma preocupação muito presente, mas referida, sobretudo, à prática sexual, às normas que deveriam guiar o seu exercício, à delimitação do que é pecado ou não é pecado, na vivência da sexualidade.

O Velho: – De fato, uma reflexão sobre o projeto salvífico do Deus da revelação bíblico-cristã não deveria deixar de lado uma realidade tão importante e tão abrangente como é a dimensão sexual da nossa existência. E note-se bem que falo da sexualidade em termos de dimensão, deixando definitivamente de lado toda redução da sexualidade ao domínio meramente genital-biológico. Aceitando as conclusões comprovadas das ciências humanas, especialmente da psicanálise, essa redução deve ser criticada e superada. Um discurso teológico acerca da sexualidade que queira ser significativo, hoje, deve partir dos resultados dos estudos e pesquisas antropológicos sobre a sexualidade humana. Em grande parte, a incompreensão que manifestam muitos homens e mulheres atuais, também no interior da Igreja, a respeito das normas em matéria de moral sexual dadas pela mesma Igreja, se deve a esta defasagem entre o que conhecemos sobre a sexualidade e as orientações práticas dadas pelo ensinamento da Igreja. São muitos os que constatam uma séria crise de credibilidade por parte de numerosos católicos em relação ao ensinamento eclesiástico sobre comportamento sexual.

Parece que o descrédito das normas da Igreja em matéria de comportamento sexual aumenta cada vez mais. Também entre os católicos[21]. Em outras oportunidades, tenho manifestado a minha

---

21. Na Espanha, um país de forte tradição católica, em conformidade com uma pesquisa publicada em 1989, 72% dos católicos reconheciam que as normas da Igreja em matéria sexual não interferiam na própria vida sexual. Com o agravante de que 47% eram católicos praticantes. Cf. C. Domínguez Morano (op. cit., p. 204), referindo-se a um trabalho realizado por J.J. Toharia. *Cambios recientes em la sociedade española*. Madri, 1989, p. 57. Em matéria de obediência às normas sexuais da Igreja não parece que os católicos brasileiros sejam mais observantes.

estranheza diante da rápida mudança de mentalidade de muitos católicos a respeito das normas sexuais. Vejamos, por exemplo, a proibição do uso de anticoncepcionais. Anos atrás, umas três décadas, o católico praticante que desobedecia esta proibição se sentia com a consciência pesada e, quando se aproximava do sacramento de reconciliação, pedia perdão dessa desobediência. Aqueles que, como eu, iniciaram o ministério sacerdotal antes do Vaticano II sabem quantos dramas de consciência esta problemática suscitava na consciência de muitos católicos casados. Trata-se apenas de um exemplo. Sabemos que durante longo tempo os pecados contra a castidade ocuparam o centro da preocupação de grande parte dos cristãos. E, rapidamente, nos anos imediatamente posteriores ao Vaticano II, esta perspectiva mudou. Hoje, parece que ninguém mais peca em matéria de comportamento sexual! No sacramento da reconciliação praticamente desapareceu essa acusação.

É saudável que os pecados em matéria sexual deixem de aparecer no centro da preocupação do cristão, pois o centro é sempre o amor concreto e o pecado é, fundamentalmente, falta de amor. Falta de amor que também pode se manifestar no comportamento sexual, mas não de maneira exclusiva ou predominante. O egoísmo que instrumentaliza o outro, a dominação, a injustiça, a discriminação etc., será que se dão apenas no âmbito do comportamento sexual? O amor concreto e efetivo junto com a prática da justiça deveriam estar sempre no centro mesmo da práxis cristã. Isto não significa que não exista pecado em matéria de sexualidade. Como nos restantes domínios da existência humana, a dominação e a coisificação do outro, o fechamento na própria subjetividade estão presentes também no comportamento sexual. O fundamental do pecado em matéria de comportamento sexual reside no fechamento no próprio eu (autoerotismo, nas suas diversas manifestações) e na coisificação/instrumentalização de outra – ou outras – pessoa.

Cida: – Infelizmente, é isto que não aparece claro na consciência de tantos e tantos cristãos. A ruptura entre o amor, o afeto e a ternura, por um lado, e a prática da relação sexual por outro, teve, no meu entender, e ainda tem consequências muito graves. Imagino que o dualismo antropológico tem muito a ver com essa ruptura.

O Velho: – Sim, este divórcio, como já assinalamos acima, é fruto do velho dualismo entre alma e corpo, entre espírito e matéria, entre razão e afeto, e assim por diante. A sexualidade, situada do lado do corpo, ficou reduzida ao âmbito biológico/genital visando apenas a procriação. Esta perspectiva desenvolvida pelo estoicismo influenciou poderosamente a visão patrística da sexualidade e, posteriormente, na visão eclesial, praticamente até bem entrado o século XX. E as normas em matéria de comportamento sexual partiam desta visão biológica da sexualidade. Ora, a visão da sexualidade mudou substancialmente a partir das ciências humanas, especialmente dos descobrimentos da psicanálise. Esta perspectiva alicerçada nas pesquisas científicas tem levado a teologia a repensar o significado humano e cristão da sexualidade, vista numa perspectiva abrangente, como uma dimensão básica da pessoa, que vai além do dado biológico e afeta a pessoa inteira, também na sua espiritualidade, no seu encontro com Deus. As normas de comportamento sexual deveriam, pois, estar fundamentadas nesta visão integrada da sexualidade[22].

Assim, vamos partir, nesta nossa conversa, da constatação de que toda a nossa existência, com toda a sua riqueza de relações, está permeada do nosso dinamismo afetivo-sexual. Trata-se de um dinamismo presente em toda a pessoa humana, que deve ser integrado no processo de personalização a serviço da humanização do indivíduo em todas as suas relações básicas: consigo mesmo,

---

22. É o que fazem, p. ex., Vidal, 1981: 301-476. • Hortelano, 1990: 225-719.

com os outros seres humanos – sempre sexuados –, com o mundo criado por Deus e, especialmente, com o próprio Deus. Vista nesta amplitude, aparece facilmente o quanto a sexualidade humana tem a ver com a salvação e a criação.

11.2. Sexualidade: aspectos antropológicos

Antônio: – Nas palavras de um psicanalista "a sexualidade designa uma função vital orientada à busca de um encontro fusional, totalizante e prazeroso" (DOMÍNGUEZ MORANO, 1992: 174). E acrescenta a psicanálise: não se trata propriamente de um instinto, como acontece na sexualidade dos animais, mas de uma *pulsão* que penetra toda a existência do ser humano "até o ponto que se pode afirmar com toda justiça que tudo no homem tem uma dimensão sexual, embora não exista nada que possa ser entendido como pura e exclusivamente sexual" (cf. DOMÍNGUEZ MORANO, 1992: 175).

Cida: – Surpreende-me, sobretudo, na sexualidade, o seu caráter ambivalente. Por uma parte, aparece o seu caráter fortemente fascinante, que atrai poderosamente com promessas de felicidade inebriante e de plenitude. Por outra parte, contudo, ela vem experimentada como uma realidade ameaçadora, misteriosa, incontrolável. Fascinação e receio ou medo, vida e morte andam juntos na vivência da sexualidade (cf. GARCÍA RUBIO, 2001: 460ss.).

Antônio: – Outro aspecto sublinhado pela psicanálise é a íntima relação existente entre sexualidade e poder. "Potente" e "impotente" referem-se tanto ao exercício da sexualidade quanto ao exercício do poder. Não é de se estranhar que aqueles que exercem um poder dominador procurem a repressão da sexualidade. Sujeitos reprimidos sexualmente tornam-se súditos dóceis, "impotentes" diante do poder dominador (cf. DOMÍNGUEZ MORANO, 1992: 178).

Cida: – Não seria possível indicar os elementos antropológicos conhecidos hoje que podem servir de alicerce para uma reformulação da nossa visão da sexualidade? Percebo que não é qualquer visão do homem que pode servir de mediação para uma reflexão teológica responsável sobre a sexualidade. A partir da visão do ser humano como ser de consumo, na procura imediata de gratificações, fechado no seu narcisismo mais ou menos infantil, é claro que não podemos fundamentar uma reflexão cristã sobre a sexualidade.

O Velho: – O pano de fundo, já vimos repetidamente, só pode ser a visão *integrada* do ser humano. Numa perspectiva integrada, não é difícil focalizar os elementos antropológicos que podem constituir a mediação antropológica para uma visão humana e humanizante da sexualidade. Evidentemente, só uma sexualidade reconhecida como humana poderá ser vivida "no Senhor". Com o risco de pecar pela simplificação, eu gostaria de fazer a seguinte enumeração:

1) A sexualidade humana possui um aspecto ou instância (como prefere chamar M. Vidal) *biológica*. Isto não está em contradição com aquilo que falamos anteriormente sobre o caráter abrangente da sexualidade humana. Uma coisa é reduzir a sexualidade humana à biologia, e outra coisa, muito diferente, é a constatação – óbvia, por outra parte – de que a sexualidade humana possui uma instância biológica. Não interessa aqui a descrição do que seja o sexo cromossômico, o sexo gonádico e o sexo hormonal[23]. O que importa aqui é ressaltar que o sexo biológico humano comporta dois aspectos básicos, a saber, a função *procriativa* e a função *prazerosa*. Mas, ambos os aspectos são vividos pelo ser humano de maneira pessoal. A função procriativa não se reduz ao biológico, pois comporta a responsabilidade humana (paternidade

---

23. Sobre a sexualidade humana na sua base biológica, cf. Vidal, 1981: 338ss.

e maternidade responsáveis). E a dimensão prazerosa é experimentada pela pessoa na sua integralidade, embora esteja enraizada na biologia. Quer dizer, o aspecto biológico da sexualidade humana é sempre biológico *humano* (cf. VIDAL, 1981: 341-345).

2) Com a dimensão *psíquica,* a sexualidade torna-se uma vivência humana, torna-se conduta humana. "Pode-se dizer que a sexualidade biológica representa uma força *não autoclarificadora,* enquanto a dimensão psicológica introduz a *clarificação.* Isto supõe que o impulso sexual, entendido como 'necessidade' biológica, vive numa obscuridade existencial, sem saída clara e com seus elementos caoticamente misturados. A dimensão psicológica introduziria o *sentido* na sexualidade humana: desde esse momento, o impulso sexual abre-se para a luz, abre-se para a relação, converte-se em conduta, reveste-se de linguagem, encarna-se no símbolo, desenvolve-se na celebração festiva do gozo sexual. Numa palavra, encontra-se a saída humana da *palavra* clarificadora e encaminhadora" (VIDAL, 1981: 346).

A sexualidade humana não se reduz a impulso genital, antes este se torna *desejo* humano. O impulso genital é chamado a ser integrado no dinamismo próprio da pessoa. Esta integração realiza-se aos poucos, num processo lento de maturação (cf. VIDAL, 1981: 346-350). A atração biológico-genital é chamada a tornar-se relação e encontro entre pessoas. E isto supõe algo de amadurecimento da subjetividade aberta, com as características que já conhecemos. O acolhimento e a valorização do outro precisamente como outro sexuado é, pois, indispensável para poder viver a sexualidade de maneira pessoal.

3) Importante também é o aspecto social e cultural da sexualidade humana. É necessário ressaltar bem que a sexualidade possui uma dimensão social e cultural. Esta afirmação contrasta com as tendências meramente "psicologizantes" que situam a sexualidade

apenas na vivência do sujeito. Nestas tendências, é fácil observar a passagem do excesso de objetivismo ao excesso de subjetivismo.

Contrariando uma opinião muito comum, o dinamismo da sexualidade humana não está orientado para o autoerotismo, mas para a abertura ao outro sexuado, orienta-se para a criação do plural "nós". Quando duas pessoas vão superando a linguagem do singular "eu gosto", "eu penso" etc., e passam espontaneamente a utilizar o plural "nós", é um bom sinal de que a relação entre ambas, mediatizada pela sexualidade, está amadurecendo.

Cida: – Na realidade, se não fosse a poderosa força da sexualidade, por que é que o rapaz ou a moça deixaria a sua vida de solteiro(a), com as regalias que desfruta na casa dos pais, com a comida gostosa da mãe, com a proteção segura do pai etc.? Certamente, existem outras motivações para "deixar o pai e a mãe e unir-se à sua mulher" (Gn 2,24), mas não deveríamos esquecer o impulso sexual que impulsiona para essa saída do próprio mundo familiar, aventurando-se a viver uma vida em comum com alguém, em boa parte ainda desconhecido.

Antônio: – Esta orientação para a criação de um novo "nós" explica a necessidade de comunicar às outras pessoas e às outras famílias a existência desta nova realidade social, do novo "nós", da nova realidade familiar e social. Este é o significado antropológico do casamento. Na celebração do casamento, comunica-se solenemente a existência do novo núcleo familiar, pede-se ajuda das outras famílias e das outras pessoas para poder levar adiante os compromissos que a nova situação social comporta, pede-se a aceitação do novo núcleo familiar e oferece-se a própria disponibilidade. Esta dinâmica da comunicação aos outros da existência do novo "nós" constitui outro indício importante do caráter aberto e não fechado da sexualidade humana.

Cida: – Infelizmente, este dinamismo da sexualidade não é percebido por muitos, até mesmo nas nossas comunidades eclesiais.

A ideia de que a sexualidade é uma realidade meramente privada é muito espalhada. Não se percebe o quanto de social apresenta a sexualidade humana. "Nós dois nos amamos, estamos vivendo juntos e basta!", se escuta falar frequentemente. Mais ainda: o fato de oficializar a união é visto até como contraproducente: "estava tudo indo muito bem, fomos casar no civil ou no religioso e pouco depois o casamento começou a ir por água abaixo", se escuta também dizer. O subjetivismo unilateral está presente nestas atitudes. Obviamente, a sexualidade comporta uma dimensão fortemente subjetiva, íntima e privada, mas possui também uma dimensão comunitária e social. E, mais uma vez, é fácil constatar que a articulação entre o subjetivo e o objetivo é muito deficiente. O objetivo e o subjetivo parecem andar em linhas paralelas que nunca se encontram.

O Velho: – O fundamental, sem dúvida, é o amor mútuo. Acontece, porém, que o amor humano é isso, humano, sujeito ao vaivém dos estados subjetivos emocionais, ao cansaço, à tentação de trocar de parceiro(a), quando alguém aparece rodeado da luminosidade própria do novo, em contraste com o relacionamento velho já tão conhecido e que virou monótono etc. O amor humano tem necessidade do apoio da instituição, da ajuda que significa o compromisso assumido publicamente e, para a pessoa de fé cristã, o compromisso assumido diante do Deus-Amor, testemunha e garantia desse amor chamado a durar no tempo e a se desenvolver e amadurecer. Desprezar a institucionalização do casamento leva consigo o fechamento na própria subjetividade, pouco importa que o fechamento seja a dois. Certamente, a instituição não substitui o amor, mas é uma ajuda importante que atua como lembrança do compromisso assumido, como estímulo e orientação.

Antônio: – A instituição sozinha não tem capacidade para fundamentar solidamente o casamento. Se os cônjuges deixam de cultivar o amor, o cuidado, a expressão simbólica do afeto manifestada de tantas e tantas maneiras, ele pode, mesmo, desaparecer.

No casamento, como em toda relação afetiva, é indispensável *cultivar* a relação no nível simbólico. É necessário procurar e encontrar um tempo e um espaço dedicado a expressar esse afeto com palavras e com gestos. Abandonada a expressividade simbólica, o amor, mediatizado pela sexualidade, tem pouco futuro. A vida em comum tornar-se-á cada vez mais uma árida obrigação, um relacionamento privado da sua seiva vital.

O Velho: – Na realidade, o amor só é levado a sério quando assumido no compromisso. Para isso é que existe a instituição. Dada a instabilidade do sentimento humano, o amor precisa de um alicerce mais sólido, propiciado pela institucionalização.

A qualidade da relação sexual – humana ou desumana – tem muito a ver com a qualidade das relações familiares e sociais. E vice-versa, a família e a sociedade condicionam poderosamente a qualidade da vivência da sexualidade: circularidade estreita, para o bem ou para o mal.

De maneira especial, a coisificação da mulher na relação sexual repercute na família e na sociedade. Entre nós, no Brasil, esta coisificação ou instrumentalização apresenta uma característica peculiar. Na qualidade de país que foi colonizado, carrega o Brasil o fardo do patriarcalismo ibérico, agravado pelo fato de que os "conquistadores" deixavam as mulheres na Europa e "conquistavam" aqui as mulheres nativas de forma semelhante a como conquistavam terras e riquezas. O "eu conquisto", autárquico e dominador, é o mesmo homem que conquista a índia, a negra, a mestiça, a mulata... *objeto*s da sua volúpia masculina.

Na pastoral popular, em contato com numerosas mulheres que, devido à ação evangelizadora da Igreja, tomam consciência do seu valor e da sua dignidade de pessoas, saem do analfabetismo, assumem liderança na comunidade eclesial, nas associações de moradores etc., tenho constatado o quanto gravemente são feridas na sua autoestima de mulheres, quando são tratadas como objetos na relação sexual. Ora, uma mulher coisificada na relação sexual, como poderá transmitir aos filhos o valor e a beleza que significam a vivência humana da sexualidade, vivida na abertura ao outro(a) reconhecido e valorizado como outro? O filho pode até escutar com respeito as recomendações dessa mãe, mas acabará seguindo o exemplo do pai, coisificando também a mulher. A cultura machista apresenta profundas raízes culturais, entre nós.

Antônio: – Parece que o autoerotismo predomina largamente na nossa sociedade. Autoerotismo que pode se dar também nas relações entre dois parceiros sexuais, sempre que a sexualidade é vivida sob o comando de uma subjetividade fechada e, assim, instrumentalizadora do outro.

O Velho: – Aparece, destarte, o caráter também político e econômico da sexualidade. Quando um povo, especialmente a sua juventude, fica prisioneiro do autoerotismo, como poderá ter a energia, a coragem e a generosidade necessárias para um compromisso sério com a justiça e com a solidariedade concretas? Como poderá uma juventude prisioneira do autoerotismo, acostumada a gratificações imediatas sem maior compromisso, empenhar-se num projeto de longo alcance, visando mudanças estruturais que permitam uma vida digna do ser humano para todos?

Nas últimas décadas, falei repetidamente que, se eu tivesse muito dinheiro e interesse na permanência do *status quo* econômico e político atual, empregaria uma boa parte desse dinheiro em propaganda autoerótica. Aliás, isto nada tem de novidade. De fato, o neocapitalismo sabe muito bem aproveitar o autoerotismo para "satisfazer" as necessidades dos jovens, desmobilizando-os quase por completo. A sexualidade é reduzida ao nível de mercadoria, muito rentável, por sinal.

Cida: – O que deixa muito triste é a constatação de que nós, da Igreja, não aprofundamos as questões referentes à sexualidade e pouco trabalhamos a serviço do discernimento da nossa juventude, ao menos aquela que faz parte da Igreja. Pergunto-me, com todo respeito, por que a Campanha da Fraternidade, tão sensível em relação aos problemas do país, não tem dedicado, até o momento, um tema para tratar diretamente da problemática sexual, no Brasil?

Antônio: – Que me conste nem mesmo a Teologia da Libertação se tem preocupado diretamente com a temática da sexualidade humana ou desumana[24]. Pergunto-me: Como será possível a libertação econômica, política e social, numa perspectiva integrada, se as pessoas vivem sua sexualidade num nível infra-humano? A libertação da pessoa, para que possa viver uma sexualidade humana e humanizante, não faz parte de um projeto de libertação integral?

Cida: – Temos falado muito de sexualidade humanizante e desumanizante. Talvez seria conveniente agora resumir o que entendemos por vivência desumanizante da sexualidade.

O Velho: – O critério básico foi já apresentado, quando tratamos da subjetividade fechada ou aberta. A vivência da sexualidade pautada pela subjetividade fechada só poderá ser desumana, pois desenvolve relações de dominação e coisificação do outro ser humano. Explicitando um pouco mais, podemos afirmar que será desumanizante a vivência da sexualidade, quando não se aceita o próprio limite, se rejeita a diferença que a outra pessoa constitui e se pratica a violência (esta última nem sempre é física; pode ser também psicológica ou financeira). E, ao contrário, será humanizante a sexualidade, quando as duas pessoas sabem aceitar o próprio limite, assumindo realmente que o outro é distinto e rejeitando todo tipo de violência. Parece algo tão simples, mas não o é. Acontece que estas características da sexualidade humana e humanizante não se improvisam. Na realidade, começam a se

---

24. E. Dussel constitui uma exceção. Cf. especialmente: *Para uma ética da libertação latino-americana* – Vol. III: Erótica e pedagógica. São Paulo: [s.e.], [s.d.].

desenvolver na primeira infância, da mesma forma que a afetividade. O que foi tratado acima sobre a relação da criancinha com a mãe encontra no caso da sexualidade plena aplicação. Sabemos, hoje, que a criança tem que ser ajudada a cortar o cordão umbilical, também na dimensão psíquica. Precisa ser ajudada a separar-se da segurança aconchegante do indiferenciado e indistinto representado pela mãe. A identificação com a mãe, quando não superada, vai tornar-se um obstáculo poderoso para o desabrochar de uma sexualidade amadurecida. Lembremos, sobretudo, do que foi abordado sobre a importância do sentimento infantil de onipotência e sobre a necessidade de superá-lo. Pois bem, quando não acontece essa superação, muito dificilmente, a pessoa – homem ou mulher – vai aceitar que ele ou ela não é tudo na relação sexual, com a tentação inerente de utilizar a violência, na vivência da sexualidade.

Antônio: – Cabe aqui lembrar também a importância que reveste o fato de dizer, frequentemente, à criança o nome dela, distinto do nome dos pais. Ela vai percebendo, assim, que ela é *alguém*, uma pessoa *distinta* do pai e da mãe. A criança deve igualmente ser ajudada na percepção de que ela não é a origem dela mesma, quer dizer, que a sua origem está na união amorosa e fecunda dos seus pais, que ela não é o centro do universo. É necessário ajudá-la, então, na superação do sentimento de onipotência. O povo tem razão, quando afirma que a união e o entendimento entre os pais constitui a melhor forma de educar os filhos.

O Velho: – Esta aceitação de que ela não é tudo nem é o umbigo do mundo junto com a aceitação da sua distinção em relação aos pais, irmãos e demais pessoas vai preparando o desenvolvimento da vivência da sexualidade humana e humanizante com as características apontadas anteriormente.

11.3. Proposta salvífica de Deus e sexualidade

Cida: – E, voltando à visão bíblico-cristã do ser humano, será que a Sagrada Escritura se preocupa com a sexualidade humana e a inclui na proposta salvífica de Deus?

11.3.1. A sexualidade na salvação-criação conforme o Antigo Testamento

O Velho: – Sem dúvida. Comecemos com a teologia da criação. Primeiramente, a sexualidade aparece *dessacralizada*. Não é considerada uma força divina, como acontecia nos povos cananeus. O culto às deusas da fecundidade, a prática da prostituição sagrada etc., constituíam manifestações do caráter sagrado atribuído à sexualidade. Em Israel, porém, não era assim. A sexualidade faz parte do mundo bom criado por Deus. Ela é criada e abençoada por Iahweh (cf. Gn 1,26ss.). Com que finalidade? O relato do capítulo 2 sobre a criação do homem e da mulher ressalta que a finalidade da sexualidade é o encontro amoroso de ambos, vivido na reciprocidade (cf. Gn 2,23-24). Já o relato sacerdotal apresenta a sexualidade relacionada com a *procriação*. Certamente, cada uma destas finalidades não exclui a outra; ao contrário, ambas se encontram mutuamente implicadas.

Cida: – Então, por que é que durante séculos foi apresentada a procriação como a única finalidade da sexualidade humana?

O Velho: – O encontro amoroso entre o homem e a mulher não foi excluído, em geral, na nossa tradição. Mas, sem dúvida a procriação foi apresentada como a finalidade principal da sexualidade humana. Não é difícil entender o porquê. Vejamos, a seguir.

Primeiramente, o poderoso influxo da visão dualista do ser humano fez com que o corpo e, com ele, a sexualidade, fossem olhados com suspeita e desconfiança, como realidade em confronto com o mundo espiritual.

Em segundo lugar, devemos lembrar como era vivida, frequentemente, a sexualidade no mundo greco-romano: bacanais, orgias sexuais, prostituição sagrada etc. Para a consciência cristã, essa não poderia ser a maneira eticamente adequada de viver a sexualidade.

E, assim, a Igreja apoiou-se nas correntes estoicas que apresentavam um projeto rigorista para a vivência da sexualidade. Para estas correntes, a sexualidade só tem sentido humano quando seu exercício visa a procriação. Esta seria a única finalidade que tornaria lícito o ato sexual[25]. Nesta perspectiva, a sexualidade era vista unicamente no nível biológico-genital. A comparação com a sexualidade animal era frequentemente desenvolvida. Conforme vimos ao tratar da criação do homem e da mulher (cf. item 3.4.5.), tanto Santo Agostinho quanto Santo Tomás interpretam o texto de Gn 2,18 no sentido de que a mulher é dada ao homem como auxiliar unicamente para a procriação (cf. SANTO AGOSTINHO. In: *PL*, 34, 396)[26]. Uma resposta condicionada pelo ambiente cultural, pois não corresponde ao sentido do texto citado.

Antônio: – Os resultados desta opção eclesial pelo rigorismo estoico são bem conhecidos. Em relação à sexualidade, foi-se desenvolvendo um clima bem pouco sadio de suspeita, malícia, desconfiança, reticências e sentimentos de culpa. Reduzida a sexualidade ao nível biológico-genital, empobreceu gravemente o convívio do casal. A dimensão relacional da sexualidade humana, o encontro pessoal que ela comporta, toda esta riqueza parece que não foi valorizada ou o foi de maneira deficiente.

Para os religiosos, dado que, devido à opção celibatária, não pretendem procriar, pareceria que a sexualidade era assunto resol-

---

25. L. Janssen, na obra *Mariage et fecondité – De Casti connubi à Gaudium et Spes* (Paris, 1967), apresenta uma série de textos patrísticos em que é fácil perceber a dependência em relação ao estoicismo.

26. Para a opinião de Santo Tomás, cf. *In I Cor VII, lect. 1.*

vido. Sabemos que não é assim e não foi assim no passado. Lidamos com uma dimensão básica do ser humano e não com uma mera função procriadora. Uma dimensão que não se pode deixar de lado impunemente. Parece que, em grande parte, a chamada educação para o celibato, e também para o casamento, foi pautada muito mais pela repressão do que pela integração do dinamismo da sexualidade. Vista a sexualidade só do ponto de vista biológico-genital, não era possível uma integração real do dinamismo e da grande força vital inerente à sexualidade humana, que deveria estar a serviço da opção pessoal, no nosso caso, a serviço do Reino de Deus, seja no estado matrimonial seja no estado celibatário.

Falei acima da obsessão de muitos cristãos, celibatários ou não, com os pecados em matéria sexual. Paga-se caro em termos de equilíbrio psicológico e espiritual, quando se nega a existência de uma dimensão básica da nossa existência. Concluindo este ponto, parece que tem predominado a repressão às custas da integração. Certamente, em épocas passadas faltava o conhecimento que temos hoje, propiciado pelas ciências humanas, a respeito da complexidade e da riqueza que constitui a sexualidade humana. Não existem desculpas para nós se, hoje, mantemos a mesma pedagogia do passado, em matéria de sexualidade humana.

Cida: – Voltando ao texto bíblico do Antigo Testamento, não me parece que a Sagrada Escritura apresente uma visão ingênua da sexualidade. Dependendo de *como* é vivida, ela pode significar bênção, fecundidade e vida ou, então, maldição, esterilidade e morte. Também, para a Sagrada Escritura, a sexualidade pode constituir um terreno propício para a dominação, para a violência destruidora do outro e para todo tipo de deturpações do seu sentido originário.

O Velho: – Sim, a sexualidade é um dom de Deus criador e como todo dom, infelizmente, pode ser deturpado. E a propósito de deturpação, parece-me importante focalizar aqui a interpretação que o teólogo calvinista E. Fuchs faz dos textos do Antigo Testamento que tratam do "impuro" em matéria sexual. Segundo este teólogo, entraria na categoria de "impuro" tudo quanto procura eliminar as diferenças entre os sexos, no sentido inverso à ação criadora divina. Com efeito, sabemos que a criação é apresentada no relato sacerdotal de criação como ação ordenadora e diferenciadora, que do indiferenciado e caótico (cf. Gn 1,1ss.) faz surgir a ordem e a distinção entre os seres, notadamente, a distinção entre varão e fêmea (cf. Gn 1,26ss.). Confundir ou eliminar a distinção homem/mulher seria, assim, uma tentativa de retorno ao caos primitivo, ao indiferenciado e indistinto (cf. FUCHS, 1979: 31-36).

Cida: – Não posso deixar de perguntar novamente: Será que a sexualidade não está relacionada com a salvação querida e oferecida por Deus ao ser humano?

O Velho: – A resposta deve ser afirmativa. E. Schillebeeckx tem toda razão quando chama a atenção para o fato de que algo de especial deve ter a relação homem-mulher mediatizada pela sexualidade, visto que é usada uma e outra vez pelos profetas para simbolizar o amor e a aliança de Iahweh para com o povo de Israel (cf. SCHILLEBEECKX, 1969: 52-67).

11.3.2. Sexualidade e prioridade do Reino de Deus, no Novo Testamento

Cida: – E no Novo Testamento, especialmente nas atitudes e na pregação de Jesus de Nazaré, o que se encontra afirmado sobre a sexualidade?

1) Jesus: homem livre na vivência da sexualidade

O Velho: – Para nós cristãos é de fundamental importância conhecer o posicionamento de Jesus Cristo a respeito da realidade que é a sexualidade. Os autores concordam que todas as realidades humanas, incluída a sexualidade, são relativizadas por Jesus Cristo. Para Ele, a única realidade absoluta é o Reino de Deus. Não é que as outras não tenham valor, não. O que se passa é que todas são vistas na sua relação com o Reinado de Deus, todas são vistas e valorizadas em função dele. É verdade que nos evangelhos pouco se fala a respeito do comportamento sexual. Esta não parece ser uma preocupação prioritária para Jesus. Será que Jesus com seu silêncio não estará colaborando com a repressão da sexualidade, "pois o melhor modo de repressão consiste precisamente em declarar inexistente o reprimido"? (DOMÍNGUEZ MORANO, 1992: 181).

A resposta a esta pergunta é claramente negativa. A realidade da sexualidade é afetada de maneira profunda pela atividade e pela pregação de Jesus. Acostumados a uma moral de tipo casuístico, poderão alguns cristãos sentir falta no Evangelho de orientações concretas sobre o comportamento sexual. Entretanto, convém lembrar que casuísmo, moralismo e ritualismo estão fora da ótica em que se coloca Jesus que é sempre a irrupção maravilhosa e libertadora do Reino de Deus. Toda a sua vida, o sentido profundo da sua pregação, cada gesto do seu comportamento e de suas atitudes estão polarizados pelo Reino de Deus. Esta entrega ao Reino de Deus, ao Amor de Deus é profundamente libertadora. Jesus é um homem livre, no sentido mais adulto do termo. Livre em relação à lei, à religião, aos preconceitos e discriminações, livre em relação aos poderes deste mundo (políticos, religiosos, econômicos...). Livre na vivência da sua sexualidade, relacionado com mulheres de maneira adulta, dialógica, equilibrada. O celibato de Jesus recebe seu sentido profundo da sua entrega ao Reino de Deus, não tendo nada a ver com desprezo da mulher ou da sexualidade.

A realidade é outra. Como assinalamos ao tratar da dimensão política da vida e da pregação de Jesus, ao invés de ficar "em cima do muro", Ele denuncia, com palavras e atitudes, a podridão da sociedade, denúncia radical que o levará à condenação à morte. Os falsos valores que impedem a aceitação do Reinado de Deus são desmascarados com uma coragem e uma lógica extraordinárias. O mundo religioso no seu conjunto e as estruturas que nele se apoiavam aparecem no seu verdadeiro sentido: um mundo falso, hipócrita, dominador, opressor e fortemente marginalizador. E também marcado pelo agravamento de que tudo é sacralizado em nome da lei de Deus. Em relação a esta realidade religiosa e social, é fácil compreender o quanto foi estremecedor o comportamento e a pregação de Jesus. As bases mesmas da podridão religiosa e social ficam, assim, desmascaradas claramente. A repercussão sobre a sexualidade da prioridade total concedida ao Reino de Deus e a denúncia dos falsos valores do *status quo* religioso e social vem concentrada, segundo C. Domínguez Morano, nas atitudes e palavras de Jesus em relação à família, ao lugar do pai e à posição da mulher na sociedade de seu tempo. Trata-se de estruturas fundamentais que configuram e canalizam a sexualidade. Vejamos de maneira muito resumida.

2) Jesus: relativização da família

Cida: – Confesso que não percebo em que sentido Jesus relativiza a família.

O Velho: – Sempre fiel à prioridade concedida ao Reino de Deus, Jesus não atribui aos vínculos familiares um valor absoluto. A família verdadeira de Jesus está composta por aqueles que vivem a realidade inaugurada pelo Reino (Lc 11,27). Quer dizer, os vínculos familiares são relativizados em função dos vínculos que a aceitação desse Reinado comporta (Mc 3,31-35). O critério de valorização da família é sempre a aceitação dos critérios e valores do Reino. Certamente, sabemos da importância da família como transmissora de valores e comportamentos de uma sociedade e de uma cultura. Só que essa transmissão pode orientar para valores do Reino (solidariedade, justiça, serviço...) ou para valores contrários ao Reino (consumismo, marginalização, exclusão, injustiça...). Por causa dos valores do Reino, por causa do seguimento de Jesus, encarnação viva desses valores, o conflito e a divisão se instalam no interior da família, conflito e divisão vistos como necessários para tornar possível a libertação que leva à vivência de relações conforme o Reino (relações integralmente humanas e humanizadoras). Os vínculos familiares, de fato, podem ser um obstáculo para o seguimento de Jesus (Mt 10,21; 10,34-38; Mc 1,20).

Para Jesus, a família não tem caráter absoluto e não deverá ser sacralizada, pelo fato de que controla e canaliza a sexualidade. Na família, bem sabemos, são transmitidos frequentemente antivalores que perpetuam relações de dominação, de injustiça, de discriminação etc. vigentes na sociedade. Assim era, no tempo de Jesus, e assim é na atualidade. E a sexualidade, não ficará descontrolada pelo fato de que a família seja relativizada e dessacralizada? Jesus não se detém diante desse tipo de consideração (DOMÍNGUEZ MORANO, 1992: 185-186). Se a família vive os valores do Reino, a sexualidade será vivida de maneira humana e humanizante, na ótica do Reino. Se vive os antivalores, o máximo que a família fará será desenvolver um controle repressivo sobre a sexualidade. Ou, então, transmitirá uma visão consumista, instrumentalizadora e coisificante da sexualidade. Péssimo serviço, prestado nos dois casos, à causa de uma vivência humana da sexualidade.

3) Jesus: superação da dependência infantil do pai

Antônio: – Em que sentido Jesus, que viveu com tanta intimidade a relação filial com o Deus-Abba, critica o lugar do pai na comunidade dos discípulos?

O Velho: – É verdade que Jesus convida também à superação da figura paterna (Mt 23,9). Pela psicanálise, observa C. Domínguez Morano, conhecemos a íntima relação existente entre a sexualidade e a figura paterna. O pai representa tanto a lei e a proibição, a limitação dos desejos e dos objetos de amor bem como o fundamento do superego, com toda a carga de censura e de controle que este comporta.

Pois bem, o convite de Jesus para que o discípulo supere a figura do pai indica-nos que, para viver as novas relações próprias do Reino, é necessário vencer a dependência infantil do pai, que é necessário ser uma pessoa adulta, assumindo a própria responsabilidade e os desafios que a liberdade leva consigo. Só na liberdade e no exercício da autonomia pessoal é possível viver o serviço ao Reino. Na realidade, o discípulo só tem um Pai, mas um Pai que é a negação do paternalismo que paralisa o crescimento do filho na sua liberdade e autonomia. O pai, enquanto figura de repressão e de autoritarismo, é desqualificado por Jesus. É curioso, sublinha C.D. Morano, o fato de que, ao tratar da recompensa do discípulo, a figura do pai não aparece: "Em verdade vos digo que não há quem tenha deixado casa, irmãos, irmãs, mãe, pai, filhos ou terras por minha causa ou por causa do Evangelho, que não receba cem vezes mais desde agora, neste tempo, casas, irmãos e irmãs, mãe e filhos e terras, com perseguições; e no mundo futuro a vida eterna" (Mc 10,29-30). O pai não é mencionado na recompensa! A figura do pai, como símbolo de dominação e de repressão, deverá estar superada pelo discípulo. As relações na comunidade do Reino são pautadas pela fraternidade e sororidade. Relações de dominação e de repressão não condizem com os valores do Reino. E, certamente, não constituem fundamento adequado para uma vivência humana e humanizante da sexualidade.

Obviamente, C.D. Morano não tenciona desvalorizar a importância do pai na família e na sociedade. Sabemos o quanto é urgente valorizar a figura do pai, nestes tempos de crise do patriarcalismo[27]. O que o autor critica é a figura do pai dominador e opressor e, junto com ele, é criticada a família patriarcal e as estruturas sociais e religiosas que se fundamentam no patriarcalismo.

Sim, Antônio, Jesus vive uma íntima relação filial com o Deus invocado como Abba, mas trata-se de um Pai que é Amor, no polo oposto da dominação e da opressão.

4) Jesus: libertação da mulher

Cida: – A atitude de Jesus em relação às mulheres me toca profundamente. E me pergunto: Nas comunidades eclesiais não estaremos perpetuando atitudes e comportamentos próprios de uma cultura patriarcal?

O Velho: – Vejamos, então, a libertação da mulher que é o terceiro aspecto no comportamento e na pregação de Jesus, com incidência profunda na maneira de entender e de vivenciar a sexualidade. É próprio do patriarcalismo relegar a mulher a um segundo plano. Ela também é humana, mas, pensava-se, em um plano secundário e na dependência do homem. E isto porque, nela, a razão estaria menos desenvolvida que no homem, dominada que está pela sensibilidade e pela emoção. Na sociedade, na Igreja e na família a mulher deveria sempre estar subordinada ao homem. E assim foram estruturadas estas instituições. A estrutura patriarcal tem afetado toda a organização social e se encontra poderosamente presente na configuração da personalidade dos indivíduos concretos.

Sabendo da profundidade com que o patriarcalismo penetra nas estruturas sociais, religiosas e psicológicas de um povo, podemos

---

27. Sobre a crise do patriarcalismo, do ponto de vista sociológico, cf. Castells, 1999: 169-285.

compreender melhor o impacto que significou o comportamento de Jesus em relação à mulher, pois a subordinação da mulher é peça essencial da estrutura patriarcal. Aqui cabe uma consideração a respeito da atitude cristã em face da escravidão. Tristemente, durante longos séculos, a Igreja aceitou a instituição da escravidão. Hoje, nós percebemos a contradição existente entre a mensagem de Jesus Cristo e a instituição da escravidão. E lamentamos a infidelidade concreta da Igreja no que se relaciona à escravidão. É verdade que não nos compete julgar o passado com uma mentalidade atual. Hoje temos consciência, devido a vários fatores, do gravíssimo atentado contra a dignidade humana que significa a escravidão. Por que nossos antepassados que liam os evangelhos não perceberam essa indignidade? E, assim, somos obrigados a reconhecer que os condicionamentos culturais foram mais fortes que a percepção dos valores evangélicos. A pergunta surge logo: Não estará acontecendo a mesma coisa com a dignidade da mulher? A leitura atenta dos evangelhos não deveria levar o cristão a se engajar na luta pela equiparação da mulher com o homem, como pessoa autônoma, responsável, chamada a desenvolver a própria vocação pessoal? Em princípio, isto é aceito hoje na Igreja. Mas, na prática, a subordinação da mulher continua. Ela continua, frequentemente, a ser vista apenas em função do homem, a cujo serviço deverá estar na família, nas igrejas, no escritório etc. A reação do feminismo, em âmbito mundial, se entende facilmente neste contexto.

No patriarcalismo, a mulher é vista, sobretudo, na sua dimensão biológica: ela é mãe e esposa (ou amante ou prostituta, sempre para satisfazer o homem). Seu valor reside no seu corpo. Como pessoa humana, com liberdade e responsabilidade próprias, ela pouco conta. A coisificação e a instrumentalização da mulher não são coisas apenas do passado. No mundo cultural em que viveu Jesus, o patriarcalismo também reinava soberano.

Para Jesus, a mulher é um ser humano, uma pessoa, amada imensamente pelo Deus do Reino. Um ser humano, uma pessoa chamada a responder, na sua liberdade, ao amor gratuito de Deus. E, assim, Jesus não aceita a marginalização da mulher. No Reino de Deus, a marginalização é superada radicalmente. No posicionamento de Jesus contra o divórcio, aparece em primeiro plano a defesa da mulher, da sua dignidade pessoal e dos seus direitos humanos. A mulher não é propriedade do homem, não é uma coisa, não é algo que pode ser descartado quando não interessa mais. E isto é o que acontecia, no tempo de Jesus, com o divórcio (cf. Mc 10,2-12). Mulheres, tal como homens, seguem Jesus como discípulas (cf. Lc 8,1-3). Jesus não faz distinção entre o homem e a mulher para o seguimento. Não aceita os condicionamentos culturais que marginalizam a mulher (cf. Jo 4,27-29). Ela, tal como pode ser o homem, é testemunha de Jesus Cristo (cf. Jo 4,39). Elas são as primeiras a receber o anúncio da ressurreição e são enviadas para testemunhar a sua realidade (cf. Lc 24,1-8; Mt 28,7-8). C. Domínguez Morano, baseado na psicanalista F. Dolto, chama a atenção para o comportamento de Jesus em relação à mulher hemorroíssa (cf. Lc 8,43-48). Considerada impura, marginalizada, ela nem se atreve a apresentar-se com seu sofrimento diante de Jesus. Ocultamente, toca a orla da túnica de Jesus, sem querer chamar a atenção, discretamente. Jesus, que não aceita a marginalização, interpela a mulher, para que levante a cabeça e para que não aceite a marginalização, para que se assuma como sujeito livre, acreditando no seu valor, percebendo-se digna de respeito, com seu valor pessoal (cf. DOMÍNGUEZ MORANO, 1992: 196-197).

11.4. Amor sexual e experiência de salvação

Cida: – Quando uma pessoa fala em amor sexual, em nosso mundo cultural, está se referindo ao amor erótico, ao amor de desejo. Sem dúvida, o amor sexual implica o desejo do outro, o desejo de que o outro(a) possa satisfazer a minha necessidade vital. Visto nesta ótica, o amor sexual ocuparia o nível mais baixo na escala de valorização do amor humano. Tratar-se-ia ainda de um amor bastante grosseiro, tentado continuamente para instrumentalizar o outro(a) na procura do próprio prazer.

Ora, como conclusão de tudo quanto foi exposto até o momento, vejo claramente que esta visão do amor sexual está penetrada ainda do velho dualismo que reduz a sexualidade ao domínio biológico-genital. Minha própria experiência de mulher casada está a me mostrar que, no amor sexual, posso integrar o desejo do outro numa experiência de amizade caracterizada pela vivência da *reciprocidade,* que implica respeito e aceitação do outro como outro (amor de *philia,* conforme a nossa tradição cultural ocidental). E, mais ainda, experimento que posso viver o desejo e a amizade integrados no grau mais profundo do amor que, para nós cristãos, é o *amor agápico,* caracterizado pelo desenvolvimento da gratuidade nas relações. É o amor com que Deus nos ama e que nós somos chamados a vivenciar, em resposta ao amor dele, especialmente em relação aos inimigos (cf. Mt 5,38-48). Tempo atrás uma amiga minha me confidenciava: "agora só amo ao meu marido com amor cristão!" Entendo o que ela queria dizer. Trata-se de uma triste confissão. Felizmente, não é essa a minha experiência. O meu amor erótico, amor de intenso desejo, é vivido numa amizade profunda e unido a uma experiência do amor de Deus na nossa vida de casal. Assim, a relação sexual, sem perder nada do desejo e da expressão da necessidade do outro, sem perder nada de amizade na reciprocidade que sabe dar e receber, se constitui numa experiência mística, numa profunda experiência de Deus. Como gostaria que outros muitos casais pudessem viver a riqueza dessa experiência gloriosa de unificação dos diversos aspectos do amor! (cf. GARCÍA RUBIO, 1994: 105-108).

Antônio: – Do ponto de vista pastoral, me pergunto ainda: Será que não existe uma relação entre a imagem que a pessoa faz de Deus e o modo como essa pessoa vive a sua sexualidade?

O Velho: – Existe uma íntima relação. A imagem de um Deus violento e ciumento está unida a uma vivência da sexualidade pautada pela violência e pela coisificação da outra pessoa na relação sexual. A imagem do Deus do diálogo e da alteridade implica a vivência da sexualidade na aceitação do próprio limite e na abertura agradecida ao ser sexuado da outra pessoa, reconhecida e valorizada como outra (cf. GARCÍA RUBIO, 1994: 74). E isto quer dizer que o anúncio e a aceitação do Deus de Jesus Cristo, do Deus do diálogo e do amor gratuito, constitui poderosa ajuda para a vivência de uma sexualidade realmente humana.

12
A vida nova e os desafios ecológicos

O Velho: – Vimos como a humanização integral do ser humano, em conformidade com a proposta do Deus salvador-criador, comporta também a responsabilidade em relação ao mundo criado por esse Deus. A vida nova em Jesus Cristo inclui também um relacionamento sábio com o meio ambiente. O que focalizamos sobre a subjetividade aberta aplica-se, também, às relações ecológicas.

Cida: – Na consciência de muitos cristãos não está nada clara a relação entre ecologia e salvação cristã.

O Velho: – De fato, não são poucos os cristãos influenciados pela ideologia da modernidade, na vertente que desenvolve a subjetividade humana entendida como racionalidade instrumental em moldes fortemente dualistas. Como já tivemos ocasião de focalizar, o dualismo entre sujeito e objeto é muito acentuado no mundo da modernidade. O sujeito analisa, esmiúça, divide e subdivide o objeto para poder dominá-lo melhor. A ciência experimental e a tecnologia são utilizadas para esta finalidade. E, de fato, resulta gigantesco o esforço desenvolvido pela modernidade na vertente da racionalidade instrumental para conquistar e submeter ao ser humano o mundo da energia e da matéria. Ora, este esforço tem resultado tremendamente ambíguo. Se, por um lado, melhorou consideravelmente as condições de vida de uma boa parte da humanidade (em termos de saúde, educação, alimentação, transporte, comunicações etc.), tem significado, por outro, uma destruição e uma degradação do meio ambiente sem paralelo na história anterior da humanidade. E, assim, a aliança entre o dualismo sujeito-objeto e a visão do ser humano fechado na própria subjetividade, chamado a defender a própria identidade em luta constante contra os outros seres humanos e contra o mundo da natureza, tem resultado desastrosa em termos da convivência humana e de convivência ecológica.

Antônio: – Será que a visão de Deus, dominante no âmbito da modernidade, não terá alguma relação com esta visão doentia do ser humano?

O Velho: – Certamente, tem. O Deus do deísmo é visto como um Absoluto fechado em si mesmo, dominador do mundo por ele criado. Ora, o ser humano, imagem desse Deus, deverá ser também um sujeito fechado, chamado como Deus a dominar esse mundo da natureza. Quanto mais dominador, tanto mais se assemelha ao Deus do Absoluto fechado nele mesmo. Estamos no polo oposto do Deus da revelação bíblica, do Deus comunidade, subjetividade plenamente aberta ao ser humano e à criação toda, porque em si mesmo é um Deus-diálogo, amor-comunicação intratrinitária.

Cida: – Mas não entendi por que o Antônio falou de visão doentia do ser humano.

Antônio: – Bem, aqui também se cumpre aquilo de que pelos frutos o ser humano será conhecido. Uma civilização que vê o ser humano como inimigo dos outros seres humanos e do meio ambiente, em luta incessante contra uns e contra outros, não poderá ser senão uma civilização doentia, que envenena os seres humanos que respiram o seu ar viciado. Parece-me que as críticas contra a arrogância e a vontade de domínio do homem da modernidade são pertinentes. Estas críticas denunciam, em definitivo, a gravidade da doença que afeta ao homem moderno.

O Velho: – Não é necessário mostrar aqui o quanto o homem da civilização industrial tem poluído e depredado o meio ambiente, pois é algo hoje sobejamente conhecido.

Cida: – Penso que poderíamos começar identificando o desafio. A pergunta inicial poderia ser esta: O que tem a ver a fé cristã e a reflexão teológica com a crise ambiental?

O Velho: – A resposta já foi dada, em parte, quando tratamos acima da doença da civilização moderna. Se a natureza está doente é devido à doença que afeta o ser humano. A crise ecológica é um problema fundamentalmente humano e, sendo um problema humano, interessa obviamente à fé cristã e à reflexão teológica. Não é difícil perceber que na crise ambiental está presente e atuante o pecado humano. Existe ainda outro motivo que leva a reflexão teológica a se interessar pela crise ambiental, a saber, não tem faltado ultimamente críticas à teologia judaico-cristã da criação, considerando-a uma das raízes principais da arrogância moderna que tem orientado a civilização industrial na exploração abusiva do meio ambiente. Como responde hoje a teologia a esta dificuldade?

12.1. Teologia da criação: raiz da crise ecológica atual?

Antônio: – Talvez seria conveniente começar pela segunda dificuldade, pois na resposta a ela parece-me que já está incluída a resposta à primeira.

O Velho: – Trata-se de um bom caminho. Vejamos, então: Em que consiste o núcleo da crítica endereçada à teologia da criação? O mandato genesíaco de "submeter a terra" e de "dominar os animais" (cf. Gn 1,28) tem sido obedecido pelo homem moderno. Dotado este de poderosa tecnologia, tem concretizado algo que estava latente na teologia judaico-cristã da criação. Este mandato dado por Iahweh está colocado no contexto que situa a criação do ser humano no cume de uma pirâmide, no sexto dia da criação, como coroamento e como finalidade de tudo quanto foi criado. Tudo foi criado para o homem, a serviço do homem. Ele é o centro da criação. Tudo isto, que já se encontrava latente na teologia da criação conforme o Antigo Testamento, tem sido explicitado e desenvolvido pelo homem da civilização industrial, com os resultados extremamente ambíguos acima indicados.

Cida: – Mas esta interpretação não desvirtua o significado da teologia da criação? Não entendo como esta pode ser entendida como um mandado para dominar de maneira ilimitada o meio ambiente.

O Velho: – Não há dúvida de que se trata de uma grave deturpação. Gn 1,28 tem sido interpretado a partir da ideologia moderna do progresso ilimitado e da subjetividade entendida unilateralmente como racionalidade instrumental. E isto não sem a cumplicidade de teólogos que aceitaram acriticamente as premissas da modernidade. A mesma divisão dos capítulos 1 e 2 do Gênesis contribuiu para esta interpretação. Como é sabido hoje, o relato da criação do capítulo 1 do Gênesis – tradição sacerdotal – não termina no v. 31, mas no capítulo 2,4a, enquanto o relato javista inicia-se em Gn 2,4b. Assim, pois, na tradição sacerdotal, o sábado, e não o ser humano, é que constitui o término da criação. No centro do relato sacerdotal da criação está a ação criadora divina e o seu coroamento é o sábado, abençoado e consagrado pelo Senhor Deus (cf. Gn 4,3).

Cida: – Como entender, então, o mandato de *dominar* a terra e de *submeter* os animais?

O Velho: – Mesmo na tradição sacerdotal claramente *proclamativa*, como já ressaltamos acima, o ser humano, criado à imagem de Deus, é chamado a assumir sua vocação de administrador responsável em face do mundo criado por Deus, o qual é muito distinto do comportamento moderno que tem desenvolvido um relacionamento abusivo e destruidor do meio ambiente. Mas é necessário reconhecer que os termos *dominar* e *submeter* soam mal para a consciência ecológica que, hoje, está se desenvolvendo. E, de fato, se prestam à confusão. Cabe aqui perguntar: Será que não seria conveniente uma outra tradução que respeite o sentido do texto e do contexto, evitando, ao mesmo tempo, a ambiguidade da tradução tradicional? Em conformidade com alguns especialistas atentos ao problema, a expressão "submetei a terra" poderia ser melhor traduzida por "tomai posse da terra", significando que cada grupo humano ou tribo deve ficar instalado num território próprio. "Dominar" os animais poderia ser traduzido por "domesticar os animais" para o serviço dos seres humanos, algo bem distinto da exploração e da destruição de incontáveis espécies animais. Em relação aos animais, a função do ser humano não é a do exterminador, mas aquela própria de um pastor ou de um juiz de paz (cf. GARCÍA RUBIO. In: VV.AA., 1992: 13, nota 8).

Antônio: – Não me parece que com estas precisões se queira negar o papel especial do ser humano na criação. De fato, só ele é criado à imagem de Deus, como vimos acima. No centro de interesse da Bíblia está Deus – teocentrismo –, mas trata-se do Deus relacionado com toda a sua criação, especialmente com o ser humano. Teocentrismo e antropocentrismo, mutuamente relacionados, não aparecem em oposição na Bíblia. A fé bíblico-cristã pode, assim, defender a importância especial que apresenta o ser humano na criação, chamado que é a assumir a responsabilidade pelo cuidado e pela preservação do meio ambiente. Na criação, o ser humano tem a função de administrador responsável, de pastor ou de juiz de paz. Função esta que não deve levá-lo à dominação, destruição ou à exploração abusiva do meio ambiente. Isto seria falhar gravemente à sua responsabilidade. Para enfrentar e vencer essa tentação da arrogância e da dominação é necessário lembrar sempre que o ser humano é uma criatura, irmão de todas as outras criaturas. Relações de *responsabilidade* são complementadas por relações *de comunhão*.

12.2. Dimensão cósmica da criação-salvação mediante Jesus Cristo

Cida: – Imagino que aquilo que foi tratado acima sobre o cristocentrismo da criação pode iluminar também a atitude humana em face do meio ambiente.

O Velho: – Certamente. O melhor aqui é lembrar as afirmações do hino cristológico de Cl 1,15-20, especialmente os v. 15-17. "Pois nele tudo foi criado... Tudo foi criado por Ele e para Ele, e Ele existe antes de tudo; tudo nele se mantém..." Ou então a afirmação de 1Cor 8,6: "para nós só há... um só Senhor, Jesus Cristo, pelo qual tudo existe e pelo qual nós existimos". Jesus Cristo, anterior à criação, é apresentado como autor-mediador dela. O fundamento último da criação, sua consistência e unidade mais íntima encontra-se em Jesus Cristo. Ele é o mediador da salvação (cf. Cl 1,18-20), mas é também mediador da criação. Em Ef 1,1-10; Hb 1,1-4; Jo 1,1-4 ressalta-se também a função cósmica de Jesus Cristo, tanto na criação quanto na salvação, inseparavelmente unidas.

Antônio: – Importa muito sublinhar hoje, desafiados que estamos pela crise ecológica, essa dimensão cósmica de Jesus Cristo. Ele é o mediador da salvação de cada ser humano e da humanidade, isto é algo que a Igreja anunciou sempre fielmente. Contudo, nem sempre ficou bem explicitado que a eficácia da sua mediação salvífica se estende ao universo inteiro e que o cosmo todo está penetrado da presença do Senhor Jesus, ou seja: que salvação e criação estão unidas como dois aspectos da mesma realidade cristológica.

O Velho: – Esta perspectiva cósmica da criação-salvação mediante Jesus Cristo nos coloca diante da realidade negativa do pecado que afeta, como consequência, o mundo das criaturas e não apenas o mundo humano. O mundo criado pelo amor de Deus, do qual o ser humano é chamado a assumir a responsabilidade de cuidar e de preservar, é afetado negativamente pela irresponsabilidade do ser humano. A ruptura da relação com Deus que leva consigo a ruptura das relações humanas implica também a falsificação da relação do ser humano consigo mesmo e comporta igualmente a ruptura das relações entre os humanos e as outras criaturas.

Antônio: – As palavras de Paulo (cf. Rm 8,18-22) que estabelecem uma relação entre o destino do ser humano e o destino do cosmo, tanto na não salvação como na salvação, sempre me impressionaram profundamente. O pecado humano está na raiz da situação do cosmo "submetido à vaidade" e à "escravidão da corrupção". E, assim, "a criação, em expectativa, anseia pela revelação dos filhos de Deus" e, como os cristãos, "geme e sofre as dores do parto até o presente". Também nós cristãos "gememos interiormente, suspirando pela redenção do nosso corpo". Em conexão com Jesus Cristo ressuscitado, nosso corpo será glorificado e com ele a criação toda. A libertação é humana e cósmica, novamente sem separação dualista.

12.3. Perspectiva trinitária: comunhão e conhecimento participativo

Cida: – A confissão de fé no Deus Trindade, será que não tem nada a ver com a atitude humana em face do meio ambiente?

O Velho: – O Deus Trindade é o Deus criador. Na criação se dá uma autocomunicação de Deus, não de um Deus solitário, mas do Deus Comunhão, Relação. Um Deus que é Trindade em si mesmo. A total soberania de Deus, longe de toda perspectiva dualista excludente, inclui a íntima comunhão com as criaturas, de modo sempre transcendental, não categorial. Novamente, lembremos que não existe oposição entre a soberania do Deus Trindade e a sua presença no mais íntimo do ser delas.

Antônio: – É por isso que nas criaturas podemos perceber a autocomunicação de Deus (cf. Sb 13,1-9; Rm 1,19-20). Na contemplação das criaturas, podemos perceber a presença de Deus, o criador amoroso, porque Trindade em si mesmo. A comunhão, a relação, o amor trinitário estão presentes na criação. É o que foi ressaltado acima sobre o caráter simbólico-sacramental da mesma.

O Velho: – Outra consequência importante para o nosso tema se depreende da realidade de que Deus é Trindade em si mesmo e, por isso, se revela como Trindade na salvação, mas também na criação. Se Deus se autocomunica também na criação, mister será relacionar-se com ela de maneira bem diferente ao modo como tem sido tratado o meio ambiente no mundo da civilização industrial. Certamente, o conhecimento instrumental e objetivante é necessário em amplos setores da vida humana. Mas, trata-se de um conhecimento que deve ser corrigido no que pode ter de unilateral e complementado com um tipo de conhecimento mais pautado pela comunhão e pela participação. Precisamos recuperar com urgência a atitude contemplativa em face do mundo criado pelo amor de Deus. O encantamento diante da vida, das cores, das formas, do universo deveria ser recuperado. Encantamento acompanhado da ação de graças e do louvor, do respeito cuidadoso diante de um dom tão magnífico. Sim, o mundo pode ser utilizado a serviço de uma vida mais humana, mas utilizado com um coração agradecido. A pesquisa científica e o desenvolvimento tecnológico não têm por que ser guiados pela mera instrumentalização e pelo mero utilitarismo. Há outras considerações sumamente importantes que deveriam estar presentes em todo projeto de transformação do meio ambiente. A fé cristã em Deus Trindade, criador e salvador, tem muita coisa a dizer a este respeito[28].

---

28. Sobre toda esta temática, é importante a obra de Moltmann, 1986.

Antônio: – Concordo, plenamente. Sim, é muito necessário desenvolver o conhecimento participativo e contemplativo, corrigindo e complementando a tendência moderna para o conhecimento utilitário. Uma nova sensibilidade é indispensável para a humanização do ser humano, sensibilidade para perceber o caráter simbólico do mundo criado por Deus. O mundo criado pelo amor de Deus é expressão-comunicação desse amor. É um mundo "dado", "falado" por Deus, um mundo que existe muito antes do aparecimento do ser humano sobre a terra. Um mundo que o ser humano recebe como dom gratuito do amor de Deus, dom que deveria suscitar adoração, reverência e ação de graças. E precisamente por se tratar de um dom do amor de Deus, o mundo criado possui um sentido, carrega em si mesmo um rico simbolismo, que o ser humano deveria ser capaz de captar, de louvar e de agradecer.

Enredados num feroz utilitarismo, torna-se urgente recuperar a visão contemplativa do mundo criado, a capacidade para receber o dom da criação e para louvar e agradecer a Deus por isso. A capacidade de ficar admirado diante da criação experimentando encantamento diante dela. Receber agradecidos o dom da criação não constitui uma atitude passiva, pois o ser humano é chamado a responder ao dom de maneira consciente e livre, assumindo a sua responsabilidade pelo seu cuidado e preservação, além de manifestar reverência, louvor e agradecimento.

Na qualidade de expressão do amor do Senhor Deus, do Deus que é Trindade, os animais, as plantas e os seres todos inanimados não deveriam ser reduzidos a meros objetos instrumentalizados e manipulados. Isto constitui um empobrecimento grave do seu rico significado. Os seres da criação, sinais da presença e da atuação amorosa desse Deus, carregam um sentido profundo simbólico-sacramental (cf. GARCÍA RUBIO, 2001: 588s.).

12.4. O horizonte escatológico e as relações com o meio ambiente

Antônio: – A dimensão ecológica do pecado e da salvação está unida, naturalmente, à perspectiva escatológica. Com efeito, se a salvação-libertação do pecado afeta o ser humano integralmente considerado, incluindo a sua corporalidade, a mesma coisa deverá ser afirmada da perspectiva escatológica. Na plenitude escatológica fará parte o nosso cosmo transformado.

O Velho: – Sim, a Sagrada Escritura nos fala de "novo céu e de nova terra" (cf. Is 65,17; 2Pd 3,13; Ap 21,1), indicando essa abrangência total da salvação. O ser humano e com ele o cosmo participam da plenitude escatológica. Ao mesmo tempo, a Promessa da transformação do mundo na ressurreição do ser humano constitui uma crítica à situação em que se encontram as relações entre o ser humano e o seu meio ambiente, relações deturpadas que levam à degradação e à destruição de incontáveis espécies vegetais e animais. E a crítica vem acompanhada da interpelação para a mudança no relacionamento ser humano-meio ambiente. O anúncio da plenitude escatológica constitui também um apelo à conversão. Basta de arrogância e de cegueira pecaminosas! É necessário mudar a qualidade do relacionamento face ao meio ambiente! A grande promessa escatológica urge a realização de promessas imperfeitas, mas reais, que realizam germinalmente essa promessa. Novamente, aparece aqui o fecundo tema da circularidade entre a realização de promessas e a expectativa da promessa (cf. GARCÍA RUBIO, 1992: 23-24).

12.5. O desafio ecológico: implicações para a ética e a espiritualidade

Cida: – Imagino que o desafio da crise ecológica leva consigo também implicações para a ética e para a vida espiritual.

O Velho: – Sem dúvida. Para a ética, posto que é necessário desenvolver relações responsáveis com o meio ambiente. E para a espiritualidade, uma vez que, no seguimento de Jesus Cristo, estão incluídas as relações responsáveis com o meio ambiente. No seguimento de Jesus Cristo, na aceitação da prioridade total a ser concedida ao Reino de Deus, urge recuperar o sentido *ascético* da vida cristã. A prioridade concedida ao Reino de Deus unida à tremenda degradação imposta ao meio ambiente no mundo da modernidade industrial interpelam o cristão para vivenciar um estilo de vida mais austero.

Antônio: – Imagino que está se referindo aos cristãos do Primeiro Mundo e àqueles que integram as minorias ricas no Terceiro Mundo.

O Velho: – Exato. Aos pobres e excluídos do Terceiro Mundo (e também do Primeiro), quando faltam condições mínimas para uma existência humana, seria grande cinismo pedir uma vida mais austera! Como pedir uma maior autolimitação do consumo àqueles que mal possuem o indispensável para uma precária sobrevivência? A bem-aventurança dos pobres (Lc 6,20) e dos pobres em espírito (Mt 5,3) está dirigida a todos os cristãos, mas de maneira diferente, quando se trata daquele pobre de fato ou daquele que, não sendo pobre, é chamado a se colocar a serviço dos pobres. A salvação do não pobre passa pelo serviço aos pobres. Exige que se coloque a própria riqueza, muita ou pouca, a serviço dos pobres e excluídos (cf. GARCÍA RUBIO, 2003: 59-66), sem esquecer, junto com a partilha, o estilo de vida austero, como corresponde ao homem e à mulher que vivem a prioridade concedida por Jesus ao Reino de Deus. A necessidade de viver com austeridade aparece aqui muito clara.

Cida: – No contexto desta perspectiva de uma espiritualidade da partilha e da austeridade no modo de vida, é mister denunciar com palavras e com o testemunho o mito moderno do progresso indefinido. É um mito que tem desembocado no "novo evangelho" do consumismo. A boa-nova é fácil de ser entendida: bem-aventurado é aquele que pode consumir, quanto mais melhor (mais bem-aventurado!). Pouco importa o esgotamento dos recursos naturais, pouco importa que o esbanjamento esteja relacionado com a penúria e a carência de outros. Os cientistas alertam para o suicídio coletivo que a obediência a esse mito leva consigo. Os recursos do meio ambiente não são ilimitados e, certamente, não é possível estender aos que estão fora da globalização o nível de vida que desfruta a minoria afluente que participa da globalização. A ética e a espiritualidade têm também muita coisa para dizer a este respeito (cf. GARCÍA RUBIO, 2003: 24-25).

12.6. A necessária articulação entre o político e o ecológico

Antônio: – A respeito da problemática ambiental, percebo a existência de uma dissociação entre a preocupação ecológica e a preocupação pelos seres humanos concretos privados do mínimo necessário para a simples sobrevivência. É verdade que há menos baleias, para citar só um exemplo, do que seres humanos. Seres humanos há muitos, até demais, segundo muitos defensores do controle demográfico a qualquer custo. Então, dizem alguns, vamos priorizar as espécies animais e vegetais em perigo de extinção! Que alguns milhões de seres humanos pereçam de fome ou de doenças que poderiam ser curadas acaba aparecendo uma preocupação secundária. Afinal, seres humanos é que não faltam! É óbvio que é legítimo e necessário a preocupação pelas espécies animais ou vegetais em perigo de extinção, mas não em detrimento da preocupação e das ações que busquem soluções para os gravíssimos problemas humanos suscitados pelas desigualdades sociais e pelas injustiças no nível estrutural. Com outras palavras, o influxo do velho dualismo reaparece aqui também. Em nome da ecologia, o social e o político acabam relegados a um lugar secundário.

Cida: – Mas, o contrário também pode acontecer. A preocupação social e política pode estar separada da preocupação pelo meio ambiente. De fato, não é isso que tem acontecido, entre nós, com a Teologia da Libertação?

O Velho: – É verdade, a Teologia da Libertação (uma teologia política), como as teologias da história e da práxis, desenvolvidas recentemente, tem sido bastante unilateral. A valorização do ser humano, em conformidade com a tradição bíblica, não tem sido acompanhada suficientemente pela preocupação ambiental. Convém, assim, lembrar que a teologia política nunca deveria estar separada de uma teologia do cosmo e vice-versa (cf. GARCÍA RUBIO, 2001: 552-554). Contudo, é mister reconhecer que, nos últimos anos, a preocupação ecológica passa a ocupar um lugar de destaque na reflexão teológica de alguns teólogos da libertação[29].

Cida: – Uma vez que fica clarificado que a raiz das injustiças sociais e econômicas é a mesma que leva a poluir, degradar e destruir o meio ambiente, fica muito fácil entender por que a problemática sociopolítica e econômica é inseparável da problemática ecológica. A raiz, já vimos acima, é a arrogância desenvolvida pela subjetividade fechada que leva a descuidar o irmão e a irmã, a vivenciar relações de dominação e de instrumentalização dos outros seres humanos e, igualmente, do meio ambiente. Seres humanos, coisas e o cosmo todo são vistos apenas de maneira instrumental.

12.7. Dimensão cósmica do amor cristão

Antônio: – O amor cristão tem uma dimensão cósmica. É uma afirmação que me parece nada ter de exagerado, a partir da teologia da criação e, sobretudo, em conexão com o senhorio

---

29. É o caso de L. Boff. Cf. p. ex.; *Ecologia: grito da terra, grito dos pobres.* São Paulo: Ática, 1995. • Id. *Saber cuidar* – Ética do humano, compaixão pela terra. Petrópolis: Vozes, 1999.

universal – sobre os seres humanos e sobre o cosmo – de Jesus Cristo. A relação responsável com o mundo criado faz parte do projeto salvífico de Deus sobre o ser humano. E aceitar o senhorio de Jesus Cristo é acolher o amor de Deus presente em cada ser humano, no conjunto da humanidade e também no cosmo. E não esqueçamos que se trata do amor trinitário: o amor do Pai que mediante o Filho encarnado e no Espírito Santo encontra-se presente, com uma intimidade assombrosa, em toda a realidade criada, humana e extra-humana. Presença ao mesmo tempo salvadora e criadora. Em resposta a essa presença amorosa e vivificadora, potencializados por ela, amamos a Deus em união inseparável com o amor concreto aos irmãos e irmãs e, junto com eles, às outras criaturas, ao meio ambiente necessário para a vida e, assim, para que o amor possa existir.

O Velho: – Claro está que o amor se vive no encontro pessoal, mas não se esgota nas relações interpessoais. O amor se vive também nas relações macrossociais, no âmbito das estruturas bem como no domínio ecológico. Os compromissos sociais, políticos, econômicos, como tem mostrado a Teologia da Libertação, que visam transformações estruturais a serviço da vida digna para todos, são expressão também do amor cristão. Ora, a preservação do meio ambiente é indispensável para a vida. Por isso, os compromissos a serviço dessa preservação constituem também expressões do amor cristão. Numa linguagem mais conforme à teoria dos sistemas, podemos afirmar que o amor ao ser humano concreto implica o amor a esse homem integralmente considerado, se expande para incluir a família humana da qual esse homem/mulher faz parte e com o qual se encontra intimamente vinculado, e atinge o mundo criado, o ecossistema indispensável para a vida. A multiplicidade de relações, conexões e interconexões existentes entre cada ser humano concreto, o conjunto da família humana e o ecossistema vital do qual todos fazemos parte, está nos dizendo o quanto é rica e abrangente a realidade do amor cristão.

12.8. Direitos da natureza?

Cida: – Do ponto de vista da teologia cristã, será que não se poderia falar de direitos da natureza?

O Velho: – A resposta parece-me positiva. Claro está que ordenamentos jurídicos existem por causa do ser humano que deles tem necessidade. Ora, o ordenamento jurídico aplica-se ao ser humano, como indivíduo e como coletividade, e ao seu mundo. Também aqui pressupomos as relações fundamentais do ser humano. E, como foi reiterado uma e outra vez, entre estas relações está incluído o relacionamento responsável com o meio ambiente. A existência do meio ambiente, sua preservação, a proteção de seus ecossistemas e das espécies animais e vegetais, são direitos da natureza que o ser humano deveria respeitar. Não é exagerado falar de direitos da natureza. A conscientização da responsabilidade humana em relação ao meio ambiente é muito importante. Mas, deveria estar acompanhada de ordenamentos jurídicos, no âmbito das comunidades, do estado e, igualmente, no âmbito internacional. Regulamentar a utilização de animais e plantas por parte do ser humano junto com a preservação das espécies deveria ser parte integrante desta jurisprudência. Trata-se de algo urgente que, infelizmente, se encontra ainda nos primeiros e tímidos passos (cf. ALTNER. In: *Concilium*, 236, 1991: 73-86. • GARCÍA RUBIO. In: *Corintios XIII*, 88, 1998: 267-295).

12.9. Articulação entre contemplação e utilização responsável da natureza

Cida: – Percebo agora quão grande é a riqueza de aspectos inerentes à fé cristã que fundamentam o engajamento do cristão e das comunidades na preservação do meio ambiente. E não se trata apenas da preocupação pela sobrevivência dos humanos, pois a relação homem-mundo criado é constitutiva da fé cristã. Tanto a teologia da criação quanto a teologia da salvação, articuladas intimamente na mediação de Jesus Cristo, ressaltam a importância desta relação. Ela é, mesmo, constitutiva da humanização integral – salvação e criação – conforme o projeto de Deus sobre o ser humano. Este é chamado a assumir sua condição de criatura entre as outras criaturas, desenvolvendo, como consequência, uma atitude de comunhão e de participação. Ao mesmo tempo, deve assumir a sua condição de imagem de Deus e, como consequência, é chamado a desenvolver relações responsáveis em face de outras criaturas. Exige-se do homem e da comunidade humana sabedoria para saber articular fecundamente a atitude contemplativa e o relacionamento responsável.

Antônio: – A tentação do dualismo excludente reaparece aqui. Em nome do progresso e do desenvolvimento, temos poluído, matado e destruído com enorme irresponsabilidade. O respeito, a participação, a comunhão e a contemplação foram deixados de lado pela civilização industrial. No outro extremo, desenvolve-se, em alguns ambientes a dimensão contemplativa, em detrimento do empenho científico e técnico, do planejamento, do desenvolvimento econômico. As duas atitudes apresentam a unilateralidade das relações de exclusão, as duas empobrecedoras da vocação humana. Em países como o nosso Brasil, o empenho pelo desenvolvimento continua a ser uma prioridade nacional. Para milhões de habitantes faltam condições mínimas para uma existência humana. A ciência, a técnica, o desenvolvimento econômico são necessários para proporcionar ao povo excluído essas condições de vida mais humanas. Não se trata de voltar a uma situação pré-científica e/ou pré-técnica, mas de reorientar a ciência, a técnica e o desenvolvimento a serviço da vida dos seres humanos concretos – de todos, não apenas de uma minoria – de tal maneira que se preserve a vida da criação toda. E tudo isto é impossível de ser realizado sem o empenho político clarividente. Algo nada fácil, levando em consideração os interesses egoístas de indivíduos e de coletividades. Sim, contemplação e transformação responsável da natureza constituem as duas faces de uma atitude bíblica radical, que deveriam ser vivenciadas numa articulação fecunda.

O Velho: – Infelizmente, no Brasil, como em outros países emergentes, conseguimos unir de maneira nefasta um tipo de desenvolvimento orientado pela tecnocracia que consegue ser, ao mesmo tempo, *injusto* porque tem levado a uma crescente concentração da riqueza e a uma crescente depauperação de amplos setores da população e *devastador* do meio ambiente. Quer dizer, a injustiça social e a degradação da natureza andam juntas.

Para terminar este nosso diálogo sobre a dimensão ecológica da fé cristã, gostaria de sublinhar, olhando a nossa realidade no Brasil, o quanto o desafio sociopolítico está unido ao desafio ecológico. Um novo modelo de desenvolvimento voltado para satisfazer as necessidades reais da maioria da população e capaz de respeitar o meio ambiente está inseparavelmente unido à necessidade de se construir um novo tipo de sociedade com valores muito distintos daqueles que imperam hoje. Para isso, outras estruturas educacionais, sanitárias, econômicas, sociais e políticas se fazem indispensáveis. E tudo isto alicerçado num intenso trabalho de conscientização. O horizonte parece nada promissor. O neoliberalismo triunfante será capaz de rever suas prioridades, o valor quase absoluto atribuído ao mercado e incluir de maneira estrutural prioridades sociais e ecológicas? À procura de identidades que neste início de século/milênio está fortemente presente, contestando a universalização pretendida pela globalização, conseguirá a reformulação estrutural, uma vez que não basta uma acomodação periférica, da globalização? São questões para as quais ainda não temos resposta. Contudo, fica clara a direção em que o cristão, as comunidades eclesiais e a Igreja no seu conjunto são chamados a caminhar: para uma sociedade mais justa e solidária e para um desenvolvimento a serviço do ser humano onde o econômico, totalmente necessário, não elimine outras dimensões do humano, incluindo a ecológica. Como toda absolutização, fora de Deus, a econômica também escraviza e conduz à idolatria.

Antônio: – Aqui também aparece claramente a união que deveria ser indissolúvel entre a indispensável conscientização e conversão do coração, por um lado, e a necessária mudança estrutural, por outro. Numa perspectiva integrada do ser humano, não existe oposição-exclusão entre conversão no íntimo do coração e compromisso pela mudança de estruturas. Antes, deveria ser desenvolvida uma fecunda circularidade entre ambos os aspectos da vida cristã. Entre a conversão da pessoa e a transformação de estruturas injustas e depredadoras do meio ambiente é necessário desenvolver uma relação de inclusão, que não seja mais excludente como tem sido.

13

O ser humano novo e as relações religiosas

O Velho: – As relações com Deus, próprias da vida nova, já foram focalizadas em conversas anteriores. Está faltando aprofundar o sentido para a vida cristã das relações propriamente religiosas. E isso porque o influxo do velho e do novo dualismo não fica limitado à ruptura das relações entre sujeito e objeto, entre o individual e o sociopolítico e econômico, entre o sociopolítico e o ecológico. Existe outra ruptura, no interior mesmo da teologia cristã, que merece ser estudada e superada. Trata-se da relação negativa que, no decurso especialmente da primeira metade do século XX, veio a ser estabelecida entre a fé cristã e a religião.

13.1. Oposição entre fé cristã e religião?

Cida: – Neste particular, posso dar o meu testemunho bastante sofrido. Os meus filhos afirmam que gostam muito de Jesus Cristo e que aceitam a existência de um Deus que nos ama, mas, ao mesmo tempo, detestam participar dos sacramentos e das celebrações na Igreja, considerando-as chatas, repetitivas e incapazes de estimular o encontro vivo com esse Deus-Amor. Quer dizer, afirmam que eles têm fé cristã, mas criticam e deixam de lado a expressividade religiosa da Igreja.

O Velho: – A oposição entre fé cristã e religião tem sido desenvolvida, sobretudo, no âmbito da teologia protestante. Os teólogos mais representativos desta oposição são K. Barth (1886-1968) e Bonhoeffer (1906-1945). O primeiro, em confronto com a teologia liberal, acusada por ele de ter traído as intuições profundas da Reforma, na medida em que procurou se ajustar acriticamente aos postulados da racionalidade moderna, vai ressaltar fortemente a prioridade total da graça e da revelação. A teologia liberal teria adaptado a revelação cristã às exigências da razão moderna, quando o contrário é que deveria ser feito: a revelação é que deve julgar e criticar a razão moderna e a religião. Por que a religião? Porque esta não passa de uma criação do ser humano. E do ser humano pecador, orgulhoso, desejoso de se apoderar do divino e de manipulá-lo para proveito próprio. Assim, para K. Barth, a religião, as religiões inventadas pelo ser humano constituem uma expressão privilegiada da pecaminosidade e da vontade humana de controlar Deus e sua revelação. Pelo contrário, a revelação é iniciativa divina, dom do seu amor salvífico para além de toda pretensão ou possibilidade humanas. Ao homem cabe acolhê-la, agradecido, e procurar viver em conformidade com a sua orientação. É a revelação que critica e julga a religião e não ao contrário, conforme insiste K. Barth.

É verdade que este teólogo reconhece que o cristianismo também pode ser considerado uma "religião", aliás, na afirmação de Barth, o cristianismo constitui a "religião verdadeira", no sentido de ser ela fruto da graça e da revelação de Deus. Na medida em que na religião se procura a autojustificação pelas obras religiosas, ela só pode ser vista em oposição à fé cristã. Em nome desta, a religião deverá ser criticada e superada radicalmente. Reaparece, assim, o problema fundamental: A justificação realiza-se pelas obras da lei (farisaísmo) ou pelo dom da fé (gratuidade da salvação)? Se, como pensa K. Barth, for inerente à religião a proposta de autossalvação, é claro que se encontra em oposição radical à perspectiva salvífica da revelação[30].

---

30. K. Barth desenvolve esta oposição entre a fé-revelação cristã, por um lado, e a religião, por outro, especialmente em: *Der Römerbrief.* Zurique, 1918. • *Dogmatique*, vol. I/2. Genebra, 1958ss., p. 72-147.

Antônio: – Faz vários anos que li a obra de D. Bonhoeffer, *Resistência e submissão* (cf. BONHOEFFER, 1968). Se não entendi mal, na perspectiva deste teólogo, o cristão é chamado a aceitar de vez a maioridade do ser humano, na qual a religião é chamada a desaparecer. As críticas contra a religião de Feuerbach, Marx, Nietzsche e Freud, entre outros, são aceitas por Bonhoeffer. Segundo ele, a religião mantém o ser humano numa atitude infantil dado que é vista como ilusão, evasão, alienação... e, assim, como inimiga da maioridade do ser humano. O cristão, guiado pela fé bíblico-cristã, é chamado a assumir o seu ser adulto, aprendendo a deixar de lado a hipótese "Deus", como solução para a ignorância e impotência humanas. Em nome do Deus da revelação bíblica, o cristão deve superar o *deus ex machina*, assumindo todas as suas responsabilidades em face do mundo e da história. Ou de maneira mais simples, em nome do Deus de Jesus Cristo, chegou a hora de superar a religião, superação feita, não em nome do ateísmo, mas da fé cristã. Mais do que a demitização do Novo Testamento (R. Bultmann) importa, no século XXI, reinterpretá-lo, deixando de lado o âmbito da religião. É verdade, reconhece Bonhoeffer, que também no cristianismo histórico existe muita coisa de religião, mas trata-se de uma herança do paganismo e não pertence à essência do cristianismo. Mais ainda, está em oposição a esta essência. Ser homem, e homem adulto, em conformidade com Jesus Cristo, isto é o que significa ser cristão. E para isto, conclui esse teólogo, a religião é desnecessária e até contraproducente.

O Velho: – Bem, parece-me um bom resumo que explica a oposição que este teólogo vê entre a fé cristã e a religião, vista esta, como no caso de K. Barth, de maneira negativa.

13.2. A religião rejeitada em nome da revelação bíblica

Cida: – Penso que seria conveniente fazer aqui um resumo dos pontos básicos criticados na religião por estes teólogos.

O Velho: – Como já fiz em outra ocasião um esquema comparativo da oposição entre fé cristã e religião (cf. GARCÍA RUBIO, 2001: 581-584), basta aqui enumerar esses pontos sucintamente.

Primeiramente, a religião é criticada, sempre em nome da mensagem evangélica, porque leva consigo a *alienação* do ser humano que fica procurando em Deus a solução dos seus problemas, manipulando-o a serviço dos interesses humanos os mais variados.

Em segundo lugar, a religião é criticada pelo seu caráter *mágico*: orações, ritos etc., seriam, por si mesmos, garantia do encontro com Deus.

A religião é criticada também porque, à procura de segurança, cria o mundo do *sagrado* cuidadosamente separado do mundo das realidades tidas como profanas. Só esse mundo sagrado é que garantiria o encontro com Deus bem como os seus favores. Os compromissos sociais, políticos etc., seriam, assim, desvalorizados em ordem à salvação.

Finalmente, a religião deve ser denunciada pelo Evangelho porque leva o ser humano ao farisaísmo, isto é, à autojustificação pelas próprias obras, em contradição frontal com a Boa-nova evangélica da salvação como dom gratuito do amor salvífico de Deus.

Cada uma destas críticas desdobra-se em outras delas derivadas ou incluídas. E, naturalmente, estes teólogos, procuram apresentar a fé cristã em oposição a estas deturpações denunciadas.

13.3. Superação da oposição entre fé cristã e religião

Cida: – O que dizer da oposição entre fé cristã e religião tal como denunciada por estes teólogos? Numa primeira impressão, percebo que a crítica é válida na medida em que, de fato, na religião, se dão frequentemente essas deturpações. Estou falando da vivência religiosa nas nossas comunidades eclesiais. Mas, pergunto, será que esses elementos negativos são inerentes à religião? Não se tratará antes de deturpações das atitudes e dos comportamentos religiosos?

O Velho: – Isto é o que cumpre agora explicar.

13.3.1. A realidade das deturpações religiosas

Antônio: – Em primeiro lugar, penso que devemos examinar atentamente essas críticas feitas em nome da revelação bíblica. Na medida em que elas correspondem à nossa realidade religiosa, é claro que deveriam ser aceitas. As deturpações da religião constituem uma tentação constante para o ser humano. É nosso dever cristão e, especificamente, teológico-pastoral, perceber essas deturpações e trabalhar para a sua superação.

Cida: – Concordo plenamente, mas superar as deturpações religiosas não significa que a religião deva simplesmente ser eliminada da vida cristã. Não me parece que essas deturpações sejam inerentes à religião. A fé cristã não tem por que rejeitar tudo quanto é expressão religiosa.

13.3.2. A religião a serviço da expressão da fé

O Velho: – Para aprofundar este tema a teologia da criação pode ser de inestimável valia. Vejamos a seguir.

A primeira coisa que é necessário ressaltar é que, na perspectiva bíblico-cristã, só existe um caminho para o encontro com o Deus: o caminho da *fé*. E assim a religião nunca deveria ser colocada como um caminho independente para a vivência desse encontro. Não há dois caminhos que levam a Deus, um o caminho da fé e o outro o caminho da religião.

Cida: – Mas, se a religião não leva ao encontro com Deus, qual será a sua utilidade para o cristão?

O Velho: – A religião está a serviço da *expressão* da fé. K. Barth e Bonhoeffer, seguindo a grande tradição bíblico-cristã, têm toda a razão quando insistem na prioridade que sempre deve ser concedida à revelação de Deus e à fé. O que estes e outros teólogos não percebem claramente é que a revelação de Deus e a fé realizam-se no concreto da história humana com todos os seus condicionamentos. Revelação e fé supõem a capacidade histórica concreta de o ser humano acolher essa revelação de Deus e de responder a ela com uma atitude de fé. Quer dizer, revelação e fé se dão no interior da linguagem humana, da expressividade humana, do simbolismo humano. Revelação e fé se dão *encarnadas* na linguagem e na expressividade humanas concretas. Sem essa encarnação, nem a revelação nem a fé teriam sentido algum para o ser humano.

Aqui entra a importância antropológica da religião, pois possibilita, no campo humano simbólico, a *expressão* da fé.

Antônio: – Bem, mas a expressividade humana é bem mais ampla do que aquela referida no âmbito religioso. A vivência da fé afeta o ser humano inteiro e pode expressar-se em qualquer situação humana, exceto no pecado que é desumano. Por que privilegiar a expressividade da fé mediante os atos religiosos?

1) Importância antropológica do símbolo religioso

O Velho: – De fato, a teologia da criação aponta para o caráter simbólico-sacramental do mundo criado. Como já foi assinalado anteriormente, toda a realidade criada remete à presença criadora-conservadora do Deus da vida e do amor. Aponta para a realidade do dom amoroso de Deus que é o mundo criado. Sim, toda a realidade criada pode ser vivida como expressão da fé, mas, assim fazendo, o ser humano está já vivendo uma dimensão religiosa, em sentido amplo. Nada é neutro no mundo criado, porque nomeado pela palavra criadora divina. Nada é puramente profano na criação, uma vez que esta constitui manifestação da bondade e do amor salvífico de Deus. Convém lembrar que na Sagrada Escritura a criação é já ato salvífico de Deus, o primeiro ato salvífico. Equivalentemente, nada é puramente sagrado na criação. Sagrado só Deus e o ser humano porque criado "à imagem de Deus". Por isso, a realidade criada pode ser "consagrada" e podem existir sacramentos e sacramentais. Aqui também uma visão dualista empobrece gravemente a realidade. Se a realidade criada está penetrada da presença amorosa criadora-salvadora de Deus não poderá ser meramente profana. E se ela não é divina, posto que é criatura, não deve ser considerada como sagrada em si mesma. A realidade criada é, como temos repetido uma e outra vez, *simbólica*.

Cida: – Percebo que assim estamos criticando a visão racionalista da realidade.

O Velho: – De fato, deve ser criticada, pois trata-se de uma visão míope, que empobrece gravemente a riqueza constitutiva do real. Sabemos hoje, graças, sobretudo, à psicanálise, que experiências mais profundas do ser humano não podem ser atingidas pela razão e que é precisamente o *símbolo* que nos permite o contato com essa nossa interioridade mais profunda. Se é verdade que o ser humano é *razão*, não é menos verdadeira a afirmação de que o ser humano é *simbólico*. É verdade que o termo "símbolo" pode ser entendido de múltiplas maneiras. Num sentido amplo, pode-se dizer que a linguagem humana é sempre simbólica. Aqui estou me referindo àqueles símbolos fundamentais mediante os quais entramos em contato com as pulsões, desejos e instintos mais profundos do nosso ser, no domínio da afetividade, e não mais no âmbito conceptual. O símbolo não é apenas expressão dessas pulsões e desejos afetivos, ele também é estímulo que desencadeia essas experiências básicas afetivas. O dinamismo afetivo da pessoa é impulsionado pelos símbolos. Assim, eles podem tanto estimular como pacificar[31].

O que importa aqui ressaltar é que esses símbolos fundamentais, expressão de experiências profundas atemáticas e pré-conceptuais, incluem também, de maneira ainda indistinta e confusa, algo da realidade da presença e da atuação de Deus nas criaturas. Nada é neutro na criação, tudo está orientado para Deus, nomeado pela palavra criadora divina. E, conforme vimos no NT, a criação toda possui uma dimensão cristológica (cf. Cl 1,15-20). Falar de *cristogênesis* não é exagero de T. de Chardin.

Como consequência teológica, podemos afirmar que todo símbolo que expresse a interioridade profunda da pessoa contém algo, por mais indistinto que seja, da presença-atuação do Deus criador-salvador. Aqui surge a importância especial do símbolo religioso. Ele possui uma eficácia toda especial para expressar essa experiência fundamental. A revelação e a fé, encarnadas como vimos acima, utilizam a mediação do simbolismo religioso, que pertence à estrutura básica do ser humano. Há uma estrutura simbólica no ser humano comum a todas as religiões. Evidentemente, também no ser humano cristão. Não se trata de adaptar a revelação e a fé às estruturas religiosas humanas, certamente ambíguas e penetradas pela pecaminosidade humana. Sem dúvida, devem ser vivenciadas de maneira crítica. Mas, isto não significa que a revelação e a fé deixem de lado toda expressividade religiosa, pois seria algo contrário à necessária encarnação delas. A prioridade sempre deve ser da revelação e da fé. Todavia, esta prioridade não exclui a necessidade da linguagem e da expressividade religiosas. Isso sim, criticadas e purificadas das deturpações acima elencadas[32].

---

31. Sobre a importância antropológica do símbolo, cf. García Rubio, 2001: 587ss.

32. Não trato aqui da especificidade própria dos símbolos que são os sacramentos cristãos. Sobre este assunto, cf. Nocke, In: Schneider, 2001, 171-204. Aqui p. 191ss.

2) Os atos religiosos como tempo-espaço simbólico

Cida: – Seria oportuno indicar mais concretamente qual a importância para a fé da expressividade religiosa.

O Velho: – Comecemos pelo *tempo-espaço simbólico*. A religião oferece um tempo e um espaço determinados dedicados a expressar a experiência da fé cristã, a expressar no nível simbólico-sacramental a confiança, a fidelidade, o amor, a reverência, a adoração e assim por diante. Sem dúvida, toda a vida cotidiana pode ser vivenciada como expressão dessa fé. Todavia, esta verdade não elimina a necessidade de um tempo e de um espaço especiais dedicados unicamente a assumir, de maneira mais consciente e pessoal, e a expressar, pessoal e comunitariamente, a vivência dessa fé. Não esqueçamos que a relação com Deus é profundamente afetiva e, assim, tem necessidade de palavras, gestos etc., que a expressem no nível simbólico. O amor não é puramente espiritual e interior. O ser humano é espírito-na-corporalidade e, assim, a vivência do amor exige a sua corporificação mediante a expressividade simbólica. O amor que não se expressa fica inexpressivo! Ora, a religião oferece uma rica variedade de expressões simbólicas que expressam, alimentam e desenvolvem a relação de fé-amor. Toda a minha vida é vida de fé, é expressão da minha fé: o trabalho, o lazer, os compromissos sociais e políticos etc. Perfeito, mas precisamente porque toda a vida humana é expressão de fé, é necessário encontrar um tempo e um espaço próprio para expressar mediante o simbolismo religioso essa fé que permeia a vida de cada dia. Encontrar um tempo e um espaço para manifestar o quanto amamos alguém é indispensável para o ser humano concreto.

3) A eficácia do símbolo religioso

Antônio: – A expressividade religiosa, pelo que vejo, não se limita a representar ou informar a respeito de uma realidade determinada. Parece possuir uma eficácia própria.

O Velho: – Bem observado. O símbolo religioso pertence à categoria de símbolo *performativo*, isto é, aquele símbolo que realiza aquilo que significa, contanto que já exista previamente algo da realidade significada, pois não se trata de um sinal mágico. Assim, uma relação sexual realiza o amor mútuo, expressa-o, enriquece-o, mas, supondo que já exista esse amor. A atitude e o sentimento interior se corporificam, se expressam exteriormente, se clarificam e se desenvolvem mediante o simbolismo do encontro sexual.

Na realidade, se dá uma circularidade ou, se preferirmos, uma dialética de inclusão, entre o interior e a sua exteriorização simbólica, uma reforçando e enriquecendo a outra.

Cida: – Sempre ouvi falar que a exteriorização de uma ideia ou de um sentimento é só isso, pura manifestação externa de uma realidade já acabada e clara no nosso interior.

O Velho: – Pois é, trata-se de um preconceito idealista. A linguagem expressaria apenas a ideia que no nosso pensamento já temos claramente formada. Acontece que sem a linguagem não poderíamos nem pensar, pois o pensamento só pode se dar na mediação universal da linguagem. E a expressão da ideia clarifica-a e torna-a mais precisa, deixando de ser algo vago e indistinto.

Isto é válido também, e de maneira especial, para a expressão de pulsões, tendências, desejos e sentimentos mais profundos. Só mediante a *expressão* é que esse mundo interior vai recebendo uma forma e uma estruturação humana. Só quando a *expressamos* é que podemos viver de maneira mais plena uma realidade interior.

A aplicação à expressividade religiosa é óbvia. Sentimentos e afetos religiosos vagos e confusos só se clarificam e humanizam quando reconhecidos e manifestados. As expressões religiosas possuem uma eficácia própria. Não são símbolos meramente informativos. Naturalmente, aqui não estamos tratando da eficácia salvífica totalmente especial que possuem os sacramentos cristãos devido à vontade de Deus mediante Jesus Cristo.

Temos, assim, respondido à dificuldade levantada pela crítica radical de K. Barth e D. Bonhoeffer às expressões religiosas. Sim, reiteramos: a relação com o Deus da revelação bíblica só pode ser vivida na atitude de fé, ao mesmo tempo dom de Deus e resposta do ser humano. Mas, a fé não dispensa a expressividade simbólica, pois o ser humano é espiritualidade-na-corporalidade. Na pluralidade de símbolos existentes, temos privilegiado o símbolo religioso, pois este expressa, clarificando-as, experiências profundas mais ou menos confusas, vagas e fragmentadas relacionadas com a presença e a atuação do divino no ser humano e no mundo criado. Na teologia da criação, ressaltamos que as criaturas provêm de Deus e a Ele estão orientadas como o seu fim último. Carregam um sentido. São sinais que apontam para o mais profundo da realidade da criatura: a presença-atuação amorosa do Deus criador-salvador. Criado à imagem de Deus, o ser humano é chamado a perceber essa presença e a expressá-la com agradecimento e louvor, aceitando o compromisso que o fato de ser imagem de Deus leva consigo em relação à criação toda. O símbolo religioso expressa esta intuição profunda, esta vinculação visceral com o divino, a dimensão mais profunda da criatura.

Bastam estas indicações para que fique evidenciado que a fé cristã não dispensa esta experiência religiosa profunda expressa nos símbolos religiosos, antes a assume de maneira crítica a partir da revelação e da fé como critérios decisivos. É o que acontece com símbolos religiosos assumidos nos sacramentos cristãos – vinculados à intencionalidade imediata ou mediata de Jesus Cristo –, significando com uma eficácia toda própria a ação salvífica proveniente do Mistério Pascal. Vemos, assim, como a religião é assumida pela fé cristã.

Antônio: – Convém lembrar também aqui que a fé cristã tem uma dimensão comunitária. Cada pessoa, sem dúvida, é chamada à conversão e a viver o caminho do seguimento de Jesus Cristo.

Mas é igualmente verdadeiro que a comunidade cristã, o povo de Deus, é chamado a essa conversão e ao seguimento de Jesus Cristo. É chamado a celebrar, a agradecer, a pedir perdão etc., de maneira também comunitária, com toda a rica expressividade que tudo isto comporta. Os sacramentos, com sua dimensão fortemente comunitária e com sua eficácia pertencente ao âmbito da fé, são celebrados em vinculação com a fé que compromete, mas são também sinais religiosos, como vimos acima. A partir da dimensão comunitária da fé cristã, com a necessária organização social e a institucionalização, percebemos também o quanto a religião está incluída na fé, até o ponto de que não se trata apenas de expressão da fé, mas um elemento constitutivo dela. Nada de oposição entre revelação-fé, por um lado, e religião por outro.

Cida: – Há outras expressões religiosas, não incluídas diretamente na fé cristã, que podem também ser vividas e celebradas como expressões da fé. A teologia da criação sempre em conexão com a salvação permite essa utilização. Penso nas bênçãos, procissões etc., tão amplamente utilizadas pela Igreja, que podem ser vivenciadas, pessoal e comunitariamente, como expressão da fé cristã.

O Velho: – Tem razão. E aqui cabe uma crítica à perspectiva muito superficial de certos agentes de pastoral que, depois do Concílio Vaticano II, tentaram uma "purificação" da fé, eliminando elementos de expressividade religiosa, guiados por uma visão racionalista da realidade. Acabaram querendo evitar abusos na expressividade religiosa, jogando fora o nenê junto com a água do banho. O discernimento pastoral é aqui particularmente importante.

Mas, o que desejo ressaltar, dentro da rica variedade de expressividade religiosa que pode ser assumida pela fé, é a importância da festa religiosa, da consagração e da oblação, muito utilizadas pela Igreja na sua longa tradição. Vejamos de maneira sucinta.

4) A celebração festiva religiosa

O Velho: – A *celebração festiva* nos coloca no âmbito do simbólico e do lúdico, rompendo a monotonia do cotidiano e o estreito horizonte da linguagem racional. A festa religiosa, que nos interessa aqui, é valiosa em si mesma, não é um meio para obter uma finalidade. Para uma mentalidade racionalista, ela aparece como algo inútil, perda de tempo e de energia. Numa visão integrada do ser humano que valoriza a corporalidade com sua riqueza simbólica, a celebração festiva religiosa constitui uma expressão privilegiada das vivências religiosas profundas, da experiência fundamental da presença do divino na profundidade última do ser humano e das criaturas todas. Não se trata de um espetáculo nem de uma diversão egocêntrica, pois, na celebração festiva, todos participam de maneira comunitária, ficam envolvidos "com o evento representado, e, ao incluírem a si mesmos, suas próprias palavras e gestos, de modo criativo na atividade lúdica, eles colaboram em sua forma concreta" (NOCKE. In: SCHNEIDER, 2001: 195). E, assim, os participantes vão sendo transformados.

No cotidiano, a situação atual é transcendida na celebração festiva, abrindo-se para os participantes o horizonte em direção ao passado e a um futuro esperado. Ao passado, pois permite entrar em comunhão com o acontecimento original, e ao futuro, posto que orienta para uma realidade melhor sonhada e esperada. Na celebração dos sacramentos cristãos, esta estrutura lúdico-festiva aparece claramente. Dá-se uma comunhão comemorativa e presentificadora do evento salvífico central, o Mistério Pascal, e uma comunhão na esperança no futuro da plenitude escatológica.

A celebração festiva religiosa, em conclusão, é claro que pode ser vivida como expressão da fé cristã. De fato, isto acontece nos sacramentos cristãos. A ação de Deus em Jesus Cristo é celebrada comunitariamente, assumindo o simbolismo humano religioso. A importância do rito não deve ser menosprezada, pois a celebração festiva religiosa, dado o seu caráter comunitário, exige que exista uma unidade na expressividade simbólica, que é garantida precisamente pelo rito e pelas normas celebrativas. Mediante o rito, também deve ser lembrado, a comunidade guarda continuidade em relação à tradição. Mas, junto com o rito, deve ser enfatizada a importância da criatividade, na celebração festiva. Só assim ela se torna viva (cf. NOCKE. In: SCHNEIDER, 2001: 196).

5) A "consagração" e a "oblação" religiosas de realidades do mundo criado

O Velho: – A religião apresenta também a possibilidade de "consagrar" a Deus realidades do nosso mundo. Reiteradamente, ressaltamos que o mundo criado não é neutro, mas está penetrado da ação criadora-salvadora divina. O que a *consagração* de uma realidade terrena a Deus faz é precisamente explicitar essa realidade profunda que é a relação da criatura com o Criador-salvador. Só Deus é sagrado em si mesmo. As criaturas não são sagradas em si mesmas, excetuando o ser humano, posto que é imagem de Deus. Pois bem, porque as coisas criadas não são sagradas em si mesmas é que podem ser *consagradas* como mediações *expressivas* da nossa relação com Deus. Isto é feito mediante o que podemos chamar de *assunção intencional*: realidades do nosso mundo podem ser assumidas pelo ser humano como expressão da sua fé. Isto nada tem de mágico e nada tira da relativa autonomia e da profanidade própria das realidades criadas. Nos relacionamentos humanos utilizamos, mediante uma assunção intencional, realidades do mundo criado para expressar o nosso afeto, os nossos sentimentos e o nosso amor (cf. GARCÍA RUBIO, 2001: 593-595).

Pela assunção intencional, o ser humano pode oferecer a Deus realidades do mundo criado. A fundamentação teológica é a mesma vista anteriormente: a presença do amor criador-salvador divino no mais íntimo da realidade de cada ser criado. Claro está que o oferecimento de coisas pode ser vivido como um pretexto para a pessoa não oferecer a Deus a própria vida ou para desenvolver uma atitude farisaica, isto é, oferecendo coisas a Deus a pessoa pode ficar prisioneira de uma atitude de comercialização. Esta ambiguidade real, contudo, não deveria impedir a utilização da mediação da oblação para expressar a atitude de fé (cf. GARCÍA RUBIO, 2001: 491).

Antônio: – Agora percebo mais claramente que, precisamente porque a teologia da criação realiza uma profunda dessacralização, é possível a existência de sacramentos. Aquilo que não é sagrado em si mesmo torna-se sagrado e veículo da graça divina pela vontade de Deus em Jesus Cristo (sacramentos em sentido estrito) bem como pela consagração feita pela Igreja (sacramentais). Também cada pessoa pode oferecer a Deus coisas criadas como mediação expressiva da sua disponibilidade e do seu amor. É evidente, na perspectiva bíblica, que a mediação simbólica deve ser expressão de uma atitude interna de fé e da abertura ao dom do amor de Deus.

Cida: – Em resumo, a crítica feita à religião por K. Barth, D. Bonhoeffer e outros deve ser levada a sério, dado que os elementos por eles apontados na religião constituem graves deturpações, inaceitáveis pela revelação-fé bíblica. Mas, isto não significa que a fé torne desnecessária e até contraproducente a expressividade religiosa. Pela teologia da criação fica claro que a expressividade religiosa faz parte da vivência da fé, isso sim, criticada e purificada das deturpações acima enumeradas.

14

O ser humano novo e a relação verdadeira consigo próprio

Antônio: – Relacionar-se de maneira verdadeira com o próprio ser interior constitui outra das relações básicas que fazem parte da humanização-salvação, conforme o projeto de Deus. A vivência da salvação se dá também no interior desta relação. Importa muito tratar de aprofundar o seu sentido.

O Velho: – Talvez seja a relação mais difícil de todas. Temos sobrada experiência de que a tentação de usar máscaras e disfarces, de mentir e de falsificar a relação com aquilo que somos em profundidade está presente em cada um de nós. Pois bem, o homem e a mulher novos, no seguimento de Jesus Cristo, procuram ser fiéis à própria verdade, aceitando e assumindo aquilo que realmente são, enquanto vão se renovando, conforme o desígnio criador e salvador do Deus da vida, da liberdade e do amor.

Cida: – Há uma pergunta que me assalta com frequência: O homem e a mulher sonhados, será que são reais? Homem novo, mulher nova, são expressões que cativam o nosso imaginário. Mas, parece tratar-se apenas de um sonho, em contraste, frequentemente brutal, com a mediocridade da nossa vida de cada dia, com a divisão interior duramente percebida e com a cansativa experiência da nossa ambiguidade.

O Velho: – De fato, quem não sonhou com um tipo de ser humano bem diferente daquilo que nós somos, muito mais perfeito, amoroso, inteligente, equilibrado, livre, afetuoso, coerente...? Pois bem, Cida, esse ser humano existe historicamente. Não é um sonho nem uma fantasia. Como já assinalamos repetidamente, Jesus Cristo é o verdadeiro homem, modelo da humanização que todo homem e toda mulher é chamado a vivenciar. Ele realiza, de maneira incomparavelmente mais rica, o ideal de humano, sonhado, idealizado, entrevisto pelos místicos, pelos profetas, pelas religiões e, também, por cada um de nós.

14.1. Em Jesus Cristo, o terrestre torna-se celeste!

Antônio: – Sim, conforme a fé cristã, Jesus Cristo é esse homem, o início da nova humanidade, o homem que vem de Deus, o novo Adão, o homem realmente novo.

O Velho: – E sabemos que, mediante a ação do Espírito, o cristão torna-se filho de Deus (cf. Rm 8,14-15), chamado a ser conforme "a imagem do seu Filho", Jesus Cristo (cf. Rm 8,29). Pela ação do Espírito Santo, recebemos a filiação divina: é o que significa ser imagem conforme a imagem que é Jesus Cristo. Mas, importa muito insistir nisto, o ser humano não é divino por ele mesmo. Ele é terrestre, tirado da terra (cf. Gn 2,7), é criatura, não é divino, nem partícula do divino, nem emanação do divino. A divinização é *graça*, é dom gratuito de Deus para além de toda exigência do coração e da inteligência humanas. Dom oferecido mediante Jesus Cristo.

Antônio: – O Apóstolo Paulo, em 1Cor 15,46-47, resume belamente esta perspectiva. O primeiro homem, o Adão pecador do Gênesis, afirma Paulo, não é divino, não é o homem conforme o projeto de Deus. É o homem ou a mulher da nossa história, o homem fraco, imperfeito e pecador. É o homem ou a mulher que somos cada um de nós.

O Velho: – O verdadeiro homem, o homem que vem de Deus, o homem conforme o projeto divino, acrescenta o apóstolo, é o Segundo Adão, isto é, Jesus Cristo. Unido a Jesus Cristo, o ser humano, que por si mesmo é só terrestre, torna-se celeste, divinizado. Todavia, convém reiterar novamente, isto só é possível na união com Jesus Cristo e mediante a graça dele. Toda arrogância, todo orgulho e toda tentativa de autojustificação pelas próprias obras carecem de base, nesta perspectiva.

14.2. A divinização é graça!

Cida: – Isto significa que a nossa divinização é puro dom do amor de Deus!

O Velho: – Orientações religiosas oriundas do mundo indo-europeu e que estão penetrando com bastante intensidade no Brasil atual sustentam que o ser humano seria divino em si mesmo, embora vivendo uma situação de castigo e de purificação por meio da "encarnação" num corpo, na expectativa da libertação definitiva da matéria e do retorno ao mundo divino de origem. A fé cristã, pelo contrário, proclama que pertence à verdade do ser humano o fato de este ser criatura entre outras criaturas. É verdade que, conforme assinalamos acima, existe uma diferença qualitativa entre o ser humano e as outras criaturas, pois só ele – homem e mulher – é criado à imagem de Deus. Contudo, trata-se apenas de imagem e de semelhança. O ser humano não é Deus. E a estupenda realidade de ser filho de Deus realiza-se *gratuitamente*, pelo dom que é a graça de Deus, mediante Jesus Cristo.

Antônio: – Em definitivo, a relação verdadeira de cada um de nós com a própria identidade mais profunda consiste na aceitação de que somos *criaturas*, não somos deuses nem pretendemos substituir Deus. Somos criados à imagem de Deus, que vem a significar que cada um de nós é uma *pessoa*, com as características que já enumeramos anteriormente. Pessoa humana que, embora não seja divina, mas criatura, é chamada a ser filha de Deus, gratuitamente, mediante Jesus Cristo.

14.3. O ser humano novo: passagem do "velho" para o "novo"

Cida: – A nossa situação atual é bastante incômoda. Em parte, estamos vivendo já algo da vida nova, mas, em boa parte, somos ainda tributários da vida velha, não é verdade?

O Velho: – Isto mesmo, Cida. Experimentamos uma forte ambiguidade. É verdade que Jesus Cristo é o homem novo por excelência e que o cristão, em conformidade com Jesus Cristo e pela ação do Espírito, participa da nova humanidade, sendo também ele uma "nova criatura" (cf. 2Cor 5,17; Gl 6,15), não mais prisioneiro do passado. Está inaugurada a nova humanidade! Entretanto, na história atual, a novidade de vida, a vivência da salvação desenvolve-se na ambiguidade, pois o homem e a mulher "velhos" continuam a existir, perturbando a caminhada para o novo.

14.3.1. Estamos mudando de imagem!

Antônio: – Pode parecer muito bela e cativante a visão do ser novo e da vida nova sumariamente apresentada nestas nossas conversas. Mas, cabe perguntar: Onde se encontra, de fato, esse homem novo e essa mulher nova, em nossa história atual? Pois, o que parece predominar nas pessoas, na sociedade e até nas comunidades eclesiais é o oposto da descrição feita acima das características da vida nova. Será que a novidade de vida é apenas uma promessa para o futuro, para o tempo da plenitude escatológica?

O Velho: – Sem dúvida, é uma promessa, mas é também uma realidade atual. Promessa, sim, pois não temos ainda a plenitude da vida nova. Realidade atual, porque de maneira incipiente, em forma de semente, já está se desenvolvendo hoje. A vida cristã pode também ser apresentada como uma passagem do "velho" para o "novo". E trata-se de um processo que dura a vida toda da pessoa. São Paulo é quem melhor fez esta descrição da existência atual do cristão. Afirma o Apóstolo: "e, assim, como trouxemos a imagem do homem terrestre, assim também traremos a imagem do homem celeste" (1Cor 15,49). Notemos o emprego do tempo dos verbos: *trouxemos* (passado) a imagem do homem terrestre, isto é, do Adão pecador, caduco, fechado em si mesmo, homem "velho"; *traremos* (futuro) a imagem do homem celeste, ou seja, do Segundo Adão que é Jesus Cristo, o homem "novo", o homem que vem de Deus, a verdadeira imagem de Deus. E qual é a nossa situação no presente? A resposta não é difícil: estamos vivendo o processo de mudança de imagem. Vamos morrendo ao "velho" para viver o "novo homem".

Antônio: – O ser humano sempre foi criado à imagem de Deus. Entretanto, essa imagem ficou desfigurada e deturpada, ofuscando gravemente o seu brilho, devido à decisão humana de se fechar em si próprio, rejeitando o dom de Deus e querendo ocupar o lugar dele. Já vimos como para a fé cristã Jesus Cristo é a verdadeira e plena imagem do Deus invisível. O cristão vai se revestindo dessa imagem. A interpelação dirigida a cada existência cristã resume-se assim: é preciso assumir o processo de passagem e de mudança de imagem!

14.3.2. Identificando o "velho" e o "novo"

Cida: – Nem sempre resulta fácil distinguir aquilo que é próprio do ser humano "velho" e aquilo que corresponde ao ser humano "novo".

Antônio: – Não acho difícil, não. Em que consiste o "homem velho" é algo conhecido e experimentado por cada um de nós.

"Homem velho" e "mulher velha": trata-se do ser humano fechado na própria subjetividade, rejeitando o dom de Deus e não aceitando os outros seres humanos como outros. É a pessoa escrava de relações antidialógicas e dominadoras, incapaz de uma vivência realmente comunitária. A sua vida constitui uma negação da solidariedade e do amor-serviço. Também em relação à natureza vive um relacionamento dominador. Trata-se de homens e mulheres desprovidos de verdadeira alegria, frequentemente mal-humorados e ranzinzas. Quem de nós não tem experiência deste tipo de existência?

O Velho: – Também temos alguma experiência do que seja a vida nova. Já vivenciamos algo de abertura ao Espírito de Deus, aos outros seres humanos, aceitos e valorizados como outros, e ao meio ambiente respeitado como expressão do amor do Deus da Vida. De fato, passamos os dias, os meses e os anos procurando morrer um pouco mais ao "velho" para podermos viver um pouco mais o "novo". E, assim, vamos vivenciando o significado do nosso batismo (cf. Rm 6,4-11). Com efeito, no batismo, mostra-nos Paulo, estamos já mortos para o "velho", para a identificação com o pecado, a fim de podermos viver o "novo", a vida nova do ressuscitado. Pois bem, este significado sacramental do batismo deve ser traduzido no empenho ético de lutar, dia após dia, contra o velho e de trabalhar para o desenvolvimento da vida nova. As opções, as atitudes, o comportamento no dia a dia deveriam traduzir o significado da morte ao "velho" e da vivência do "novo" radicalmente acontecidos e celebrados no batismo.

14.3.3. A ascese necessária

Antônio: – Tudo isto está a nos lembrar que um certo trabalho ascético deve ser assumido a fim de que o novo possa crescer. Este trabalho ascético, que não deve ser confundido com repressão de emoções, sentimentos e afetos, implica uma disciplina assumida internamente bem como o desenvolvimento de um processo de integração do biológico, do psíquico e do espiritual a serviço da opção pessoal de vida que, no nosso caso, é a nova vida em conformidade com o projeto de Deus.

14.3.4. O "velho" e o "novo" coexistem

O Velho: – Uma importantíssima ressalva deve ser feita aqui: a existência do homem e da mulher "velhos" não é completamente eliminada, no mundo atual. Existe uma certa coexistência entre o "velho" e o "novo". Não me parece fora de propósito aplicar ao ser humano e às comunidades aquilo que afirma Jesus, na parábola da semente boa e do joio (cf. Mt 13,24-30.36-43), a respeito do Reino de Deus, na nossa história atual. Tal como no Reino de Deus, no tempo atual, existe em cada um de nós e nas comunidades a semente boa, a ótima semente do reino de Deus, a imagem de Deus em conformidade com Jesus Cristo. E isto é motivo de profunda alegria e de ação de graças. Mas, mentiríamos descaradamente, se não reconhecêssemos a existência, também em nós e nas comunidades, da semente ruim, da tendência para o fechamento na própria autossuficiência, da vontade de poder que leva à dominação dos outros, da rejeição do outro como outro, da sua coisificação e instrumentalização, da utilização depredadora do meio ambiente etc. etc. Sim, experimentamos que coexistem em nós a semente boa e o joio.

Na parábola em questão, o dono da fazenda, que simboliza o Deus do Reino, recomenda aos empregados que não se impacientem, que tenham calma, pois ainda não chegou o tempo da separação definitiva (o tempo da colheita) entre o joio e o trigo. No tempo atual, é improcedente a tentativa de eliminar por completo o joio. Existe o risco real de extirpar, com ele, a semente boa.

Antônio: – Quanto realismo percebo nesta parábola! É próprio da condição humana atual a existência de uma tendência para o "velho", no sentido anteriormente explicado. Esta realidade deveria ser assumida com serenidade tanto pelas pessoas quanto pelas comunidades. É bom desejar a separação completa entre o "velho" e o "novo", mas tendo consciência de que ela é objeto de esperança, pois só será concretizada no final dos tempos, na plenitude escatológica (na colheita, conforme o sugestivo símbolo utilizado na parábola).

14.3.5. O perfeccionismo frustrante

O Velho: – Quando esta realidade antropológica não é aceita e não é assumida no projeto de vida pessoal e comunitária, fica aberta a porta para as maiores frustrações. Um idealismo mal entendido encontra-se unido, frequentemente, a um perfeccionismo neurótico que nada tem a ver com a busca da perfeição, em sentido cristão: "Sede, portanto, perfeitos como o Pai celestial é perfeito" (Mt 5,48). Jesus apresenta a perfeição do Pai como modelo a ser seguido pelo discípulo, precisamente para que este não fique acomodado no processo de desenvolvimento do "novo", pensando que já caminhou bastante. O discípulo é convidado, cada dia, a prosseguir na caminhada em direção à meta que é a plenitude do amor de Deus. E trata-se de uma caminhada a ser percorrida com a lentidão do processo histórico, com as tensões e lutas nele implicadas e, sobretudo, contando com a resistência empedernida do "velho", agindo no próprio discípulo na comunidade eclesial e na sociedade humana como um todo.

14.3.6. Necessidade de uma economia energética

Antônio: – Do anteriormente exposto, conclui-se que o homem e a mulher "novos" são chamados a praticar uma sábia economia energética: cada um é chamado a apostar no novo, a cultivar a boa semente, enquanto vigia cuidadosamente para que o velho atrapalhe o mínimo possível. Mais ainda, é chamado a aprender a utilizar a energia presente no velho a serviço do crescimento do novo. Também das falhas e pecados pode-se tirar proveito para o amadurecimento, de maneira mais humilde e sábia, da vida nova.

Cida: – Em resumo, podemos concluir que a vida nova, no tempo atual, constitui um processo que comporta a conversão renovada dia após dia, implica a passagem continuada do velho para o novo. Por isso, o homem e a mulher novos podem também ser reconhecidos como homem e mulher *em processo de conversão*.

15
O homem novo: abertura à plenitude da Promessa

O Velho: – Falta ainda uma palavra sobre a abertura à plenitude da vida nova. A abertura esperançosa à plenitude da Promessa do Deus da salvação constitui uma outra característica da vivência atual da salvação. Trata-se da colheita, da árvore frondosa, do banquete de bodas... belas imagens utilizadas por Jesus para designar essa plenitude futura. Essas imagens estão a nos lembrar que o homem e a mulher novos vivem uma existência aberta ao futuro, à plena realização da promessa, quando a vida nova será totalmente nova, quando a libertação para a vivência da solidariedade e do amor-serviço será *liberdade, amor* e *vida* em plenitude.

15.1. Hoje, tempo de sementeira

Cida: – Que relação existe entre essa plenitude esperada e a nossa vida no tempo atual?

O Velho: – Acabamos de lembrar que a vida nova, na existência atual, se encontra rodeada e penetrada de ambiguidade. A vida nova é uma realidade, não é uma ilusão, mas existe de maneira apenas germinal, incipiente. As parábolas de Jesus sobre o Reino de Deus são, neste sentido, muito ilustrativas. Elas nos apresentam o essencial muito melhor do que as mais elevadas elucubrações teológicas. Agora é o tempo da sementeira, não da colheita (cf. Mt 13,4-9.18-21). A semente é só semente, pequenininha, não é ainda uma árvore na qual se abrigam os pássaros (cf. Mt 13,31-32). Isto não significa desvalorizar a presença do Reino de Deus, no tempo atual. A sementinha é importantíssima, pois sem ela não haverá árvore amanhã. A sementeira é indispensável, se queremos que haja colheita. Cultivar e cuidar da semente do novo, no meio do joio, de conflitos, tensões e resistências, é necessário para que, na colheita, possa ser feita a desejada separação entre o trigo e o joio, entre o velho e o novo.

15.2. A Promessa e as realizações das promessas, hoje

Antônio: – Eu gostaria de acrescentar que esse futuro, dom de Deus, polariza a caminhada do homem e da mulher novos. Trata-se de um futuro transcendente, não de um futuro intra-mundano, tal como é esperado por diversas ideologias surgidas no interior da modernidade. É verdade que o discípulo de Jesus Cristo é chamado a se comprometer, junto com outros homens e mulheres, na luta contra situações e contra estruturas injustas e a favor da construção de uma sociedade diferente da atual, capaz de oferecer possibilidades reais de humanização para todos, capaz também de estabelecer um novo tipo de relacionamento com o meio ambiente. Quer dizer, também o discípulo espera ativamente um futuro melhor para o Brasil e para o conjunto da humanidade. Mas não confunde este futuro com a realização da promessa. Esta só de Deus poderá vir. É um dom de Deus, mas, importa muito sublinhar, trata-se de um dom em íntima conexão com a história humana. A abertura esperançosa a esse futuro de plenitude nada tem de alienação ou de passividade em relação às tarefas próprias da humanização, no hoje da nossa história. Pelo contrário, entre a promessa esperada e a realização de promessas, na ambiguidade da história, existe uma estreita vinculação. Retomando a imagem da sementeira e da colheita, deve-se reconhecer que esta é obra de Deus, sim, mas colaborando, hoje, no trabalho da sementeira, temos a esperança de participar da alegre festa da colheita.

Cida: – Percebo, assim, que participar da sementeira é a mesma coisa que realizar promessas de libertação, de reconciliação, de perdão, de justiça, de ajuda solidária e assim por diante. Realizações verdadeiras, embora limitadas, imperfeitas e sujeitas à ambiguidade. Sem a realização-vivência destas promessas, hoje, que sentido poderia ter a esperança na promessa? E perdendo de vista a promessa, qual o sentido profundo do empenho pela realização de promessas que tornem este mundo um pouco mais humano?

15.3. A abertura ao futuro desinstala

Antônio: – Percebo também a importância, hoje, de revalorizar o sentido escatológico da vida nova, a abertura ao futuro de plenitude. A garantia desse futuro está na ressurreição de Jesus Cristo. Ele já vive a promessa e o futuro de plenitude. Um dos nossos, alguém que é verdadeiramente nosso irmão, vive a plenitude da existência nova (cf. 1Cor 15,20-26). Seguindo o caminho percorrido por Ele, o discípulo espera ativamente, realizando sinais da atuação do Reino de Deus, participar dessa plenitude. Esta polariza, estimula, atrai poderosamente, impedindo o marasmo, a instalação e a acomodação no presente.

PARTE IV

O desafio do pecado e do mal

16
A realidade do pecado pessoal e social

Cida: – É muito rica e cativante a realidade da vida nova oferecida por Deus mediante Jesus Cristo na atuação do Espírito Santo. De forma alguma a salvação cristã pode ficar reduzida à libertação do pecado. Contudo, não podemos negar a nossa condição de pecadores e que, em consequência, a salvação apresenta uma dimensão de libertação do pecado e do homem velho, fruto do pecado. Aqui aparece para mim um grave problema: a minha experiência pessoal e aquilo que posso observar nas outras pessoas bem como no conjunto da sociedade parece estar em franca oposição à bela apresentação da vida nova em Jesus Cristo, realização cabal do significado de ser criado à imagem de Deus. Percebo um abismo entre o desígnio do amor de Deus a respeito do ser humano e a dura realidade da nossa existência de pecadores. Onde está esse ser humano criado à imagem de Deus, o ser humano magnificamente recriado em Jesus Cristo como "criatura nova"?

O Velho: – Nesta nossa reflexão sobre o ser humano na perspectiva cristã é indispensável abordar o tema do mal e do pecado no mundo e em cada um de nós. A libertação da nossa liberdade para poder amar, a vida nova oferecida pelo amor do Deus de Jesus Cristo nos leva, inelutavelmente, a considerar a escravidão que significa o pecado e seu poder mortífero. Sem esquecer da realidade do mal que uma e outra vez parece destruir a nossa esperança no Deus sempre maior.

16.1. O pecado como desumanização

Antônio: – Antes, seria conveniente especificar o sentido em que consideramos o pecado em nossa reflexão.

O Velho: – É verdade. A realidade do pecado é muito complexa e pode ser abordada sob distintos ângulos. Em conformidade com o caminho percorrido na nossa reflexão, entendemos o pecado como desumanização do ser humano na medida em que é rejeitada a proposta do Deus da vida e do amor a respeito do que deveria ser a humanização em conformidade com Jesus Cristo. A nossa perspectiva é sempre teológica. Num primeiro momento, convém examinar o quão profundamente afeta o pecado a nossa vida, dado que ficamos fechados ao dom do amor de Deus e à sua proposta de salvação. Aqui reside o caráter mais profundamente desumano do pecado.

Cida: – Mas, o pecado não é sobretudo desamor, dominação, violência contra os outros seres humanos, quer dizer, o pecado não consiste fundamentalmente na ruptura das relações humanas?

O Velho: – De fato, a deturpação das relações humanas expressa claramente a força desagregadora do pecado. Contudo, segundo vimos na teologia da criação, são quatro as relações fundamentais constitutivas da humanização integral em conformidade com o projeto salvífico de Deus. Pois bem, o pecado se dá na ruptura dessas relações.

1) Na ruptura ou deturpação da relação mais básica de todas que é a relação com Deus. Deus não é aceito como Deus, com a sua surpreendente novidade. O ser humano deriva, assim, para a idolatria mais crassa ou mais sutil ou, então, comercializa e instrumentaliza a relação com o divino. Ou se encaminha na direção

de alguma das graves deturpações da religião denunciadas, quando tratamos da relação entre fé e religião.

2) Na ruptura das relações entre homem e mulher bem como entre os humanos quer no âmbito do encontro pessoa-pessoa quer no âmbito das relações familiares, comunitárias, sociais, econômicas, políticas, incluindo as relações desenvolvidas pela atual globalização. Homem e mulher não se entendem. No lugar do diálogo e da reciprocidade impera a dominação e coisificação do outro. A subjetividade fechada orienta as relações inter-humanas e a procura voraz do lucro e do poder dominador, as relações macrossociais e macroeconômicas.

3) Ao tratarmos da dimensão ecológica da fé cristã vimos o quanto a relação com o meio ambiente está adulterada. Com uma estupidez arrogante e suicida, o ser humano da civilização industrial polui e destrói o meio ambiente ou, no outro extremo, submete-se ao mundo da natureza, incapaz de assumir a sua vocação de administrador responsável desse mundo.

4) Finalmente, nos deparamos com a falsificação da relação do ser humano com ele mesmo. Incapaz de lidar com a própria "sombra" se ilude, mente e projeta nos outros as próprias deficiências[1].

Este é o quadro trágico do pecado humano. Estamos longe de uma visão moralista. O pecado, na ótica em que nos situamos, é profundamente desumanizante.

16.2. O pecado como mentira

Antônio: – Na ruptura dessas quatro relações fundamentais, percebo um denominador comum, a saber, a presença da *mentira*. Cada uma das relações é falsificada e, assim, o homem pecador vive prisioneiro da mentira.

---

1. Sobre esta importante temática, cf. García Rubio, In: *Atualidade Teológica*, 6/7, 2000: 13-47.

O Velho: – Não é em vão que a revelação bíblica resume na mentira o que seja o pecado. De fato, o pecado consiste na mentira: não aceitando o desígnio salvífico de Deus, o ser humano se autoilude, engana-se a respeito do sentido profundo da sua existência incluída a ruptura nas quatro relações fundamentais que acabam sendo deturpadas. Cada uma destas relações deturpadas constitui uma expressão dessa mentira radical, desse querer ficar no lugar de Deus e de rejeitar o seu projeto amoroso salvífico (cf. Gn 3). E acresce que a mentira vem unida à morte: o poder da mentira mata (cf. Jo 8,44) enquanto o poder da verdade liberta (cf. Jo 8,31-32).

Em última análise, o ser humano pecador rejeita ser imagem e semelhança de Deus. Não quer encontrar o fundamento último do seu agir e do seu ser no Deus do amor e da vida. Rejeita o senhorio de Deus. Não percebe que se trata de um senhorio libertador, doador de vida e de capacidade para viver a liberdade e o amor. E, de fato, o homem pecador desenvolve um falso senhorio, um senhorio dominador, destruidor do outro como outro – no domínio do micro e do macrossocial – e do meio ambiente. Assim, pois, é na mentira que encontramos a raiz das deturpações das quatro relações fundamentais.

Antônio: – Talvez fique tudo isto mais claro, mais uma vez, olhando para Jesus Cristo, para o seu modo de ser e de agir, pois Ele é o oposto da existência do pecador. Se a existência do pecador se caracteriza pelo fechamento na própria subjetividade e pela ruptura dessas quatro relações fundamentais, a existência de Jesus é vivida na abertura a essas relações. A vida toda de Jesus, a qualidade da sua vida, é que constitui a negação e a superação do pecado, da existência marcada pela não salvação. A contraposição entre Adão e Jesus resulta muito elucidativa. Adão rejeita o projeto de Deus e quer autodivinizar-se, escolhe viver na mentira, enquanto que Jesus vive a sua existência em total sintonia com a vontade do Pai em inseparável relação de serviço aos irmãos e irmãs, unida a um relacionamento harmonioso com o mundo da criação e à vivência de uma abertura sincera à própria realidade interior. Jesus vive uma existência contrária ao pecado. Vive a existência em conformidade com o projeto de Deus para a humanização do ser humano. É pela qualidade da sua vida que Ele é o Salvador. Evidentemente, na sua vida está incluída, de maneira toda especial, a entrega da sua morte e a sua ressurreição.

Cida: – Aquilo que falamos a respeito da subjetividade fechada explicaria bem, penso eu, em que consiste o pecado. Fechado em si mesmo, na própria subjetividade, rejeita o outro como outro (Deus, os seres humanos...), relacionando-se de maneira instrumentalizadora e coisificante. Reduz também a mera instrumentalização o relacionamento com o meio ambiente, incapaz que é de perceber o seu rico valor simbólico. E opta por viver na mentira em relação à própria realidade, uma vez que falsifica as relações básicas do ser humano. Esse fechamento na própria subjetividade indica a vivência de uma liberdade deturpada, não a liberdade para amar, mas a pseudoliberdade que, em definitivo, é uma escravidão e uma mentira. O pecado, assim, seguindo a grande tradição eclesial, é falta de amor.

16.3. Dimensão individual-pessoal e dimensão comunitária e socioestrutural do pecado

Antônio: – Seria conveniente agora especificar um pouco mais a dimensão pessoal-individual e a dimensão comunitária e social-estrutural do pecado. É a pessoa concreta quem peca, quem fica fechada na própria autossuficiência orgulhosa e rejeita o projeto de Deus. A tradição cristã é muito clara neste sentido: é no nível da consciência e da liberdade que se dá o pecado. Assim, pois, o pecado apresenta uma dimensão pessoal que deve ser sempre mantida e valorizada. O problema surge, quando, em nome desta dimensão individual, deriva-se para o individualismo. Ora, a visão individualista do pecado não passa de uma ideologia, que tem sido utilizada para a manutenção de situações e de estruturas injustas. A Teologia da Libertação sempre soube ver com clareza este uso ideológico do pecado visto em perspectiva individualista (cf. GARCÍA RUBIO, 1977: 134-137). Esta valorização da dimensão social-estrutural do pecado continua a ser, hoje, muito necessária.

O Velho: – No pecado social encontramos também a trágica realidade da *mentira*. Com efeito, as relações macrossociais podem ser também falsificadas. Sabemos que as instituições são necessárias para a vida dos seres humanos. Já vimos como este é um ser social e político. Ora, as instituições, necessárias como mediação das relações sociais, podem ser pervertidas e utilizadas para a dominação, a exploração, a discriminação dos mais fracos e indefesos. E isto tanto no âmbito nacional (nos seus distintos níveis) como no internacional.

Existe uma estreita solidariedade entre os seres humanos tanto no bem quanto no mal. A liberdade de cada ser humano está relacionada à liberdade dos outros. O pecado de cada pessoa está relacionado com os pecados das outras pessoas, criando uma *situação objetiva de pecado*. Situação esta que condiciona e afeta cada ser humano, mesmo antes do uso da liberdade. O pecado social é muito mais do que a soma dos pecados pessoais, é o vínculo poderoso que une todos os pecados e possui uma força e um dinamismo próprios. O pecado social possui uma força mortífera superior ao pecado individual. Vai criando uma "ordem" do mal, com seu dinamismo e sua eficácia própria, muito além da eficácia do pecado individual. O pecado pessoal individual alimenta a força do pecado social e este, por sua vez, condiciona e inclina ao primeiro.

Cida: – Mas, não vejo onde entra a responsabilidade no chamado pecado social. E para que exista pecado é necessário responsabilidade, não é verdade?

O Velho: – A responsabilidade recai sobre o grupo ou coletividade que discrimina, exclui, marginaliza ou comete injustiças objetivadas nas instituições e nos organismos. Responsabilidade que afeta a cada membro dessa coletividade, desse grupo ou dessa comunidade, na medida em que se omite em relação às injustiças e discriminações ou colabora com elas. Reaparece, deste modo, a importância fundamental da dimensão política da vida humana e, no nosso caso, da vida cristã.

16.4. Pecado: absolutização do próprio interesse

Antônio: – Vejo que nas relações sociais a raiz do mal é, como no pecado individual, a absolutização do próprio interesse. Existe uma *sombra* coletiva como existe também um mal coletivo que consiste fundamentalmente em absolutizar o interesse do grupo, da comunidade, da região, do estado, do bloco de nações etc. Aqui entra o poder mortífero da ideologia, no seu sentido pejorativo. O interesse do grupo, da classe etc. é apresentado como o bem de todos os grupos, classes etc., como se fosse o interesse de todos. Trata-se, então, de impor esse interesse àqueles que são *cegos* para esse "bem comum" visto como universal e absoluto. Em nome desse "bem comum" (pode ser a "ordem" do neocapitalismo, ou qualquer outra que se apresente com características de absolutização), a manipulação e a dominação das pessoas fica justificada. Claro, trata-se de uma *guerra santa*. Os mortos e feridos (excluídos de fato, discriminados etc.) são o preço normal de toda guerra... É fácil perceber também no pecado estrutural o feio rosto da *mentira*. Guiados pelo próprio interesse absolutizado, o grupo, classe ou país etc. falsificam as relações macrossociais e o relacionamento com o meio ambiente. Para *justificar* a ganância, a vontade de poder, o fechamento no próprio egoísmo criam-se estruturas e instituições para defender esses interesses, só que de maneira exclusivista, injusta e marginalizadora. Desenvolvem-se ideologias a serviço desses interesses, ideologias veiculadas frequentemente pelos meios de comunicação social, ideologias que difundem o engano, a ilusão e a mentira. Apresentam como o bem de todos, vimos acima, aquilo que é interesse egoísta de um grupo, classe, país, ou conjunto de países. O mal social acaba parecendo algo inevitável, algo normalmente aceito. Na realidade não é um mal, mas um bem a ser perseguido. Este é o objetivo dos mecanismos justificadores: criar a ilusão de que o mal não é mal, mas um bem. Temos, assim, a mentira, no coração do mundo das estruturas.

Cida: – No polo oposto da visão individualista e privatizante do pecado, o episcopado latino-americano tem denunciado o pecado presente em instituições e estruturas: a linguagem que fala de "estruturas opressoras", de "estruturas injustas" e de "estruturas do pecado" (cf. DP 281, 452, 573 etc.) faz parte da leitura e da interpretação teológica desenvolvida pelo magistério eclesial a respeito da situação na América Latina.

O Velho: – Neste momento, convém lembrar que tudo quanto estamos falando não significa desvalorização das estruturas. Sabemos que elas são necessárias como mediação das relações sociais e econômicas. Não podemos afirmar que toda estrutura é pecaminosa, embora esteja sempre penetrada de ambiguidade. Como toda obra humana, as estruturas participam da ambiguidade radical inerente ao ser humano. O que é necessário é desenvolver o discernimento para identificar o que elas podem ter de injustas ou excludentes, comprometendo-se, com as mediações possíveis, na transformação ou na mudança daquelas comprovadamente injustas ou discriminatórias. Outras vezes, o que será necessário é o discernimento para perceber o que deve ser melhorado para que possam cumprir o seu objetivo de serviço ao bem comum.

16.5. Em que sentido as estruturas podem ser pecaminosas

Cida: – Continuo tendo dificuldade em perceber em que sentido as estruturas podem ser pecaminosas.

O Velho: – São pecaminosas devido à relação íntima com o pecado pessoal. Lembremos a circularidade anteriormente ressaltada entre pecado pessoal e pecado social. O pecado pessoal torna mais forte o dinamismo do pecado social e este, por sua vez, condiciona o nosso agir, antes mesmo da vivência da nossa capacidade de agir livremente. Entre ambos pecados se dá um reforço mútuo. O pecado se dá no coração da pessoa – dimensão pessoal do pecado – e se dá igualmente nas relações sociais e econômicas (dimensão social do pecado) –, concretizando-se em estruturas e instituições injustas e excludentes. Não será demais insistir na realidade de que o pecado social-estrutural é resultado do pecado de pessoas concretas. Dada a solidariedade fundamental existente entre os seres humanos, o pecado pessoal sempre prejudica os outros, sempre envenena o ar que os outros respiram. E cada pecado pessoal unido a outros pecados pessoais vai criando um dinamismo próprio, vai criando um *plus* de negatividade e de poder destrutivo que não pode ser reduzido aos pecados individuais. É uma realidade a acumulação da força mortífera do pecado. É uma realidade que essa força fica como que plasmada e cristalizada em estruturas a serviço da morte e não da vida. Pensamos logo nas estruturas criadas para o extermínio massivo de seres humanos, nos tremendos genocídios ocorridos durante e depois da Segunda Guerra Mundial, nas estruturas desenvolvidas para a tortura sistemática de seres humanos, a serviço da "purificação étnica", e outras barbaridades semelhantes. Sem ir tão longe, pensemos nas estruturas do comércio internacional a favorecer os interesses dos países mais desenvolvidos em detrimento dos menos adiantados, nas estruturas que discriminam, por razões de sexo ou de etnia etc.

etc. Essas estruturas apresentam uma densidade de maldade e de poder destrutivo que vai além da capacidade para o mal de um indivíduo isolado. O pecado individual se "objetiva", transcendendo o fato pecaminoso isolado, com consequências negativas que afetam fortemente as pessoas.

Antônio: – Toda esta realidade do "pecado social-estrutural" está relacionada, no meu entender, com o "pecado do mundo" tal como apresentado nos escritos joaninos e nos escritos paulinos (cf. Jo 1,29; 7,6-7; 12,31; 17,8-9; Rm 12,2; Ef 2,2; Gl 1,4; 6,15ss.).

16.6. Todos somos pecadores!

O Velho: – Estas nossas reflexões situam-nos num plano muito diferente do moralismo com que é visto frequentemente o pecado. É neste plano profundo em que estamos situados que aparece a verdade dura e crua de que todos somos pecadores. Aquele que afirma que não é pecador é um mentiroso (cf. 1Jo 1,8). Sabemos que este é o problema das pessoas guiadas pela atitude farisaica de que falamos acima no item 6.1. Existe em cada um de nós uma tendência para negar a própria responsabilidade, culpando os outros, quando fracassam as relações nos diferentes níveis. O outro é que tem a culpa, o outro é que não aceita o oferecimento da nossa boa vontade etc. A cegueira, a hipocrisia, em definitivo, a mentira caracterizam as pessoas que não se reconhecem pecadoras (cf. Mc 3,5; Mt 23). Considerando-se *justas*, estas pessoas desprezam os outros, os *pecadores* (cf. Lc 18,9-14). Fechadas à verdade da própria pecaminosidade, não se abrem à misericórdia e ao perdão oferecidos pelo Deus do Reino mediante Jesus Cristo (cf. Mt 9,9-14).

Cida: – Não tenho dificuldade em aceitar que todos somos pecadores. A pessoa precisa ser muito superficial para não perceber a dominação, a manipulação, a omissão, a falta de amor presentes na nossa vida cotidiana. Mas, pergunto: Se a pessoa não tem consciência do próprio pecado, como poderá ser responsabilizada por ele? Não é verdade que para existir pecado em sentido próprio é necessário a consciência do mal feito e liberdade para fazê-lo?

O Velho: – Essas perguntas fazem sentido, Cida. Sem a consciência do mal cometido e sem liberdade não se pode falar de pecado. Mas, será que a pessoa que não reconhece o próprio pecado não terá responsabilidade pela formação dos hábitos e mecanismos que têm levado a essa cegueira e a essa mentira a respeito da própria realidade? Sendo positiva a resposta, teremos de concluir que a pessoa em questão é responsável por essa inautenticidade e por essa falsificação da relação com ela mesma.

16.7. Será que os pecados apresentam todos a mesma gravidade?

Antônio: – Na ação pastoral, observo que não poucas pessoas expressam preocupação a respeito da distinção entre pecados graves e menos graves.

O Velho: – "Não julgueis para não serdes julgados..." (Mt 7,1), recomenda Jesus de Nazaré. Uma vez que eu, você, todos somos pecadores, não se justifica o desprezo e o sentimento de superioridade em relação a outros tidos como muito mais pecadores. Esta atitude revela, novamente, o quanto é superficial o conhecimento que essa pessoa tem da própria realidade. Podemos comparar o pecado a uma doença, que está presente em todo ser humano. A doença é sempre a mesma em todos, embora os sintomas sejam diversificados. Sintomas mais leves podem, facilmente, levar ao engano de que a doença não é grave. A doença é sempre a mesma: fechamento no próprio eu, rejeitando o outro como outro (Deus, seres humanos concretos, meio ambiente). É sempre falsificação e mentira nas relações básicas, repetidamente aqui assinaladas. A manifestação da doença apresenta-se em graus muito diversos de gravidade, é verdade. Mas, trata-se sempre da mesma doença: a rejeição da proposta salvífica de Deus. É importante e libertador reconhecer que eu, você, cada um de nós é capaz dos maiores pecados e crimes!

Cida: – No entanto, continuo pensando que há pecados e pecados. O que você acaba de falar refere-se ao pecado de autossuficiência e de orgulho. Mas há outros muitos pecados que brotam da fragilidade humana. Acontece frequentemente que o ser humano quer fazer o bem, com sinceridade, mas acaba fazendo o mal (cf. Rm 7,14-28). E isto de muitas maneiras. Penso que a responsabilidade por este tipo de pecado não pode ser comparada com a culpabilidade do pecado da autossuficiência farisaica.

O Velho: – Concordo plenamente, Cida. E isso é mais um motivo para sermos muito prudentes na hora de condenar os outros. Só Deus conhece em profundidade o interior de cada ser humano. E, felizmente, trata-se do Deus misericordioso, do Deus do amor plenamente gratuito.

17
O significado do chamado "pecado original"

17.1. Dificuldades na aceitação do "pecado original"

Antônio: – Uma vez que estamos tratando da rejeição da proposta salvífica de Deus, não podemos deixar de lado a realidade do chamado "pecado original". Para ser franco, bem que gostaria de passar por cima deste tema. Reconheço que não percebo qual é a importância dele para a nossa vida atual. Aliás, parece que não sou o único, pois noto que se trata de um tema que raramente é abordado na pregação e na catequese. Mesmo nos cursos de teologia, tenho a impressão de que o tema do "pecado original" não é suficientemente aprofundado.

Cida: – Concordo com o Antônio. Parece-me que o pecado original não passa de uma peça do museu teológico, que faríamos bem em esquecer. Isso de que o pecado de um homem – Adão – torna todos os seus descendentes pecadores é algo inadmissível para qualquer um que tenha um mínimo de consciência de que o pecado só pode existir com o consentimento e a liberdade da pessoa.

Antônio: – Pois é, a valorização moderna do ser humano como sujeito torna mais difícil a aceitação da doutrina do pecado original. Para mim, é muito importante também o argumento que brota do evolucionismo. Numa perspectiva evolucionista como entender o paraíso, a queda, a redenção etc.? Não esqueçamos que a doutrina do pecado original desenvolveu-se no interior de uma visão "fixista" do mundo.

O Velho: – Estou vendo que se dá uma confusão a respeito deste tema, uma confusão entre a afirmação ou mensagem de fé e a sua formulação. Concordo com a necessidade de formular de maneira muito diferente a doutrina do pecado original, pois como formulação depende de uma visão do mundo que hoje está superada. Mas, isto não significa que essa doutrina deva ser deixada de lado, pois ela contém uma mensagem existencial importantíssima para nós, precisamente para que possamos compreender em profundidade a nossa condição humana atual.

17.2. Formulação da doutrina do pecado original: controvérsia entre Santo Agostinho e os pelagianos

Cida: – Bem que gostaria de conhecer o que é de tão importante que a doutrina do pecado original tem a nos ensinar sobre nós mesmos. Por onde vamos começar?

O Velho: – Talvez seja conveniente lembrar como se deu, historicamente, a formulação da doutrina do pecado original.

Antônio: – Foi no tempo de Santo Agostinho e da sua luta ferrenha contra o pelagianismo.

O Velho: – Pois é, uma formulação explícita da doutrina do pecado original se dá à raiz da controvérsia entre Santo Agostinho e o pelagianismo (entre os anos 412 e 430). Não se tratava de uma discussão sobre assuntos secundários, pois estava em jogo a visão do ser humano e da sua salvação. Com efeito, para o pelagianismo, o ser humano é capaz por si mesmo, sem o auxílio da graça interna oferecida por Deus, de ser bom e de se salvar. Quer dizer, a salvação seria fruto do agir humano. Nessa perspectiva, obviamente não há lugar para um primeiro pecado que teria influenciado negativamente na nossa situação atual, até o ponto de nos tornar pecadores, antes de qualquer ato livre da nossa parte. Ou melhor, concedem os defensores do pelagianismo, deve ser aceito um influxo negativo de Adão, a saber, ele se tornou um modelo negativo que nós somos tentados a imitar. Paralelamente, a redenção-salvação de Jesus Cristo consistiria apenas no seu bom exemplo e nas suas palavras orientadoras da nossa vida. E os males que existem no mundo? A morte, a concupiscência, o sofrimento e os demais males que afligem o ser humano são realidades naturais, não castigo do primeiro pecado[2].

Cida: – Essa visão lembra muito a atitude farisaica que nós analisamos anteriormente. A justificação/salvação pelas próprias obras.

Antônio: – Parece tratar-se de uma atitude muito presente no espírito humano. Nos dias de hoje, na efervescência atual religiosa, é frequente encontrar essa visão da salvação, entendida como autossalvação.

O Velho: – Evidentemente, é uma visão inaceitável para a fé cristã. Ela contraria, conforme vimos acima, a proposta do Reino de Deus feita por Jesus de Nazaré, alicerçada na experiência de que somos amados gratuita e incondicionalmente pelo Deus do Reino. Que a salvação é um dom gratuito de Deus é uma afirmação fundamental da fé cristã. É algo que Santo Agostinho reafirmará decididamente na luta contra o pelagianismo. A graça interna, sublinha Agostinho, é totalmente necessária para evitar o pecado e fazer o bem que conduza à vida eterna. Ressalta também Agostinho a realidade da corrupção humana devido, precisamente, ao pecado de Adão. A consequência mais grave desse pecado consiste na perda da

---

2. Para uma visão sintética sobre as teses do pelagianismo e sobre a resposta de Santo Agostinho, cf. García Rubio, 2001: 629-633.

liberdade para fazer o bem, ficando a humanidade orientada para a condenação eterna (*massa damnata*). Assim, pois, existe um pecado de origem (Adão) transmitido a todos os seus descendentes (pecado original originado). A existência desse pecado explica o mal e a necessidade da redenção. A redenção é realizada por Jesus Cristo, redentor universal, e não apenas mestre, como queriam os pelagianos.

Cida: – E qual é a fundamentação dessa doutrina sobre o pecado original?

O Velho: – Primeiramente, a situação da humanidade. Agostinho percebe a presença brutal do mal e do pecado nas pessoas e no conjunto da humanidade. O ser humano que nós conhecemos não pode ser aquele criado à imagem de Deus. A situação miserável em que os seres humanos se encontram só pode ser consequência do pecado de origem.

Em segundo lugar, o texto de Rm 5,12-21, com o paralelismo que estabelece entre a eficácia negativa de Adão e a eficácia salvífica de Cristo.

Finalmente, é muito importante para Agostinho o argumento do uso tradicional do batismo de crianças "para a remissão dos pecados". A força deste argumento reside no fato de que no batismo de crianças, já a partir do século II, se adaptava o ritual do batismo de adultos à situação da criança, que não pode assumir uma responsabilidade pessoal. Pois bem, a parte referente ao batismo para a remissão dos pecados não foi adaptada nem suprimida, sinal de que na fé da Igreja a criança também recebe o batismo para perdão dos pecados. Conclusão: só pode tratar-se desse pecado original originado.

17.3. Pecado original e magistério eclesial

Antônio: – Certamente, o magistério da Igreja assumiu esta doutrina do pecado original. Se não lembro mal foi no Concílio de Cartago (418), convocado pelo mesmo Agostinho e, sobretudo, no Concílio de Trento (1546), na Sessão V[3].

O Velho: – Boa memória, Antônio. Vejamos, de maneira muito resumida, as principais afirmações do Concílio de Trento sobre o pecado original:

• O concílio enumera, primeiramente, os efeitos negativos do pecado para Adão, a saber, a perda de santidade e da justiça, a morte e o domínio do demônio, sendo Adão afetado negativamente tanto no corpo como na alma.

• Depois, o concílio focaliza as consequências negativas do primeiro pecado sobre cada ser humano: a perda da justiça e da santidade, a transmissão não só da morte e de outras penas do corpo, mas também do pecado, morte da alma.

• Este pecado de origem é transmitido por geração e trata-se de um pecado próprio de cada ser humano; este não tem capacidade de eliminar esse pecado, algo possível unicamente com os méritos de Jesus Cristo, que são aplicados no batismo.

• Cada criança tem já o pecado original, antes de poder cometer algum pecado pessoal; as crianças, assim, são batizadas realmente para a remissão dos pecados.

• A graça de Cristo, conferida no batismo, elimina o pecado original; a concupiscência, no entanto, não é eliminada, e os batizados devem combatê-la, mas não pode fazer mal algum aos que não consentem e resistem corajosamente. A concupiscência não deve ser confundida com o pecado (cf. DS 1511-1515).

17.4. Pecado original: fundamentação bíblica?

Cida: – Você falou do texto de Rm 5,12-21. É essa, mesmo, a fundamentação da doutrina do pecado original?

---

3. Para o resumo das afirmações do Concílio de Trento sobre o pecado original, cf. García Rubio, 2001: 634-636.

O Velho: – Uma formulação explícita dessa doutrina não se encontra na Sagrada Escritura. E não se encontra porque, simplesmente, não é algo que preocupe aos autores bíblicos. A Palavra de Deus, contudo, oferece indicações importantes que serão utilizadas para a explicitação da doutrina do pecado original. Assim, no famoso texto que nos fala da desobediência de Adão e Eva (cf. Gn 3), afirma-se que, na origem da desarmonia e dos males que afligem o ser humano, está a desobediência deste à proposta amorosa de Deus, e isto desde o início da humanidade. Iludido por uma autossuficiência tola e orgulhosa, o ser humano encaminha-se para a morte. Mas, notemos bem que no texto vem afirmada, igualmente, a realidade da misericórdia e da fidelidade de Deus que, desde o início, perdoa e salva (cf. GARCÍA RUBIO, 2001: 623-626). Mais explícito é o texto de Rm 5,12-21. É fácil perceber qual é a sua afirmação principal: a salvação de Jesus Cristo é completamente universal. Estende-se a todos os seres humanos. De fato, o paralelismo que o autor estabelece entre Adão e Cristo tem como objetivo ressaltar essa universalidade salvífica de Jesus Cristo. Paulo parte de um ensinamento desenvolvido nas escolas rabínicas do seu tempo: o pecado de Adão prejudicou à humanidade toda. O argumento de Paulo se entende facilmente: se se aceita que o pecado de um teve uma eficácia negativa sobre todos os humanos, por que não aceitar que a redenção realizada por outro (Jesus Cristo) possa ter uma eficácia salvífica universal? Vem também afirmado, no texto, que a nossa situação atual de pecadores, orientados para a morte, depende não só dos nossos pecados pessoais, mas do pecado de outro, anterior à nossa decisão e à nossa responsabilidade. Uma vez que o texto refere-se à situação dos adultos, não cabe deduzir dele que as crianças, antes de qualquer opção livre, estão também numa situação de pecado, tal como será afirmado pela doutrina explícita do pecado original[4].

---

4. Para a explicação do conteúdo teológico de Rm 5,12-21, cf. García Rubio, 2001: 626-628.

Antônio: – É, fica claro o que a tradição eclesial entende por pecado original, mas essa explicação toda, que agradeço sinceramente, não diminui em nada as dificuldades que antes apresentamos na aceitação do pecado original.

17.5. Em que consiste, mesmo, o pecado original?

Antônio: – Continuo muito reticente em relação a essa doutrina do pecado original. Talvez seja devido ao influxo dos meus estudos na área da psicologia. Na perspectiva psicológica, temos outra maneira bem distinta de abordar o problema do mal. Diante da psicologia, essa doutrina parece algo mítico. Mas, continuemos. A teologia atual quando repensa a doutrina do pecado original não apresenta em linguagem também atualizada o que poderíamos chamar de essência do pecado original? Talvez isso me ajude a superar minhas reticências.

O Velho: – Sim, na teologia atual existem várias tentativas para apresentar a essência do pecado original, algo que a Igreja não definiu nas suas declarações, precisamente porque se trata de algo discutido nas escolas teológicas. Talvez a maneira mais adequada de apresentar a essência do pecado original seja levantar esta pergunta: O que seria de nós, se não fosse pela graça de Deus mediante Jesus Cristo? Seríamos incapazes de amar a Deus sobre todas as coisas, incapazes de fazer uma opção fundamental por Ele, comprometendo de maneira total a nossa existência. Para entender o porquê dessa incapacidade nada melhor que um exemplo simples. Pensemos numa criança cujo pai *nunca* se aproximou dela, *nunca* teve um gesto ou uma palavra de ternura. Como poderá essa criança ter uma atitude confiante e filial em relação a esse pai? Bem sabemos que para que possa existir confiança e diálogo é indispensável um clima adequado, clima que esse pai não soube criar.

Cida: – Começo a compreender. Entregues a nós mesmos, sem a revelação e sem a atuação amorosa da graça de Deus conforme o Antigo Testamento e, sobretudo, mediante Jesus Cristo, não seríamos capazes de enxergar Deus como Amor, como Pai e, como consequência, de confiar nele até o ponto de entregar-lhe a nossa vida, numa opção fundamental. Seria impossível a relação dialógica com Ele.

Antônio: – Felizmente isso não acontece. Pela revelação, sabemos e experimentamos que Deus nos ama, que Ele é amor, e temos, ajudados pela sua graça, a possibilidade de amá-lo e de colocá-lo no centro da nossa vida. Temos o clima adequado para a confiança e o diálogo.

O Velho: – Felizmente, é assim. O que a doutrina tradicional da Igreja sobre o pecado original quer nos mostrar é *como seria* a nossa situação se não fosse pela redenção e pela graça de Deus. Estaríamos alienados de Deus, atolados numa situação de não salvação.

Cida: – Mas continuo sem entender por que a Igreja chama de "pecado" a essa alienação de Deus.

O Velho: – A tradição eclesial distingue entre o pecado original *originado* (ou seja, essa situação de desarmonia e de tendência para o mal existente em cada um de nós, mesmo antes de atingirmos a capacidade de optar com liberdade) e o pecado original *originante*, ou seja, essa situação de pecado iniciada na origem da história da humanidade, quando foi dado o primeiro passo – o mais significativo – nessa direção. Na origem da humanidade foi iniciado o "não" ao projeto salvífico de Deus e, assim, desde o início, o mundo e a história estão adulterados, pela vontade do ser humano. Cada ser humano vem a um mundo deteriorado em conexão com uma história e uma comunidade de pecadores, situação esta que contamina cada um de nós, antes do uso da nossa liberdade.

Agora podemos perceber melhor em que sentido a tradição cristã chama de "pecado" a essa situação de não salvação: porque é fruto da opção humana (do primeiro ou primeiros que pecaram no início da história humana e de todos os outros seres humanos que continuamos trilhando o mesmo caminho), constitui uma negação do projeto de Deus e falsifica a relação com Ele. Guarda, assim, uma analogia com o pecado pessoal.

17.6. O pecado original é mais poderoso do que a salvação de Jesus Cristo?

Cida: – Bem, vou aceitar que o pecado original tenha uma certa analogia com o pecado pessoal. Agora, gostaria de expressar outra dificuldade a respeito do pecado original e da salvação de Jesus Cristo. É o seguinte: tenho a impressão de que a eficácia desse pecado original, ao menos tal como normalmente é apresentado, é maior e mais universal do que a eficácia da redenção de Jesus Cristo. Eu conheço a afirmação paulina: "Onde abundou o pecado, a graça superabundou" (Rm 5,20). Contudo, parece que acontece o contrário.

Insisto: a impressão que tenho é a de que esse pecado próprio de cada um de nós, como afirma Trento, é bem mais poderoso, na sua eficácia negativa, do que a entrega, o amor e a salvação de Jesus Cristo. E isto, se não me engano, contradiz a mensagem central do Novo Testamento.

O Velho: – Muito perspicaz a sua observação, Cida. A salvação universal de Jesus Cristo, vimos acima, é algo central na fé neotestamentária. E, diretamente em relação ao tema que agora nos ocupa, é verdade que Paulo afirma: "Onde abundou o pecado, a graça superabundou" (Rm 5,20). Devemos reconhecer que, na pregação das igrejas e também em certas orientações teológicas e espirituais, tem prevalecido uma visão pessimista da condição humana atual. E a impressão é justamente essa que a Cida acaba de expressar. O pecado, com sua eficácia mortífera, aparece bem mais forte do que a salvação obtida por Jesus Cristo. E, assim, uma primeira exigência teológico-pastoral consiste na necessidade de, quando na Igreja ou na reflexão teológica abordamos o tema do pecado original, fazê-lo prestando muita atenção para situar a realidade do pecado no contexto da afirmação central do Novo Testamento: a salvação gratuita que Deus oferece a todos, sem exceção, mediante Jesus Cristo. Todo ser humano precisa de salvação, pois há nele algo que o leva a ficar fechado nele mesmo. A Palavra de Deus nos diz que a impotência para o ser humano autossalvar-se afeta a *todos*. Mas, igualmente comunica a alegre boa-nova de que a salvação é oferecida a *todos*.

É necessário proclamar, com o Novo Testamento, a universalidade total do amor salvador do Deus da vida, a universalidade total da redenção de Jesus Cristo. Nunca houve um ser humano privado do amor e da graça da salvação. Por isso, se é verdade que, antes de qualquer opção livre, todo ser humano é trabalhado por uma tendência para o mal, não é menos verdadeira a presença e a atuação, desde o primeiro instante da vida de cada ser humano, da graça de Deus, sempre mediante Jesus Cristo, capacitando e orientando para a abertura confiante a Deus, para a solidariedade e o amor-serviço em relação aos irmãos e para o relacionamento responsável com o meio ambiente. Antes da decisão livre da pessoa, esta possui uma orientação gratuita – graça de Deus – para a abertura e para a vivência do projeto salvífico de Deus. Cabe à pessoa, no exercício da sua liberdade, caminhar na direção dessa abertura-vivência ou na direção do fechamento e da não salvacão.

Antônio: – Excelente resposta. Mas, continuo ainda com as minhas dúvidas. Segundo a explicação tradicional, Adão e Eva se encontravam no paraíso em possessão da graça santificante e dos dons chamados preternaturais (destinação à imortalidade, domínio das paixões etc.). Pelo pecado, perderam essa riqueza toda, ficando numa situação miserável. É verdade que a redenção de Jesus Cristo liberta do pecado e oferece a graça divina. Entretanto, nossa situação atual aparece inferior à situação de Adão e Eva, antes do pecado. A redenção de Jesus Cristo, na etapa presente da nossa vida, não nos restitui a maravilhosa situação própria do estado paradisíaco. E, assim, por muito que a coisa queira ser explicada, fica a impressão a que se referia antes a Cida. O pecado parece mais forte do que a graça.

O Velho: – Realmente, na visão fixista da criação, segundo a qual Deus teria criado direta e integralmente o ser humano e todos os outros seres da criação, não se encontra uma resposta satisfatória para essa dificuldade. Por isso, não são poucos os teólogos que sustentam hoje ser a visão evolucionista da vida mais adequada para explicar o sentido do pecado original e da redenção.

17.7. O pecado original e o fenômeno humano repensados numa perspectiva evolucionista

Cida: – Não tenho dificuldade em aceitar que Deus possa ter criado o mundo em evolução. Aliás, este assunto já foi abordado, quando tratamos da fé em Deus criador. Mas, não percebo em que sentido a visão evolucionista da vida pode nos ajudar numa melhor compreensão do significado do pecado original, da redenção e da nossa condição humana atual.

17.7.1. Analogia entre entropia e concupiscência

Antônio: – Eu já estudei as leis básicas que regem a energia existente no universo e como a evolução se realiza no interior delas. Acho que estou em condições de lembrá-las. Ei-las, de maneira resumida:

1) A primeira lei da termodinâmica: trata-se do princípio da conservação da energia. A energia básica do universo permanece estável, em termos de *quantidade*, ao longo do processo evolutivo.

2) A segunda lei da termodinâmica: a energia se conserva, mas tende a degradar-se quando atua. Assim, deparamo-nos com a existência de uma tendência geral à degradação da energia (*entropia*).

3) Como se realiza, então, a evolução? Parece que ela caminha deslocando a energia de uma função para outra e concentrando-a (*neguentropia*).

4) Na energia, encontramos, pois, uma tendência para a degradação e outra tendência para a concentração, sendo que a primeira predomina quantitativamente. Na concentração da energia para a concretização de sínteses mais complexas está o vector principal da evolução.

5) Isto não significa que o resultado da degradação da energia seja algo inútil para a evolução. Bem ao contrário, é utilizado como suporte necessário para etapas superiores da evolução, para a concretização de sínteses de maior complexidade. Assim, o surgimento da vida consciente humana supõe o suporte da vida própria do sistema nervoso, e esta, por sua vez, supõe o suporte da matéria viva, que encontra seu suporte indispensável na matéria inorgânica.

Cida: – Excelente resumo, Antônio. Mas, o que tem tudo isso a ver com o pecado original, com a redenção e com a nossa condição humana atual?

Antônio: – Anos atrás li uma obra de J.L. Segundo, o famoso teólogo uruguaio, na qual ele aplicava essas leis básicas da energia e da evolução ao fenômeno humano (cf. SEGUNDO, 1977). Achei fascinante essa aplicação, mas confesso que a coisa toda ficou, na ocasião, ainda bastante confusa.

O Velho: – Não é de estranhar, pois trata-se de um tema que exige tempo para aprofundá-lo e para assimilá-lo de maneira pessoal. Talvez seja conveniente, agora, resumir as afirmações principais feitas por J.L. Segundo.

Se a evolução é um fato universal, o ser humano deve ser incluído também no processo evolutivo. As leis básicas que regem a evolução estarão atuando também no fenômeno humano. Certamente, não da mesma maneira que atuam no nível pré-humano da evolução. E, isso, porque com o ser humano aparece uma realidade, qualitativamente nova, na caminhada da evolução: a *liberdade*. As leis evolutivas aplicam-se ao ser humano de maneira apenas *analógica*. Precisamente, por causa do dado novo que é a liberdade humana.

Cida: – Trata-se, então, de verificar até que ponto essas leis que o Antônio nos lembrou estão atuando também no ser humano.

O Velho: – Vejamos a analogia que J.L. Segundo percebe entre entropia e concupiscência. Vamos dividir a reflexão em 5 pontos.

a) Primeiro ponto da analogia: a degradação da energia realiza-se em oposição à concentração da energia, mediante a qual caminha a evolução; no ser humano, encontramos a realidade da concupiscência que inclina ao pecado e se opõe à libertação do ser humano.

b) Segundo ponto: a entropia tende para a realização de sínteses mais fáceis, imediatas e de menor custo energético; a concupiscência tende, frequentemente, para sínteses imediatas e que comportam menor esforço.

c) Terceiro ponto:

• a entropia predomina *quantitativamente;*

• a concupiscência predomina *quantitativamente* no ser humano.

d) Quarto ponto: a entropia é vencida *qualitativamente* pela neguentropia; a concupiscência é vencida *qualitativamente* pela redenção-salvação de Jesus Cristo.

e) Quinto ponto: a entropia é utilizada como suporte para fases superiores da evolução; a concupiscência é utilizada a serviço do amadurecimento da liberdade e do amor.

Cida: – De fato, percebo que existe em mim uma forte tendência para sínteses mais fáceis (para a omissão diante da injustiça ou do sofrimento dos irmãos, para o fechamento no meu próprio interesse exclusivista etc.).

Antônio: – Experimentamos, também, a atuação da graça em nós, impulsionando-nos para a abertura ao Deus da Vida, para a solidariedade e para o amor-serviço, quer dizer, para sínteses que comportam, normalmente, maior custo energético.

O Velho: – Convém insistir novamente que estamos situados no campo da mera analogia. E, assim, o autofechamento do ser humano, rejeitando a proposta de Deus, pode implicar, às vezes, um elevado custo energético. Quer dizer, o ser humano é capaz de gastar muita energia para fazer o mal, para destruir outras pessoas e assim por diante. A degradação da energia, no ser humano, deve ser entendida no sentido de que este tende a rejeitar o projeto de Deus, seja pelo orgulho que utiliza a energia a serviço da morte seja pela tendência para omitir-se, para fugir do compromisso, para ficar fechado no próprio comodismo e interesse.

17.7.2. Pecado original: se não fosse pela salvação de Jesus Cristo, seríamos escravos do pecado!

Cida: – Nessa perspectiva, como poderíamos entender o pecado original?

O Velho: – Poderia ser entendido, afirmam alguns teólogos, como uma espécie de degradação energética, entendendo a degradação no duplo sentido acima indicado: orientação para o fechamento na própria subjetividade, para a rejeição do outro como outro, para a omissão em face das necessidades dos outros etc. Ou também o autofechamento pode orientar sínteses que exigem grande custo energético para fazer o mal.

Antônio: – Percebo, assim, que o pecado original aconteceu, no processo evolutivo, quando essa tendência para o fechamento no próprio interesse, rejeitando a abertura a Deus e aos outros seres humanos, foi assumida livremente (pecado original originante). Esta tendência atuando em cada ser humano, antes mesmo do uso da liberdade e incapacitando para viver o projeto de Deus, seria o pecado original originado.

O Velho: – Exatamente. Todo ser humano que vem a este mundo seria escravo dessa incapacidade prática para evitar o pecado e para optar por Deus e pelo amor serviçal aos seres humanos. Se não fosse pela graça de Deus mediante Jesus Cristo, todos seríamos escravos do pecado, de tal maneira que pecado e concupiscência se identificariam, de fato.

Cida: – Dessa incapacidade, o ser humano é libertado pela atuação da graça de Deus mediante Jesus Cristo.

Antônio: – Com a graça de Deus, podemos vencer o pecado e viver a vida nova conforme Jesus Cristo!

O Velho: – Na perspectiva evolucionista, entendemos melhor o alcance da vitória de Cristo sobre o mundo do pecado. Sim, Jesus Cristo vence o mundo (triunfo do *qualitativamente* novo) e, ao mesmo tempo, o mundo do mal continua predominando *quantitativamente*. A analogia com as leis da entropia e da neguentropia é, portanto, facilmente percebida.

Antônio: – A libertação do Cristo atua em nós, tornando possível a vivência do amor a Deus e aos irmãos(ãs). Estupenda boa-nova: o pecado já não nos domina inevitavelmente! A escravidão radical do ser humano é vencida. Podemos optar pelo amor a Deus e aos irmãos(ãs)!

O Velho: – E notemos bem que *essa* graça que nos capacita para a síntese mais difícil, que é o amor, é oferecida a todo ser humano. Lembremos, a propósito, a universalidade total da redenção de Cristo, o que garante que este nosso mundo nunca esteve privado da graça da redenção.

Cida: – Se a graça é oferecida a todos, qual é o sentido do batismo e da Igreja?

O Velho: – O batismo é *sinal, eficaz, sacramental* dessa capacidade libertadora de Deus mediante Jesus Cristo. E a Igreja é *sinal* da realidade qualitativamente nova que é o Reino de Deus. Este é o desafio radical para todos nós, membros da Igreja: só quando ela é verdadeiro sinal é que está a serviço da salvação (cf. LG 1).

17.7.3. A realidade da nossa ambiguidade radical

Antônio: – Como estudioso da psicologia me interesso particularmente pela incidência desta perspectiva evolucionista sobre o problema da nossa ambiguidade radical.

O Velho: – Desde o início do processo evolutivo, essa realidade da nossa ambiguidade vai sendo preparada pela entropia e pela neguentropia. Uma vez que foi atingido o limiar da *hominização*, cada ser humano é orientado intrinsecamente ("existencial salvífico", na linguagem de K. Ranher) por Deus para o amor. Este existencial é oferecido a todos, gratuitamente. Mas, ao mesmo tempo, há no ser humano outra tendência que orienta para o fechamento (degradação da energia, no sentido duplo antes explicado). Criado à imagem de Deus, o ser humano é chamado a decidir-se pela abertura ou pelo fechamento. No processo evolutivo, algo novo surgiu: a liberdade, a capacidade de decisão. Vimos como o ser humano, na perspectiva tanto da teologia da salvação como na teologia da criação, é um ser de decisão e de resposta (responsabilidade). E o ser humano escolheu, desde o início da história humana, o fechamento.

Cida: – O que fazer com a nossa concupiscência? Pois, embora seja verdade que o encontro vivo com Jesus Cristo é profundamente libertador, ele não elimina a ambiguidade da nossa vida.

O Velho: – A mim me ajuda muito meditar sobre a parábola da semente boa e do joio (cf. Mt 13,24-30). Mas, deve ser aplicada à minha vida, à vida de cada um de nós. Boa semente e joio, luz e sombra coexistem hoje, em cada ser humano. A separação só será realizada no tempo da colheita (plenitude do Reino de Deus). É próprio da pessoa amadurecida saber assumir a ambiguidade da própria existência e da existência dos outros. Isto não significa um convite à passividade. Ao contrário, constitui uma interpelação para que apostemos no "novo", no amor e na justiça, mas tendo sempre presente a realidade do joio, do "velho", da tendência ao fechamento no próprio eu.

Antônio: – Assim, posso entender melhor o sentido dinâmico da existência cristã; passagem do "velho" para o "novo". Entendo melhor também o quanto é destruidora a mentira, a ilusão e o engano em relação à própria realidade.

Cida: – Eu acrescentaria o perigo tão real do perfeccionismo. A tentação do perfeccionismo me parece particularmente grave, pois a pessoa que a ela sucumbe vive num mundo de fantasia, enganada em relação à própria virtude e santidade, sem reconhecer a existência da própria *sombra*[5].

O Velho: – Daí o julgamento e a crítica desapiedada. Quando a pessoa é capaz de reconhecer o joio dentro dela, vai se tornando mais compreensiva e mais misericordiosa em relação às outras pessoas.

---

5. Sobre a realidade da sombra, cf. García Rubio, 2000: 19-30.

17.7.4. O "velho" a serviço do "novo"

Cida: – Em tudo isto o que me deixa sumamente alegre e agradecida é a constatação de que em Jesus Cristo não somos mais escravos do pecado, embora continuemos ambíguos. "Sabemos" qual é o caminho do "novo" e podemos segui-lo, pela ação do Espírito que está em nós. Vamos passando da morte para a vida porque "amamos os irmãos" (1Jo 3,14).

O Velho: – Sabemos também que o joio, o homem "velho" não desaparece totalmente na vida atual. Trata-se de uma realidade antropológica que deve ser integrada no nosso processo de humanização, ao invés de fingir que não existe. Vimos antes que a entropia é suporte necessário para sínteses mais difíceis, para o caminhar da evolução. Seguindo a analogia, concluiremos que a concupiscência deve ser integrada no processo de humanização. Seria desastroso querer prescindir dela, viver como se ela não existisse. A concupiscência desaparecerá, sem dúvida, mas só na plenitude escatológica. Tanto ela como o mesmo pecado podem nos ajudar no nosso amadurecimento pessoal e comunitário. A liturgia não tem receio de exclamar na Vigília Pascal: O *Felix culpa* que nos trouxe um salvador da qualidade de Jesus Cristo.

18
A raiz última da ambiguidade
e do mal

Cida: – Então, qual será a raiz última da ambiguidade humana e do pecado?

18.1. O desejo insatisfeito do encontro pleno com Deus
(cf. BENZO, 1977: 66ss.)

O Velho: – O ser humano é criatura, criado à imagem de Deus, criado pelo amor de Deus e orientado para a plenitude dele. O desejo do encontro pleno com Deus é o mais profundo, radical e poderoso de todos os desejos humanos. É o desejo (mesmo que o ser humano não o identifique como desejo de Deus) que nos deixa inquietos, insatisfeitos, sempre na procura de algo mais, em definitivo, com fome e sede de infinito.

Ora, na vida atual, esse desejo não é satisfeito, pois o encontro com Deus é vivido na penumbra da fé, como em um espelho, não face a face (cf. 1Cor 13,12).

Quer dizer, por um lado, o ser humano experimenta a ânsia da plenitude e, por outro, percebe-se carente e não aceita essa carência. Tal é a tensão mais radical experimentada pelo ser humano.

Este desejo radical não satisfeito está na raiz da nossa ambiguidade e do pecado. Primeiramente, porque não aceitamos as limitações da nossa condição humana atual. Em segundo lugar, porque, famintos e sedentos, acabamos comendo alimentos estragados e bebendo água poluída. Com outras palavras, o pecado é uma expressão da fome e da sede autênticas, só que desviadas da sua finalidade (Deus). No pecado, procuramos substitutivos porque não aceitamos a tensão da espera, em definitivo, porque não aceitamos a nossa condição de criaturas. É verdade, vimos antes, que todo ser humano está orientado pela graça de Deus para o diálogo-amizade com Ele. Mas, a resposta é dada na penumbra da fé. O Deus amor capacita o ser humano para uma resposta positiva, mas nunca o violenta.

18.2. Por que Deus não nos cria diretamente na plenitude da vida eterna?

Antônio: – A pergunta e a inquietude persistem. Podemos ainda perguntar: Por que Deus nos criou nesta situação de tensão, sujeitos a tantos males e ao pecado? Por que não nos criou diretamente já na vida eterna, sem ter de passar pelo tempo e pela história atuais?

O Velho: – Talvez a melhor maneira de responder a estes questionamentos seja levantar outra questão: Tão importante é o momento da nossa decisão que o Deus Ágape assume o risco do pecado e dos outros males? A. Torres Queiruga é, atualmente, um dos teólogos que mais tem aprofundado esta questão. Para este teólogo, Deus não cria o ser humano diretamente na possessão da plenitude da vida eterna, porque isto seria anular a criatura humana, que é histórica e chamada a se autorrealizar livremente. A resposta à nossa pergunta anterior é afirmativa: nossa pequena decisão, nosso pequeno "sim" é tão importante que Deus assume o risco do mal e do pecado. Deus cria com vistas à realização de um projeto estupendo, mesmo sabendo que criar implica limitação e o aparecimento do mal. Sim, sabemos que a criação é boa, mas não é nem pode ser perfeita. Deus não pode criar um mundo perfeito, seria a mesma coisa que criar outro Deus, algo contraditório (cf. TORRES QUEIRUGA, 1997: 71ss.; 1995: 220ss.).

E acrescentemos que Deus não quer o mal, mas luta na história contra ele. A atitude de Deus em relação ao mal vem expressa em Jesus Cristo, Deus feito limitação humana (cf. Jo 1,14), submetido às limitações do mal (cf. Hb 4,15), mas sempre em oposição ao mal e do lado das vítimas. O mal é para ser combatido. O Filho encarnado na finitude humana, homem limitado, rompe, desde dentro da finitude, a impotência. Assim, Jesus Cristo nos liberta da impotência, da escravidão do pecado (Rm 6,11.18-23), da lei (Rm 7,6ss.) e da morte (Rm 6,23; 1Cor 15,26.58) (cf. GARCÍA RUBIO, 2003: 111-113).

Continua o mal e o sofrimento, sim. Mas, tudo fica integrado na confiança no amor salvador do Deus Ágape. Temos uma certeza fundamental: estamos salvos, somos aceitos pelo amor incondicional de Deus! Esta é a nossa confiança radical.

18.3. A alegria na dureza da caminhada

Cida: – Vistas assim as coisas, percebo agora que a reflexão sobre o pecado não constitui uma mensagem pessimista.

O Velho: – Tem razão, Cida. O reconhecimento da realidade do pecado não faz do homem novo um pessimista. É necessário perceber claramente aquilo de que somos libertados. Entretanto, é bem mais importante perceber a finalidade desta libertação: a novidade de vida que nós procuramos descrever nestes nossos encontros. E como vimos, a experiência mais fundamental de todas é a de que Deus nos ama gratuitamente. Nos ama e nos perdoa. Aliás, já estamos perdoados, pela atuação da graça em nós. É esta atuação que nos faz perceber que somos pecadores, ao invés de continuarmos a nos iludir e a buscar justificativas do mal feito ou a não reconhecer que se trata de mal.

Antônio: – E já sabemos em que consiste a libertação operada em nós pela graça de Deus. Em resumo, trata-se de seguir Jesus na sua profunda experiência do Deus-Abbá, na sua liberdade, na sua solidariedade e no seu amor-serviço, no meio das dificuldades e das ambiguidades da existência atual. Enquanto caminhamos para o futuro da vida em plenitude, para a total superação das ambiguidades, dos males e do pecado, com a convicção de que a última palavra não é do mal e do pecado, mas da vida e do amor.

A modo de conclusão

Aqui terminam as conversas mantidas, durante longos meses, pelos nossos três amigos. Despediram-se alegres pelo caminho percorrido no aprofundamento de temas básicos da antropologia cristã. Alegres também pela riqueza das experiências partilhadas e pelo crescimento em profundidade do afeto entre eles. Os três têm consciência de que não abordaram todos os temas importantes da antropologia teológica cristã. Especialmente, sentem falta de uma reflexão aprofundada sobre a escatologia. E, assim, manifestaram a intenção de, em época não distante, retomar os encontros para aprofundar a visão cristã do ser humano, na perspectiva da escatologia, pois experimentam muita dificuldade para comunicar de maneira significativa o sentido das realidades escatológicas (morte, juízo particular e julgamento geral, purgatório, inferno, céu, ressurreição dos mortos, segunda vinda de Jesus Cristo etc.).

Enquanto aguardamos a retomada dos encontros, parece-me conveniente, a modo de conclusão geral, sintetizar os marcos mais importantes da caminhada feita pelos três amigos.

Pelo conteúdo das conversas, é fácil perceber que a vida nova, em conformidade com o projeto do Deus que é Vida e Amor, supõe o desenvolvimento de uma visão integrada do ser humano. Este foi o tema da Parte I. O homem e a mulher *inteiros*, espiritualidade *e* corporeidade sexuada, razão *e* afeto, interiorização *e* abertura, ser individual *e* comunitário, ser social, político, ecológico, religioso, ser de palavra *e* de silêncio etc., são chamados a viver a libertação para a experiência do encontro com o Deus Ágape e para a vivência da solidariedade e do amor-serviço. Para que isso aconteça, é necessário superar a dialética de exclusão, desenvolvendo, no seu lugar, uma dialética de inclusão entre as dimensões do humano e da vida cristã (cap. 1 e 2).

Na Parte II (cap. 3 e 4), ao tratar da revelação bíblica, foi ficando cada vez mais claro que o Deus revelado no Antigo e no Novo Testamento só está interessado na nossa salvação. A mesma criação está a serviço da salvação, ou melhor, ela já é salvação. Ora, da revelação do Deus salvador-criador se deduz uma imagem do ser humano extremamente rica. Especificar o que significa ser humano em conformidade com a proposta do Deus salvador-criador ocupou um destaque especial, nesta Parte II.

Suposta esta fundamentação bíblica, procurou-se explicitar, na Parte III, o rico conteúdo da vivência da salvação, no hoje da nossa história. Temas já abordados na reflexão bíblica foram retomados e ampliados, procurando concretizar uma comunicação significativa com o nosso mundo cultural. A exposição começou com a reflexão sobre o significado de ser pessoa, tradução no mundo ocidental do tema bíblico da criação do ser humano à imagem de Deus (cap. 5). A seguir, foram estudadas as relações constitutivas da pessoa, nas quais se vive a salvação cristã, isto é, relações vividas em conformidade com Jesus Cristo.

A relação com Deus, a mais fundamental de todas, foi a primeira analisada. A oração do Reino de Deus, a providência do Deus cristão, a oração de petição foram sendo estudadas no capítulo 6. Foi também abordada a reflexão sobre a religiosidade pós-moderna, com seus desafios para a experiência cristã de Deus, bem como o significado de uma fé adulta em conexão com a superação do infantilismo religioso. As relações inter-humanas ocuparam, logo a seguir, a atenção dos três interlocutores, começando pelo tema da subjetividade (fechada ou aberta), tão caro aos modernos e pós-modernos, especificando as características do encontro realmente inter-humano (cap. 7). Ora, as relações inter-humanas, na perspectiva da nova vida, supõem a libertação da nossa liberdade, a fim de possibilitar a vivência da solidariedade e do amor-serviço (cap. 8). Mas, tanto a solidariedade como o amor--serviço deveriam estar também presentes no âmbito das relações sociais e políticas. Nesse contexto, fazia-se necessária uma reflexão especial para focalizar o significado da Teologia da Libertação e para avaliar a sua situação hoje (cap. 9).

E as relações diretamente eclesiais, como são vividas na nova vida? De maneira comunitária carismática, fruto da ação do Espírito na comunidade (cap. 10). Sendo a sexualidade uma dimensão básica da existência humana, não poderia ficar de fora do aprofundamento realizado pelos três interlocutores. A vida nova em Jesus Cristo mediatizada pela sexualidade é o tema desenvolvido no cap. 11. Uma das relações fundamentais que constituem a humanização do ser humano, conforme a teologia da salvação-criação, é o relacionamento responsável com o mundo criado pelo amor de Deus. Os desafios que o meio ambiente suscita são bem conhecidos. Então, que relação existe entre a vivência do novo ser e o meio ambiente? Tema de candente atualidade que os nossos amigos não poderiam deixar de analisar (cap. 12). E as relações religiosas? Com elementos tomados da teologia da criação, os três interlocutores superaram a estéril oposição entre fé cristã e religião, focalizando, de modo especial, a importância antropológica do símbolo religioso (cap. 13).

O relacionamento verdadeiro consigo próprio, a abertura à própria realidade interior é outra das relações fundamentais, e foi examinada no capítulo 14. Nele, foi analisada, especialmente, a realidade da nossa ambiguidade radical bem como a necessidade de passar do "velho" para o "novo". Por último, foram feitas umas breves considerações sobre a abertura à plenitude da vida nova, ressaltando a íntima relação existente entre a promessa da plenitude em Deus e a realização do Reino de Deus, na ambiguidade da história atual (cap. 15).

Claro está que a presença do mal e do pecado acompanhou, como pano de fundo, a reflexão dos três amigos. Pois, a vida nova vive-se no coração da ambiguidade atual. E não se trata só de ambiguidade, mas também da trágica realidade do pecado. De maneira realista, a fé cristã adverte-nos de que para poder desenvolver o "novo" é necessária a luta contra o "velho". Com outras palavras, quando se trata de optar entre a aceitação do projeto de Deus ou de sua rejeição, nos deparamos com a realidade do pecado. Pecado pessoal-individual e pecado estrutural, desumanização e mentira. Rejeição da proposta salvífica do Deus Amor. O chamado "pecado original", tão mal compreendido, tem muito a nos dizer sobre a condição humana, sobre a nossa ambiguidade e sobre o caminho de libertação unidos a Jesus Cristo, cabeça da nova humanidade. A Parte IV foi reservada para a reflexão sobre a realidade questionadora e perturbadora do mal e do pecado. Assim, num primeiro momento, foi explicitado em que consiste o pecado pessoal e o pecado social (cap. 16). A tentativa de elucidar o significado do chamado "pecado original" ocupa um lugar de destaque nesta reflexão. Interessante resulta, especialmente, a releitura feita numa perspectiva evolucionista do significado desse "pecado" em conexão com a ambiguidade humana e com a redenção de Jesus Cristo (cap. 17). No último capítulo (cap. 18), os interlocutores procuraram iluminar as inquietantes questões: Qual é a última raiz do mal e do pecado? Por que Deus não nos cria diretamente já na plenitude da vida eterna?

Deve ter ficado claro, no desenrolar das conversas, que a existência cristã não é uma realidade acrescentada ao humano, mas a vida humana mesma fecundada pelo amor gratuito do Deus do Reino e vivida em conformidade com o Senhor Jesus. O amor de Deus, a salvação que Ele nos oferece, o dom da sua graça, toda esta riqueza gratuita constitui a nossa realidade mais íntima. E afeta, atua, impulsiona, vivifica o homem e a mulher, em todas as suas dimensões.

O projeto de Deus sobre o ser humano – homem e mulher – é extremamente rico e capaz de mobilizar a pessoa inteira, em todas as suas dimensões e inter-relações. Projeto vivo e cativante concretizado no comportamento, atitudes, opções, ou melhor, no significado da vida toda de Jesus de Nazaré bem como da sua morte e ressurreição. Ele é o Mediador da nossa humanização-salvação. Somos integralmente humanos e vivemos o dom da salvação na medida em que nos inspiramos – somos guiados pelo mesmo Espírito – na caminhada vivida por Jesus de Nazaré

As conversas mantidas pelos três amigos foram proveitosas para eles e, espero, também para nós, leitores deste livro. As conversações foram transcritas e ordenadas, precisamente, na esperança de que outras pessoas possam também se enriquecer com a profunda e rica proposta de salvação contida na fé cristã. Uma proposta que, melhor conhecida, poderá oferecer um sentido novo, mais profundo, alegre e penetrado de esperança, para o nosso viver. E tudo isto vivido nesta história, neste nosso tempo, assumindo a ambiguidade da nossa condição atual, caminhando em direção à grande Promessa e realizando as promessas possíveis, hoje, de justiça e de amor efetivo.

Só me resta agora agradecer aos três amigos a permissão para a publicação das suas reflexões. Para a redação final da obra, devo agradecer também as sugestões e questionamentos, levantados por participantes de seminários de Teologia a Distância oferecidos pela PUC-Rio, e, de modo todo especial, a valiosa colaboração da Profa. Maria Carmen Avelar na correção e no aperfeiçoamento do texto.

Referências

ALTNER, G. "La comunidad de la creación como comunidad de derechos – El nuevo pacto entre las generaciones". *Concilium*, 236, 1991.

AUER, J. *El mundo, creación de Dios*. Barcelona: Herder, 1979.

BARTH, K. *Dogmatique, I/2* e *III/2*. Genebra, 1958ss.

_____. *Der Römerbrief.* Zurique: [s.e.], 1918.

BENEDETTI, L.R. "O novo clero: arcaico ou moderno?" *REB*, 233, 1999.

BENZO, M. *Teología para universitarios*. 6. ed. Madri: Cristiandad, 1977.

BOFF, L. *Saber cuidar* – Ética do humano, compaixão pela terra. Petrópolis: Vozes, 1999.

_____. *Ecologia: grito da terra, grito dos pobres*. São Paulo: Ática, 1995.

BONHOEFFER, D. *Resistência e submissão*. Rio de Janeiro: Paz e Terra, 1968.

BUCHANAN, J. "Criação e cosmos: a simbólica da proclamação e da participação". *Concilium*, 186, 1983.

CASTELLS, M. *A era da informação*: economia, sociedade e cultura. São Paulo: Paz e Terra, 1999 [3 vols.].

CHARDIN, T. de. *Le phenomène humaine*. Paris: Seuil, 1955.

DOMÍNGUEZ MORANO, C. *Creer después de Freud*. Madri: San Pablo, 1992.

DUPONT, J. Os pobres e a pobreza segundo os ensinamentos do Evangelho e dos Atos dos Apóstolos. In: VV.AA. *A pobreza evangélica*. São Paulo: Paulinas, 1976.

DUSSEL, E. *Para uma ética da libertação latino-americana* – Vol. III: Erótica e pedagógica. São Paulo: [s.e.], [s.d.].

FOHRER, G. *História da religião de Israel.* São Paulo: Paulinas, 1983.

_____. *Estruturas teológicas fundamentais do Antigo Testamento.* São Paulo: Paulinas, 1982.

FORTE, B. *Jesus de Nazaré* – História de Deus, Deus da História. São Paulo: Paulinas, 1985.

FREIRE, P. *Pedagogía del oprimido.* Montevidéu: Tierra Nueva, 1970.

_____. *Educação como prática da liberdade.* Rio de Janeiro: Paz e Terra, 1967.

FRIES, H. "Mito". *SM*, vol. 4, col. 752-761.

FROMM, E. *A arte de amar.* Belo Horizonte: Itatiaia, 1995.

FUCHS, E. *Le désir et la tendresse.* Genebra: Labour et Fides, 1979.

GANOCZY, A. *Doctrina de la creación.* Barcelona: Herder, 1986.

GARCÍA RUBIO, A. *O encontro com Jesus Cristo vivo.* 8. ed. São Paulo: Paulinas, 2003.

_____. "Superação do infantilismo religioso". *Atualidade Teológica*, 12, 2002.

_____. *Unidade na pluralidade* – Visão bíblico-cristã do ser humano. 3. ed. São Paulo: Paulus, 2001.

_____. "Da 'sombra' à verdade que liberta". *Atualidade Teológica*, 6/7, 2000.

_____. "Crisis ecológica, fe cristiana y derechos de la naturaleza". *Corintios XIII*, 88, 1998.

_____. *Nova Evangelização e maturidade afetiva.* 2. ed. São Paulo: Paulinas, 1994.

_____. Crise ambiental e projeto bíblico de humanização integral. In: VV.AA. *Reflexão cristã sobre o meio ambiente.* São Paulo: Loyola, 1992.

_____. *Teologia da Libertação: política ou profetismo?* – Visão panorâmica e crítica da teologia política latino-americana. São Paulo: Loyola, 1977.

GEVAERT, J. *El problema del hombre* – Introducción a la Antropología Filosófica. Salamanca: Sigueme, 1984.

GISEL, P. *La Création* – Essai sur la liberté, l'histoire et la loi, l'homme, le mal et Dieu. Genebra: Labour et Fides, 1980.

GOPPELT, G. *Teologia do Novo Testamento*. Vol. 1. São Leopoldo: Sinodal; Petrópolis: Vozes, 1977.

HEILER, F. *Das Gebet*. 5. ed. Munich-Basileia: [s.e.], 1969.

HORTELANO, A. *Problemas actuales de moral* – Vol. II: La violencia, el amor y la sexualidad. 3. ed. Salamanca: Sigueme, 1990.

JANSSEN, L. *Mariage et fecundité* – De Casti Connubi à Gaudium et Spes. Paris: Gembleux Duculot, 1967.

JEREMIAS, J. *Teologia do Novo Testamento*. São Paulo: Paulinas, 1977.

KÜNG, H. *¿Existe Dios?* – Respuesta al problema de Dios em nuestro tiempo. Madri: Cristiandad, 1979.

LORETZ, O. *Criação e mito*. São Paulo: Paulinas, 1979.

MOLTMANN, J. *Dio nella creazione* – Dottrina ecologica della creazione. Brescia: Queriniana, 1986.

MUNDLE, W. et al. "Redención". In: *DTNT*, vol. 4.

NATALE TERRIN, A. *Nova Era* – A religiosidade do pós-moderno. São Paulo: Loyola, 1996.

NOCKE, F.J. Doutrina geral dos sacramentos. In: SCHNEIDER, Th. (org.). *Manual de Dogmática*. Vol. 2. Petrópolis: Vozes, 2001.

RAD, G. von. *Teologia do Antigo Testamento*. Vol. 1. São Paulo: Aste, 1973.

SANTO AGOSTINHO. *De Genesi ad litteram*, IX, c. 5, n. 9. In: *PL*, 34, 396.

SCANNONE, J.C. "La teología de la liberación – Caracterización, corrientes, etapas". *Stromata*, 38, 1982.

SCHILLEBEECKX, E. *O matrimônio*: realidade terrestre e mistério de salvação. Petrópolis: Vozes, 1969.

SEGUNDO, J.L. *Evolução e culpa*. São Paulo: Loyola, 1977.

_____. *As etapas pré-cristãs da descoberta de Deus*. Petrópolis: Vozes, 1968.

SESBOÜÉ, B. *Jesucristo, el único mediador* – Ensayo sobre la redención y la salvación. Salamanca: Secretariado Trinitário, 1990.

SCHMAUS, M. *Teología Dogmática*. Vol. 1. Madri: [s.e.], 1960.

SCHNEIDER, J. Os começos do Povo de Deus – A antiga tradição de Israel. In: SCHNEIDER, J. (org.) *Palavra e mensagem* – Introdução teológica e crítica aos problemas do Antigo Testamento. São Paulo: Paulinas, 1978.

SCHUTZ, Ch. & SARACH, R. "O homem como pessoa". *MS*, II/3.

SOBRINO, J. *Cristologia a partir da América Latina*. Petrópolis: Vozes, 1983.

TORRES QUEIRUGA, A. *Recuperar la creación* – Por una religión humanizadora. Santander: Sal Terrae, 1997.

_____. *Recuperar la salvación* – Para una interpretación libertadora de la experiencia cristiana. Santander: Sal Terrae, 1995.

VIDAL, M. *Moral de atitudes* – Vol. 2: Ética da pessoa. Aparecida: Santuário, 1981.

WESTERMANN, C. "Genesis I". In: *Biblisches Kommenter* – Altes Testament I/I. Neukirchen-Vluyn, 1974.

WOLFF, H. *Antropologia do Antigo Testamento*. São Paulo: Loyola, 1975.

ZAHRNT, H. *Dieu ne peut pas mourir*. Paris: Cerf, 1971.

Índice

Sumário, 5

Apresentação à segunda edição, 7

Prefácio, 11

Abreviaturas, 13

Introdução, 15

Parte I – O ser humano: superação das rupturas, 17

1. O ponto de partida: a estéril desarticulação, 19
    1.1. Perplexidades, 19
    1.2. Desarticulação, 23

2. Para uma articulação fecunda, 26
    2.1. A origem da visão dualista, 26
    2.2. Consequências da visão dualista, 30
    2.3. A visão integrada do ser humano, 34

Parte II – A revelação bíblica do Deus da salvação-criação: o ser humano criado para viver a salvação, 39

3. O encontro com o Deus salvador-criador no Antigo Testamento, 41
    3.1. O Deus com características pessoais, 41
    3.2. O valor relativo das imagens que formamos de Deus, 43
    3.3. Antigo Testamento: o Deus de Israel é o salvador!, 45
        3.3.1. A criação é já salvação!, 46

3.3.2. O ser humano chamado a acolher a salvação, 47

3.3.3. Valorização do tempo e da história em ordem à salvação, 51

3.4. Antigo Testamento: o Deus de Israel é o criador!, 53

3.4.1. A criação é já salvação!, 53

3.4.2. Gn 1,1-25: dificuldades na interpretação do texto, 56

3.4.3. Gn 1,1-25: o que vem afirmado sobre a criação do mundo, 60

3.4.4. A fé em Deus criador: tradições "proclamativa" e "manifestativa", 62

3.4.5. Superação da solidão: criação do homem e da mulher conforme Gn 2,4b-25, 63

3.4.6. Não à discriminação: homem e mulher criados à imagem de Deus (Gn 1,26ss.), 67

3.4.7. Ser imagem de Deus implica também saber descansar, 69

3.4.8. O ser humano na perspectiva da teologia da criação no Antigo Testamento: atualidade da mensagem, 71

4. O encontro com o Deus salvador-criador no Novo Testamento, 77

4.1. O Deus salvador revelado por Jesus Cristo, 77

4.1.1. Reino de Deus: gratuidade do amor salvador de Deus, 80

4.1.2. A salvação como libertação, 88

4.1.3. A salvação como justificação, 90

4.1.4. A salvação como redenção-resgate, 92

4.2. A criação mediante Jesus Cristo, 93

4.2.1. Jesus Cristo: sentido último da criação, 94

4.2.2. Jesus Cristo: modelo da nossa humanização, 95

Parte III – Explicitação, em nosso mundo atual, do conteúdo da proposta salvífica de Deus, 99

5. Nós humanos somos pessoas!, 103

5.1. Origem cristã da visão do ser humano como pessoa, 104

5.2. Pessoa humana: descrição, 105

5.3. A dignidade da pessoa humana defendida nas situações concretas, 109

6. As relações com Deus na vida nova, 111

6.1. A experiência do Deus do Reino: abertura ao dom *versus* fechamento farisaico, 112

6.2. A oração na vida nova, 115

6.2.1. Caracterização da oração do Reino, 116

6.2.2. A oração na pessoa infantil e na pessoa adulta na fé, 120

6.3. A providência do Deus cristão, 124

6.4. Fé adulta e oração de petição, 128

6.5. Sensibilidade pós-moderna e experiência de Deus, 132

6.6. O desafio da nova religiosidade: elementos para o discernimento, 135

6.7. Será que está em desenvolvimento uma nova espiritualidade?, 137

7. A vida nova nas relações inter-humanas, 140

7.1. A vida nova vivida na subjetividade aberta, 140

7.1.1. Caracterização da subjetividade fechada e da subjetividade aberta, 141

7.1.2. Como se realiza o encontro humano vivido na subjetividade aberta, 148

7.1.3. Significado especial do encontro com o rosto do excluído, 150

8. O ser humano novo: "É para sermos verdadeiramente livres que Cristo nos libertou" (Gl 5,1), 152

8.1. A nossa libertação para a liberdade, 153

8.2. Liberdade relacionada, 154

8.3. O amor só é possível na liberdade, 156

8.4. Livres para a vivência da solidariedade e do amor-serviço, 157

8.5. O verdadeiro senhor é aquele que serve!, 159

8.6. A superproteção, negação do serviço, 161

8.7. Liberdade *versus* normas?, 162

9. A solidariedade e o amor-serviço no domínio sociopolítico, 163

9.1. Jesus, um homem apolítico?, 164

9.2. É possível um poder libertador?, 166

9.3. Teologia da Libertação: etapas na sua evolução, 167

9.4. Está superada a Teologia da Libertação?, 172

9.5. Qual é a originalidade da Teologia da Libertação?, 176

9.6. Dimensão sociopolítica da vida nova e magistério eclesial, 180

9.7. Dimensão sociopolítica da vida nova conforme a revelação bíblica, 182

10. O novo ser, carismático-comunitário, 185

10.1. Torre de Babel ou Pentecostes: isolamento *versus* experiência comunitária, 185

10.2. Atuação do Espírito na comunidade, 186

11. A vida nova no encontro inter-humano mediatizado pela sexualidade, 188

11.1. Dualismo antropológico e falta de integração da sexualidade, 188

11.2. Sexualidade: aspectos antropológicos, 192

11.3. Proposta salvífica de Deus e sexualidade, 201

11.3.1. A sexualidade na salvação-criação conforme o Antigo Testamento, 201

11.3.2. Sexualidade e prioridade do Reino de Deus, no Novo Testamento, 204

1) Jesus: homem livre na vivência da sexualidade, 204

2) Jesus: relativização da família, 206

3) Jesus: superação da dependência infantil do pai, 207

4) Jesus: libertação da mulher, 209

11.4. Amor sexual e experiência de salvação, 211

12. A vida nova e os desafios ecológicos, 214

12.1. Teologia da criação: raiz da crise ecológica atual?, 216

12.2. Dimensão cósmica da criação-salvação mediante Jesus Cristo, 219

12.3. Perspectiva trinitária: comunhão e conhecimento participativo, 220

12.4. O horizonte escatológico e as relações com o meio ambiente, 223

12.5. O desafio ecológico: implicações para a ética e a espiritualidade, 223

12.6. A necessária articulação entre o político e o ecológico, 225

12.7. Dimensão cósmica do amor cristão, 226

12.8. Direitos da natureza?, 228

12.9. Articulação entre contemplação e utilização responsável da natureza, 228

13. O ser humano novo e as relações religiosas, 232

13.1. Oposição entre fé cristã e religião?, 232

13.2. A religião rejeitada em nome da revelação bíblica, 234

13.3. Superação da oposição entre fé cristã e religião, 235

13.3.1. A realidade das deturpações religiosas, 236

13.3.2. A religião a serviço da expressão da fé, 236

1) Importância antropológica do símbolo religioso, 237

2) Os atos religiosos como tempo-espaço simbólico, 240

3) A eficácia do símbolo religioso, 240

4) A celebração festiva religiosa, 244

5) A "consagração" e a "oblação" religiosas de realidades do mundo criado, 245

14. O ser humano novo e a relação verdadeira consigo próprio, 247

14.1. Em Jesus Cristo, o terrestre torna-se celeste!, 248

14.2. A divinização é graça!, 249

14.3. O ser humano novo: passagem do "velho" para o "novo", 250

14.3.1. Estamos mudando de imagem!, 250

14.3.2. Identificando o "velho" e o "novo", 251

14.3.3. A ascese necessária, 252

14.3.4. O "velho" e o "novo" coexistem, 253

14.3.5. O perfeccionismo frustrante, 254

14.3.6. Necessidade de uma economia energética, 254

15. O homem novo: abertura à plenitude da Promessa, 256

15.1. Hoje, tempo de sementeira, 256

15.2. A Promessa e as realizações das promessas, hoje, 257

15.3. A abertura ao futuro desinstala, 258

Parte IV – O desafio do pecado e do mal, 259

16. A realidade do pecado pessoal e social, 261

16.1. O pecado como desumanização, 262

16.2. O pecado como mentira, 263

16.3. Dimensão individual-pessoal e dimensão comunitária e socioestrutural do pecado, 265

16.4. Pecado: absolutização do próprio interesse, 267

16.5. Em que sentido as estruturas podem ser pecaminosas, 269

16.6. Todos somos pecadores!, 270

16.7. Será que os pecados apresentam todos a mesma gravidade?, 271

17. O significado do chamado "pecado original", 273

17.1. Dificuldades na aceitação do "pecado original", 273

17.2. Formulação da doutrina do pecado original: controvérsia entre Santo Agostinho e os pelagianos, 274

17.3. Pecado original e magistério eclesial, 276

17.4. Pecado original: fundamentação bíblica?, 277

17.5. Em que consiste, mesmo, o pecado original?, 279

17.6. O pecado original é mais poderoso do que a salvação de Jesus Cristo?, 281

17.7. O pecado original e o fenômeno humano repensados numa perspectiva evolucionista, 283

17.7.1. Analogia entre entropia e concupiscência, 283

17.7.2. Pecado original: se não fosse pela salvação de Jesus Cristo, seríamos escravos do pecado!, 286

17.7.3. A realidade da nossa ambiguidade radical, 288

17.7.4. O "velho" a serviço do "novo", 290

18. A raiz última da ambiguidade e do mal, 291

18.1. O desejo insatisfeito do encontro pleno com Deus, 291

18.2. Por que Deus não nos cria diretamente na plenitude da vida eterna?, 292

18.3. A alegria na dureza da caminhada, 293

A modo de conclusão, 295

Referências, 301

COLEÇÃO INICIAÇÃO À TEOLOGIA
Coordenadores: Welder Lancieri Marchini e Francisco Morás

- *Teologia Moral: questões vitais*
  Antônio Moser
- *Liturgia*
  Frei Alberto Beckhäuser
- *Mariologia*
  Clodovis Boff
- *Bioética: do consenso ao bom-senso*
  Antônio Moser e André Marcelo M. Soares
- *Mariologia – Interpelações para a vida e para a fé*
  Lina Boff
- *Antropologia teológica – Salvação cristã: salvos de quê e para quê?*
  Alfonso García Rubio
- *A Bíblia - Elementos historiográficos e literários*
  Carlos Frederico Schlaepfer, Francisco Rodrigues Orofino e
  Isidoro Mazzarolo
- *Moral fundamental*
  Frei Nilo Agostini
- *Direito Canônico – O povo de Deus e a vivência dos sacramentos*
  Ivo Müller, OFM